本书受国家社会科学基金青年项目《国际垂直专业化组织模式选择的影响因素与技术溢出效应研究》（项目编号：14CJY083）资助

国际垂直专业化组织模式选择的影响因素与技术溢出效应

GUOJI CHUIZHI ZHUANYEHUA ZUZHI MOSHI XUANZE DE
YINGXIANG YINSU YU JISHU YICHU XIAOYING

程盈莹 ○ 著

西南财经大学出版社
Southwestern University of Finance & Economics Press

中国·成都

图书在版编目(CIP)数据

国际垂直专业化组织模式选择的影响因素与技术溢出效应/程盈莹著. —成都:西南财经大学出版社,2021.6
ISBN 978-7-5504-4609-0

Ⅰ.①国… Ⅱ.①程… Ⅲ.①国际贸易—研究 Ⅳ.①F74

中国版本图书馆 CIP 数据核字(2020)第 207044 号

国际垂直专业化组织模式选择的影响因素与技术溢出效应
程盈莹 著

责任编辑:植苗
封面设计:何东琳设计工作室
责任印制:朱曼丽

出版发行	西南财经大学出版社(四川省成都市光华村街 55 号)
网　　址	http://cbs.swufe.edu.cn
电子邮件	bookcj@swufe.edu.cn
邮政编码	610074
电　　话	028-87353785
照　　排	四川胜翔数码印务设计有限公司
印　　刷	郫县犀浦印刷厂
成品尺寸	170mm×240mm
印　　张	12.5
字　　数	251 千字
版　　次	2021 年 6 月第 1 版
印　　次	2021 年 6 月第 1 次印刷
书　　号	ISBN 978-7-5504-4609-0
定　　价	88.00 元

序 一

　　程盈莹老师的国家社会科学基金青年项目"国际垂直专业化组织模式选择的影响因素与技术溢出效应研究"最终成果以此书的形式正式出版,谨表祝贺。程盈莹老师是一位潜心研究、治学严谨、勇于创新的青年科研工作者。她在博士生阶段就开始从事国际垂直专业化的相关研究。今天看到她的研究成果,我十分欣喜!

　　由跨国公司主导的国际垂直专业化分工已成为 21 世纪国际贸易的主要特征。近 20 年来,我国不断利用自身的比较优势主动融入全球价值链,承接了众多发达国家跨国公司的生产环节转移,深度参与国际垂直专业化分工,"中国制造"为世界贸易和世界经济的发展做出了巨大贡献。但是,随着逆全球化趋势的抬头,现有的国际分工体系遇到了挑战。同时,由于劳动力要素成本的不断上升弱化了"中国制造"的成本优势,外资已逐渐向东南亚国家转移。在此背景下,我们研究垂直一体化和离岸外包两种国际垂直专业化组织模式选择的影响因素和技术溢出效应,有较强的理论意义和现实意义。本书的理论意义在于,以新新国际贸易理论和不完全契约理论为基础,为微观企业层面的国际垂直专业化组织模式选择研究提供了来自中国的经验证据,并实证分析了不同国际垂直专业化组织模式的技术创新效应及融资约束效应,进一步丰富了新新国际贸易理论的研究内容。本书的现实意义在于,对国际垂直专业化组织模式选择的影响因素、技术溢出效应等重要问题进行了考察,使其有助于相关政府部门认清我国在国际分工中的地位,合理制定外资引进政策,也有利于加工贸易企业实现转型升级以及头部企业在转移生产环节时合理选择组织模式。

　　本书的特色具体体现在如下几个方面:其一,本书不仅测度了我国的后向垂直专业化程度及其来源地,还测度了前向垂直专业化程度及其目的地,并根据后向垂直专业化的构成成分以及前后向垂直专业化程度之差,确认了我国在全球价值链中所处的相对位置。其二,在国际垂直专业化组织模式选择及影响因素研究中，本书从承接国的角度分析了国际垂直专业化组织模式的选择；引入不完全契约理论，采用承接国企业层面数据对国际垂直专业化组织模式选择的影响因素给出实证检验，从而对国际垂直专业化组织模式进行了较为细致的微观计量分析。其三，本书从具体的国际垂直专业化组织模式的角度，讨论了垂直一体化和离岸外包两种模式对企业融资约束、技术创新的影响，从而深化了国际垂直专业化与企业微观绩效之间的关系，对提升中国企业技术创新能力具有一定的借鉴价值。

当今世界，全球经济背景下的全球价值链正处于深刻变革中，相关研究方兴未艾。数字技术改变了全球价值链的参与成本，商品生产价值链的区域化进程加快，单边主义、保护主义带来严峻挑战，新型冠状病毒肺炎疫情叠加贸易冲突加速全球价值链重构。我国该如何主动应对全球价值链的新变化，破局长期以来的"低端锁定"效应，降低"被脱钩"风险，以"双循环"和数字经济重塑全球价值链等，都是未来重要的研究课题。

刘扬良

西南财经大学中国金融研究中心名誉主任、教授
2021 年 6 月

序　二

国际企业投资的过程，就是企业价值链延长的过程，其投资动机往往源于东道国在市场、劳动力、土地、自然资源等方面的比较优势。跨国公司在全球化中创造了价值，这既促进了其自身发展，也推动了东道国的经济增长，促进了全球产业价值链的分工合作。

我国在党的正确领导下，充分利用较大的市场规模、较为优质的人力资本等优势，通过对外开放获得了经济发展。几十年的改革开放进程告诉我们，利用外资、促进本土企业向外资企业学习，是中国经济能够快速发展的一条重要经验。

但是，放眼全球，几乎所有的跨国公司都不会把自己的核心技术、核心竞争力轻易地转移到国外。在世界各国投资的企业如此，在中国投资的外资企业亦是如此，由此造成了其价值链的核心部分并不属于中国的现象，这也加大了我国企业真正追赶上国外先进企业的难度。

本书从跨国公司组织模式的角度评估和检验国际垂直专业化对我国的影响。本书将国际垂直专业化的组织模式划分为企业内部垂直一体化和企业间离岸外包两类，利用翔实的统计数据与计量经济方法，对我国国际垂直专业化的度量、国际垂直专业化组织模式的选择及其影响因素、国际垂直专业化组织模式对企业技术创新和供应商融资约束的影响等内容进行了丰富的理论和实证研究。特别是在国际垂直专业化组织模式选择对供应商融资约束的影响的研究中，现有同类书目大多关注外国直接投资或者嵌入全球价值链对企业融资约束的影响，并未区分企业以不同组织模式参与国际垂直专业化对供应商融资约束的影响，本书实证检验了垂直一体化和离岸外包两种模式对供应商融资约束的影响差异，是对融资约束研究的有益补充。

总的来说，本书研究视角新颖，内容丰富，工作扎实，是一本值得推荐阅读的专著。

西南财经大学国际商学院教授

2021 年 6 月

前　言

　　如果说冷战结束后区域主义的兴起与世界贸易组织（WTO）的成立奠定了经济全球化的宏观组织与制度框架，推动了区域经济一体化理论研究的空前繁荣与发展，那么，自20世纪90年代以来，跨国公司企业内贸易与企业间贸易的快速发展则重新塑造了经济全球化的微观组织与制度框架。两者相互影响，共同形成了现代全球价值链、全球供应链和国际垂直专业化分工体系。它们所呈现的生产、投资与贸易的全新特征也挑战了20世纪七八十年代建立在规模经济与垄断竞争基础上的产业间贸易与产业内贸易等理论的解释力与预测力。

　　自20世纪60年代以来，国际贸易总量大幅增长，世界贸易总额占全球生产总值的比重由1962年的9.12%上升到2018年的46.01%。在这之中，跨国公司与中间产品贸易发挥了重要作用。由发达国家跨国公司在全球范围内所主导的垂直一体化生产和离岸外包获得显著发展。许多产品，特别是工序复杂的中、高技术制造业产品的整个生产不再单独地由一个公司在一个国家完成，而是将最终产品的生产环节进行拆分，把各个生产环节放置到具有比较优势的国家进行，通过垂直一体化或离岸外包的形式在全球范围进行资源配置，以此来降低成本，获取更高利润。世界投入产出表（WIOT）（2016）的数据显示，2014年中间产品贸易占全球贸易比重达到53.14%，这说明中间产品贸易正在成为国际贸易的主力军，国际垂直专业化分工在世界范围内深入发展。

　　中国自改革开放以来，对外经济与贸易规模不断扩大，已经成为世界第一大出口国、第二大进口国。近几十年来，我国不断利用自身比较优势主动融入全球价值链，积极参与国际垂直专业化分工，"中国制造"为世界贸易和世界经济的发展做出了巨大贡献。我国凭借市场规模和劳动力成本优势，在跨国公司全球生产组织布局中占据了重要一环。作为世界上最大的发展中国家，我国也承接了众多发达国家跨国公司的产业转移，深度参与国际垂直专业化分工。

那么影响我国参与国际垂直专业化分工的具体情况如何？企业参与国际垂直专业化分工的影响因素有哪些？参与国际垂直专业化分工是否能让企业获得技术溢出？在国内经济增速放缓、国际贸易保护主义抬头和外商投资撤离风险加剧的背景下，本书从垂直一体化和离岸外包两种跨国公司组织模式的角度，评估和检验国际垂直专业化对我国的影响，具有很强的理论价值和现实意义。

本书将国际垂直专业化组织模式分为垂直一体化和企业间离岸外包两类，就我国国际垂直专业化组织模式选择的影响因素与技术溢出效应进行了理论、统计、实证和案例研究，并为中国企业参与国际垂直专业化分工提供了政策思路；在丰富现有国际贸易理论的同时，有助于相关政府部门认清我国在国际分工中的地位，合理制定外资引进政策，也有利于我国企业在转移生产环节时合理选择组织模式。

参与本书撰写的人员除了笔者以外，还包括贾东、朱雪梅、漆庆宇、成东申、徐扬、游姿伶和朱梅灵等人。此外，西南财经大学中国金融研究中心的刘锡良教授和国际商学院的逯建教授也在本书撰写过程中提出了宝贵的意见和建议，并分别为本书撰写了序言。在此，对他们表示衷心的感谢。

由于笔者学识有限，本书难免存在不足和疏漏之处，恳请各位专家、学者给予批评和指正。

程盈莹

2021 年 6 月

目　录

1　导论 / 1

　1.1　研究背景与意义 / 1

　　1.1.1　研究背景 / 1

　　1.1.2　研究意义 / 5

　1.2　国际垂直专业化及组织模式的概念说明 / 7

　　1.2.1　国际垂直专业化 / 7

　　1.2.2　国际垂直专业化的组织模式 / 8

　1.3　研究方法与创新点 / 9

　　1.3.1　研究方法 / 9

　　1.3.2　创新点 / 10

　1.4　研究内容 / 11

2　文献综述 / 13

　2.1　国内外基于微观视角的国际垂直专业化文献计量分析 / 13

　　2.1.1　数据来源及处理 / 13

　　2.1.2　文献数量分析 / 15

　　2.1.3　国家或地区分析 / 16

　　2.1.4　期刊分析 / 18

　　2.1.5　研究主体分析 / 21

　　　　2.1.6　研究内容分析 / 27

　2.2　国际垂直专业化组织模式选择的影响因素研究 / 37

　　　　2.2.1　产权视角下不完全契约与垂直专业化组织模式选择 / 37

　　　　2.2.2　交易成本视角下不完全契约与垂直专业化组织模式选择 / 40

　　　　2.2.3　契约制度对国际垂直专业化组织模式选择的影响 / 42

　2.3　国际垂直专业化组织模式对技术创新的影响研究 / 43

　　　　2.3.1　国际垂直专业化对发达国家创新的影响研究 / 43

　　　　2.3.2　国际垂直专业化对发展中国家创新的影响研究 / 45

　2.4　融资约束与国际贸易相关研究 / 48

　　　　2.4.1　企业出口与融资约束 / 49

　　　　2.4.2　外商直接投资与融资约束 / 52

　　　　2.4.3　嵌入全球价值链与融资约束 / 54

　　　　2.4.4　金融发展与国际贸易 / 55

　2.5　本章研究结论 / 57

3　中国国际垂直专业化再测度——基于 WWZ 总出口分解法 / 60

　3.1　已有文献回顾 / 60

　　　　3.1.1　国际垂直专业化测度方法的演进 / 61

　　　　3.1.2　国际垂直专业化测度的应用研究 / 62

　3.2　国际垂直专业化测度方法说明——基于 WWZ 总出口分解法 / 63

　　　　3.2.1　世界各国贸易投入产出模型 / 63

　　　　3.2.2　总出口分解法 / 65

　　　　3.2.3　垂直专业化率 / 68

　3.3　中国国际垂直专业化测度与分析 / 70

　　　　3.3.1　中国国际垂直专业化总体测度与分析 / 70

　　　　3.3.2　双边层面中国国际垂直专业化测度与分析 / 73

　3.4　本章研究结论 / 75

4 国际垂直专业化组织模式选择的影响因素研究——基于契约执行效率的视角 / 76

 4.1 理论分析和研究假说 / 77

 4.2 模型设定、变量选取及数据说明 / 78

  4.2.1 模型设定 / 78

  4.2.2 数据来源说明及处理 / 79

  4.2.3 变量选取 / 80

  4.2.4 数据描述性分析 / 83

 4.3 实证结果分析 / 86

  4.3.1 基本回归结果 / 86

  4.3.2 分地区样本回归 / 88

  4.3.3 稳健性检验 / 90

 4.4 本章研究结论 / 92

5 国际垂直专业化组织模式选择对企业技术创新的影响研究 / 94

 5.1 理论分析和研究假设 / 95

 5.2 模型设定、变量选取及数据说明 / 97

  5.2.1 模型设定 / 97

  5.2.2 数据来源说明及处理 / 98

  5.2.3 变量选取及预期假设 / 99

  5.2.4 变量描述性统计 / 101

 5.3 实证结果分析 / 102

  5.3.1 相关性检验 / 102

  5.3.2 基本回归结果 / 103

  5.3.3 不同子样本分析 / 104

5.4 内生性检验与分析 / 108

　　5.4.1 倾向得分匹配法 / 108

　　5.4.2 协变量选择 / 110

　　5.4.3 匹配效果检验 / 110

5.5 本章研究结论 / 114

6 承接离岸外包企业升级案例研究——以立讯精密为例 / 115

6.1 立讯精密概况 / 115

6.2 企业升级研究 / 117

　　6.2.1 企业升级表现 / 117

　　6.2.2 立讯精密升级路径研究 / 118

6.3 本章研究结论 / 124

　　6.3.1 承接离岸外包企业转型升级路径 / 124

　　6.3.2 合理选择 OFDI 方式 / 125

7 国际垂直专业化组织模式选择对供应商融资约束影响的实证研究 / 127

7.1 理论分析与研究假设 / 128

　　7.1.1 国际垂直专业化组织模式选择对融资约束的影响 / 128

　　7.1.2 地区差异与企业融资约束缓解的作用 / 128

　　7.1.3 行业差异与企业融资约束缓解的作用 / 129

7.2 模型设定、变量选取及数据说明 / 130

　　7.2.1 模型设定 / 130

　　7.2.2 数据来源说明及处理 / 130

　　7.2.3 变量选取 / 131

　　7.2.4 数据描述性统计及分析 / 134

7.3 实证结果分析 / 137

7.3.1 基本回归结果 / 137

7.3.2 进一步研究 / 139

7.3.3 内生性检验 / 142

7.4 本章研究结论 / 148

8 总结 / 150

8.1 研究结论 / 150

8.2 对策建议 / 151

8.2.1 提高契约执行效率，改善契约制度环境 / 151

8.2.2 提升企业创新能力，推动价值链提升 / 153

8.2.3 营造有利于承接离岸外包企业的金融环境 / 155

8.2.4 完善国内价值链 / 156

8.2.5 加强区域价值链的构建 / 157

8.3 不足及展望 / 158

参考文献 / 160

1 导论

1.1 研究背景与意义

1.1.1 研究背景

1.1.1.1 理论背景

根据传统国际贸易理论，大卫·李嘉图的比较优势理论及赫克歇尔—俄林（H-O）的要素禀赋理论解释了最终产品——国际贸易产生的原因。国家（地区）间劳动生产率或要素禀赋的差异，导致国家（地区）间生产最终产品的机会成本不同，所以国家（地区）应该根据自身比较优势及要素丰裕度，专业化生产和出口具有相对优势的最终产品，进口处于相对劣势的最终产品，通过产业间贸易使自身福利和世界商品总产量都得到增加。而根据新国际贸易理论，克鲁格曼的规模报酬递增理论和格鲁贝尔的产业内贸易理论则解释了产业内贸易的原因。规模报酬递增理论指出，集中大规模生产某种产品能够带来"规模经济"，使得这种产品的边际成本降低。因此，在存在规模经济的某些产业部门内，各国将各自专业化生产这些产业部门内某些存在差异的产品，再展开产业内贸易以满足彼此的多样化需求。产业内贸易理论则对规模报酬递增理论进行了补充，指出除了"规模经济"以外，同类产品的异质性同样是产业内贸易发生的重要原因。受财力、物力、人力和国内市场等要素制约，任何一国都不可能在具有比较优势的部门生产所有差异化产品，必须着眼于某些差异化产品的专业化生产，以获得最大的经济效益。

无论是传统国际贸易理论还是新国际贸易理论，都将自 20 世纪 50 年代以来的国际贸易迅速增加归因于世界范围内的关税水平和运输成本下降（Rose，1991；Baier et al.，1997），但是，此种解释并不能令人信服。Yi（2003）指出，从 20 世纪 60 年代到 90 年代末期，得益于在关税与贸易总协定（GATT）

框架下所进行的"肯尼迪回合"谈判、"东京回合"谈判和"乌拉圭回合"谈判，世界工业品平均关税水平下降了11%，而世界范围内的国际贸易额却增长了3.4倍，这表明贸易的关税弹性是20。此现象是经典国际贸易理论所无法解释的，关税水平的小幅下降却导致了贸易绝对额的大幅增长，这构成了一个"数量悖论"。在此背景下，Ishii et al.（1997）、Hummels et al.（1998，2001）、Grossman et al.（2002）和Yi（2003）率先改变研究视角和研究方法，尝试用国际垂直专业化分工来解释国际贸易量的"爆发式"增长。随着经济全球化进程的推进和国际分工的深化，某种最终产品的生产过程逐渐被分割为多个生产环节，而各国根据自身的比较优势及要素禀赋情况，承担最终产品生产过程中的某些工序，不同的生产工序通过中间产品贸易的形式在世界范围内流通，并通过跨国界的全球价值链垂直连接，这就是国际垂直专业化。国际垂直专业化包含了分散化生产、离岸外包和价值链分割等内容，侧重于描述一国进口的中间产品在经过加工后再出口到其他国家这一过程（Hummels et al.，2001）。在国际垂直专业化分工的背景下，各国中间产品贸易量的大幅增长，同时在很大程度上推动了过去几十年间国际贸易量的大幅增长。

以科斯等人为代表的新制度学派以交易费用为理论工具，建立了企业内部的生产成本和外部交易成本之间的权衡比较作为界定企业边界的分析框架。当企业内部生产成本大于外部交易成本时，企业会向其他企业购买所需中间产品，由此便产生了外包；反之，企业则会选择自己生产所需的中间产品，由此便产生了垂直一体化。外包和垂直一体化的选择会影响企业的边界，即决定哪些生产环节在企业内部进行，哪些生产环节在企业外部进行。若企业选择自己生产最终产品所需要的中间产品，那么就扩大了企业的边界，企业将更多的产品生产工序纳入企业内部，企业垂直一体化程度加深；若企业通过外包的方式获取中间产品以生产最终产品，那么就缩小了企业的边界，企业将部分产品生产工序发包给了其他企业。

但科斯并未对跨国企业的边界及组织模式进行单独研究，随后又有学者引入产业组织理论和不完全契约理论来继续解释跨国公司企业组织模式的选择、产业内贸易和中间品贸易。国际贸易理论与企业边界理论的结合，代表垂直专业化理论和经验研究的一个新的重要领域，进一步丰富了新新国际贸易理论。由于各国的比较优势和要素禀赋不同、经济全球化程度的加深以及跨国公司的不断涌现，一部分企业开始通过垂直一体化方式把某些生产环节转移到其他国家进行，另一部分企业则作为发包商，将部分生产工序外包给其他国家企业完成，由此便产生了国际垂直专业化的两种组织模式，即垂直一体化与离岸外包。传统的国际贸易理论和国际投资理论既无法解释跨国公司的企业边界，即是选择垂直一体化还是离岸外包进行生产环节的转移，也难以解释跨国公司转移生产环节时的区位决策，即到东道国的哪个地区去选择外包合作伙伴，或者在哪个地区投资进行垂直一体化生产。这很大原因是因为传统的国际贸易和国际投资理论都是在完全契约的假设下建立发展起来的，而在现实情况中，契约往往是不完全的。在此背景下，20 世纪八九十年代所建立起来的不完全契约理论为我们提供了一个分析该问题的思路。产业组织理论是研究市场在不完全竞争条件下的企业行为和市场构造，主要是为了解决产业内企业的规模经济效应和企业之间的竞争活力冲突问题。该理论引入新制度理论，即产权理论和交易成本理论，通过整合厂商内部组织和外部关系进一步考察了厂商行为的多重复杂关系。

国际垂直专业化理论与实证研究领域的一个新的重要分支就是引入产业组织与契约理论的分析框架（Spencer，2005）。在产业组织和契约理论的研究框架下，最终产品生产商可以有多种方式获得中间投入，既可以采用垂直一体化的组织模式在企业内部进行生产，也可以外包给其他企业生产。企业内部的垂直一体化也有两种模式：一种是国内的垂直一体化，另一种是通过在国外直接投资的方式进行企业内部的离岸外移。外包则包括通过现货市场交易购买某种普通投入和通过契约获得某种特定投入两种方式，同样，按是否跨越国界来划分，外包可以是在国内市场外包，也可以是国际外包。跨国企业内生组织边界理论主要以 Antràs（2003）为代表，研究企业全球生产组织模式选择问题。Antràs（2003，2005）、Antràs et al.（2004，2006，2008）、Antràs et al.（2013）和 Alfalo et al.（2015）基于产权视角研究了生产率、要素密集度等企业内部或行业特征因素对中间投入生产区位选择和国际垂直专业化组织模式选择的影响，对企业国际垂直专业化组织模式的选择有较为严密的逻辑分析过程，在不完全竞争市场、产品差异化和不完全契约条件下构建了一般均衡模型。Grossman et al.（2002，2005）和 MaLaren（2000）基于交易成本视角，研究了市场厚度对企业国际垂直专业化组织模式选择的影响。Acemoglu（2007）基于契约制度视角研究了不同地区的契约制度质量如何影响企业的国际垂直专业化组织模式及其区位选择。

1.1.1.2 现实背景

自 20 世纪 60 年代以来，国际贸易总量大幅增长，世界贸易总额占全球生产总值的比重由 1962 年的 9.12%上升到 2018 年的 46.01%。其中，跨国公司与中间品贸易发挥了重要作用。由发达国家跨国公司在全球范围内主导的垂直一体化生产和离岸外包获得显著发展。许多产品，特别是工序复杂的中、高技术制造业产品的整个生产不再单独地由一个公司在一个国家完成，而是将最终产品的生产环节进行拆分，把各个生产环节放置到具有比较优势的国家进行，通过垂直一体化或离岸外包的形式在全球范围内进行资源配置，以此来降低成本，获取更高利润。WIOT（2016）数据显示，2014年中间品贸易占全球贸易比重已经达到53.14%，这说明中间品贸易正在成为国际贸易的主力军，国际垂直专业化分工在世界范围内深入发展。

我国自改革开放以来，对外经济与贸易规模不断扩大，已经成为世界第一大出口国、第二大进口国。近20年来，我国不断利用自身比较优势主动融入全球价值链，积极参与国际垂直专业化分工，"中国制造"为世界贸易和世界经济的发展做出了巨大贡献。据本书测算，2000—2007年，我国参与国际垂直专业化分工程度有了大幅提升，后向垂直专业化率（VSS）从2000年的16.67%上升到2007年的24.04%，前向垂直专业化率（VSS1）保持在13%左右。虽然自2008年全球金融危机后，我国后向垂直专业化率有所下降，但是从其构成成分来看，我国正向全球价值链上游攀升，国际分工层次有所提升。此外，2008—2014年我国前向垂直专业化率从14.17%略微上升到15.49%，且与后向垂直专业化率差值越来越小，这进一步说明我国正在提高国际垂直专业化参与层次。

我国市场消费潜力巨大，同时也是世界第一大加工贸易出口国，在跨国公司全球生产组织模式布局中占据重要一环。作为世界上最大的发展中国家，我国也承接了众多发达国家跨国公司的产业转移，深度参与国际垂直专业化分工。立讯精密工业股份有限公司（以下简称"立讯精密"）是我国承接离岸外包的典型内资企业，这是一家技术导向型的电子行业精密制造上市公司，从连接器的研发、生产和销售起家。该公司在发展前期，主要以离岸外包的形式，通过富士康承接苹果PC连接线代工业务，有了一定的口碑和市场积累后，开始承接华硕、联想、微软、索尼、华为、OPPO和vivo等多家企业的连接器代工业务，同时从承接离岸外包中获得技术溢出，使自身技术得到升级。在前期有了一定的技术及资本积累后，立讯精密又陆续承接了苹果公司AirPods、Type-C快充、FPC、无线充电模组、天线模组、声学器件和马达等代工业务，并且开始以垂直一体化的组织模式，在德国和中国台湾建立研发中心，在越南设立制造基地，不断提升企业创新的能力，加快企业转型升级的步伐。

随着我国经济的发展和科研环境的提升，跨国公司也会以垂直一体化形式转移中高端环节。早在 2006 年，微软就在北京成立了微软亚太研发集团，我国开始成为微软全球范围内基础科研、技术创新及产品开发的基地。2013 年，微软又在上海建立了研发中心，主要研究人工智能、机器学习、神经网络、自然语言处理、语音识别、图像识别、自然人机交互、云计算、大数据等多个研发领域，并深度参与微软人工智能、Office 365、必应搜索引擎等核心产品的开发和运营。2016 年，微软中国研发集团（CRD）在深圳成立，其作用包括技术研究、基础孵化、产品开发和产业合作，即 RIDE（research、incubation、development、ecosystem）。至此，我国成为微软在美国之外规模最大、发展速度最快、职能最全的研发基地。据原微软全球副总裁兼亚太研发主席张亚勤介绍，微软中国研发集团在深圳、北京和上海 3 个研发园区有 3 000 多名员工。这 3 个园区主要集中于 5 个研发方向，即移动和嵌入式软件、互联网技术产品和服务、数字娱乐、服务器和工具以及新兴市场，其中 80% 的研发是面向全球的，20% 是面向中国新兴市场的。微软通过垂直一体化的组织模式，将部分研发环节转移到我国，不仅有利于微软在中国和全球市场的合理布局，也会在一定程度上促进我国科研事业的发展。

1.1.2 研究意义

1.1.2.1 理论意义

第一，本书丰富了新新国际贸易理论的内容。新新国际贸易理论主要是关于异质企业模型和企业内生边界模型的理论，将国际贸易的研究范畴由产业层面转向企业和产品层面，以此来解释国际贸易和国际投资现象。本书正是采用微观数据，从国际垂直专业化组织模式的角度，探讨了跨国公司的企业边界问题。研究国际垂直专业化组织模式的选择及其影响因素，有利于确定跨国公司企业边界的选择及其影响因素。在此基础上，本书还实证分析了不同国际垂直专业化组织模式的技术创新及融资约束情况，进一步丰富了国际贸易理论和国际投资理论的研究内容。

第二，本书从研究视角上引入不完全契约理论对国际垂直专业化组织模式选择及其影响因素进行了分析。国外文献主要是基于不完全契约理论研究发达国家的国际垂直专业化组织模式选择，而对于发展中国家而言，这方面的理论还不成熟，我国目前对于国际垂直专业化的研究，大多都还基于比较优势理论和新贸易理论。因此，基于不完全契约理论对国际垂直专业化分工进行分析是有必要的，具有较大的理论意义，同时这些研究的结果对于解释企业内部的垂直一体化和企业间的离岸外包行为具有极强的指导意义。

1.1.2.2 现实意义

第一，本书有助于政府合理制定外资引进政策。中国是世界第一大加工贸易出口国，在跨国公司全球生产组织模式布局中占据着重要一环。自改革开放以来，我国凭借廉价劳动力的要素禀赋和优惠的外资引进政策吸引了众多发达国家跨国公司布局中国。得益于深度参与国际垂直专业化分工，我国经济也保持了多年的高速增长。但是，近年来由于世界经济复苏的进程缓慢和贸易保护主义的抬头，外需出现了疲软的状况，外资撤离风险也在上升。同时伴随经济高速增长背后隐藏着的产业结构不合理、自主创新能力未跟上等因素，我国经济增速也有所回落。在此背景下，我国产业需要在科学合理的政策下吸引国际直接投资（FDI）和离岸外包，以实现我国国际贸易的高质量健康发展。因此，本书通过国际垂直专业化组织模式选择的影响因素及技术溢出效应分析，有助于政府认清我国承接生产环节转移时主要的组织模式及其影响因素，认清哪些产业在发展时应优先吸引 FDI，哪些产业应承接离岸外包，以及哪种组织模式更有利于提高企业的创新能力，从而提高我国整体创新能力。

第二，本书有助于政府认清我国在国际分工中的地位。虽然从关境统计来说，我国已经是世界第一大出口国，但是由于加工贸易是主要的出口方式之一，我国出口产品中隐含了大量的国外成分，以贸易增加值测算出来的我国出口量大大低于关境统计下的出口量，这在一定程度上反映了我国的国际分工地位与贸易利得情况[1]。本书通过对我国国际垂直专业化程度及其构成成分的测度，大致分析了我国在全球价值链的位置及其变化趋势，以及我国在参与国际垂直专业化过程中的主要合作伙伴及其变化。这有助于政府认清我国在国际分工中的地位，从而制定合理的产业发展及贸易政策，通过提升我国的创新能力，提高国际分工参与层次，向全球价值链上游攀升。

第三，本书有助于我国企业在转移生产环节时合理选择组织模式。得益于我国"走出去"战略的实施和"一带一路"倡议的落地，我国企业"走出去"的步伐加快。但是，企业应该根据自身发展情况合理地选择将哪些生产环节转移出去以及通过什么样的组织模式转移。若选择垂直一体化的组织模式，是应该选择绿地投资还是跨国并购？哪种组织模式更有利于企业缓解融资约束？因此，本书通过对国际垂直专业化组织模式选择的影响因素及技术溢出效应的研究，有助于我国企业转移生产环节时能合理地选择组织模式。

---

[1] 贸易利得是一个经济术语，指自愿贸易所增加的福利总额，等于消费者剩余与生产者剩余之和。

第四，本书为我国承接外包型企业提供转型升级路径。我国承接外包型企业通常以 OEM 贴牌出口的形式参与垂直专业化，从事价值链上游产品的加工制造，获取附加值较少。基于此，承接外包型企业应该向全球价值链上游攀升，从低附加值的生产环节转向高附加值的生产环节。本书选择立讯精密为典型案例，通过对其发展历程的梳理，分析了立讯精密的企业升级过程和升级表现，给出了我国承接外包型企业的转型升级和提高技术创新能力的路径。

1.2 国际垂直专业化及组织模式的概念说明

1.2.1 国际垂直专业化

国际贸易上的垂直专业化分工兴起于 20 世纪六七十年代，它使国际分工深入产品的各个生产环节中，每个国家只在产品生产的特定环节进行专业化生产 (Hummels et al.，2001)。该现象最初由 Balassa (1967) 提出，其定义为将产品的连续生产过程分割成一条垂直的贸易链，而由每个国家从事具有比较优势的某个生产环节的专业化生产，也就是附加价值化其中部分的产品生产过程。

对于这种产品的生产环节分布在不同国家并形成垂直贸易链的现象，不同学者使用了不同的术语来表述，除了垂直专业化 (vertical specialization) (Balassa，1967；Findlay，1978a；Hummels et al.，2001；Yi，2003)，还包括国际生产分割 (international fragmentation of production) (Jones et al.，1990；Deardorff，2001)、国际生产分散化 (international disintegration of production) (Feenstra，1998)、全球生产分享 (global production sharing) (Feenstra，2001)、国际外包 (international outsourcing) (Feenstra et al.，1996a；Feenstra et al.，1996b；Feenstra，1999；Grossman et al.，2002；Grossman et al.，2005)、产品内分工 (intra-product specialization) (Arndt，1997；Arndt，1998)、价值链切片 (slicing up the value chain) (Krugman，1995)、全球价值链 (global value chains) (Koopman et al.，2010；Koopman et al.，2014；UNCTAD，2013；Wang et al.，2013；Wang et al.，2015) 等。在行业分析时，尽管不同学者对这些术语的表述略有区别，但基本含义是一致的。除了明确指出的地方外，本书对上述术语不加区分并交替使用。

本书按照 Hummels et al. (2001) 的做法，将国际垂直专业化定义为：某种最终产品有两个及以上连续生产阶段，存在两个及以上国家从事产品某一生产环节或阶段的专业化生产，并且至少一个国家在产品生产过程中使用进口的中间投入品，同时部分后续产出（中间产品或最终产品）必须出口，详见国际垂直专业化示意图（图1.1）。

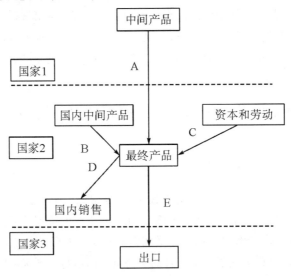

图 1.1　国际垂直专业化示意图

资料来源：根据 Hummels et al.（2001）的研究资料整理。

1.2.2　国际垂直专业化的组织模式

国际垂直专业化作为生产全球化的新形式，主要由跨国公司带动。跨国公司对国际垂直专业化的安排模式主要有企业内部的离岸外移和企业间的离岸外包两种模式。

现有文献在进行行业分析时，国际外包包括了企业间的离岸外包和企业内部的垂直一体化，并没有对两者加以区分（Feenstra et al.，1999；Hijzen，2007；Horgos，2009；Horgos，2011）。部分学者在引入产业组织理论分析企业国际垂直专业化的组织模式选择时，把国际外包定义为非关联企业之间的离岸外包，而将关联企业之间的国际垂直专业化视为企业内部的垂直一体化（Antràs，2003；Antràs et al.，2004）。在行业分析时，外包的范围要大于企业分析时的范围。

本书借鉴 Antràs（2003）、Antràs et al.（2004）和 Li（2011）的研究，在分析国际垂直专业化组织模式时，将企业内部的垂直一体化定义为跨国企业将其产品生产的某一阶段或工序交由国外子公司完成的一种分工和产业链配置形式，并将相应的生产企业所有权集中于母公司手中，企业内部的垂直一体化是国际垂直专业化的一体化形式；将企业间的离岸外包定义为跨国公司将其产品某一生产环节以契约形式交由子公司以外的企业完成的一种分工和产业链配置形式，企业间的离岸外包是国际垂直专业化的非一体化形式。

1.3 研究方法与创新点

1.3.1 研究方法

本书通过将新新国际贸易理论和不完全契约理论进行嫁接与组合，运用计量和统计分析工具，对中国国际垂直专业化的测度、组织模式选择的影响因素、技术创新效应和对供应商的融资约束效应进行全面的分析与研究，最终得出符合中国实际的参与国际分工的结论，并由此引出中国如何参与国际垂直专业化分工的政策建议。

总体而言，本书主要采用定性分析与定量分析相结合的方法对国际垂直专业化组织模式选择的影响因素及技术溢出效应进行研究。定性分析主要运用了不完全契约理论来分析国际垂直专业化的组织模式选择的影响因素，并且结合已有文献对国际垂直专业化组织模式选择对企业技术创新的影响和国际垂直专业化组织模式选择对供应商融资约束的影响的基本理论与作用机制进行阐述。本书通过实地走访和电话访谈等方式，找寻国际垂直专业化组织模式选择的典型企业，并且将国际垂直专业化相关理论与企业实践相结合，分析了典型企业的升级路径。定量分析主要基于世界银行中国企业投资环境调查数据，通过计量经济学方法对国际垂直专业化组织模式选择的影响因素、国际垂直专业化组织模式选择对企业技术创新的影响和国际垂直专业化组织模式选择对供应商融资约束的影响进行了实证检验。具体方法包括文献研究法、案例研究法和计量经济学分析法。

1.3.1.1 文献研究法

本书运用 CiteSpace V 软件对国内外基于微观视角的国际垂直专业化文献进行梳理，对其年代分布、国家分布、期刊分布、作者和机构分布、研究热点和前沿等进行分析，以期准确把握学者在该领域的研究热点和前沿；同时对国际垂直专业化测度方法、基于不完全契约视角的国际垂直专业化组织模式选择的影响因素、国际垂直专业化组织模式选择对企业技术创新及融资约束影响的相关文献进行归纳和整理，通过对现有研究进行述评，找出现有研究的不足和可以扩展的方向。

1.3.1.2 案例研究法

本书选择立讯精密为典型案例，结合调研中所了解的情况，通过对其发展历程的梳理，分析了立讯精密的企业升级过程和升级表现，以此来验证前文研究所提出的观点；并且借鉴立讯精密升级成功的过程，给出了我国承接外包型企业可能的转型升级和提高技术创新能力的路径。

1.3.1.3 计量经济学分析法

本书基于世界银行中国企业投资环境调查数据，通过计量经济学方法对国际垂直专业化组织模式选择的影响因素、国际垂直专业化组织模式选择对企业技术创新的影响和国际垂直专业化组织模式选择对供应商融资约束的影响进行了实证检验。具体方法包括：Probit 模型及 Logit 模型回归、倾向匹配得分法、工具变量法和其他稳健性分析等。

1.3.2 创新点

（1）在文献研究部分，本书运用科学计量的方法对基于微观视角的国际垂直专业化文献的年代分布、国家分布、期刊分布、作者和机构分布、研究热点和前沿问题等进行了梳理。

（2）在中国国际垂直专业化测度研究中，本书不仅测度了我国的后向垂直专业化程度及其来源地，还测度了前向垂直专业化程度及其目的地，并根据后向垂直专业化的构成成分以及前后向垂直专业化程度之差，得出了我国在全球价值链中所处的相对位置。

（3）在国际垂直专业化组织模式选择及影响因素研究中，本书从承接国的角度分析了国际垂直专业化组织模式的选择，并引入不完全契约理论，采用承接国企业层面数据对国际垂直专业化组织模式选择的影响因素给出实证检验。

（4）在国际垂直专业化组织模式选择对供应商融资约束影响的研究中，现有文献大多关注 FDI 或者嵌入全球价值链对企业融资约束的影响，但是并未区分企业以不同组织模式参与国际垂直专业化对供应商融资约束的影响。因此，本书实证检验了垂直一体化和离岸外包两种模式对供应商融资约束的影响差异。

（5）在国际垂直专业化组织模式选择对企业技术创新影响的研究中，本书基于发展中国家视角从微观企业层面展开研究，考察了国际垂直专业化不同组织模式（垂直一体化和企业间离岸外包）对技术创新的影响差异，丰富了国际垂直专业化领域的实证文献。

1.4 研究内容

本书分为八章，具体研究内容如下：

第 1 章导论，包括本书的研究背景及意义、国际垂直专业化及组织模式的概念说明、本书的研究方法与创新点和研究内容及结构安排。

第 2 章文献综述，主要利用科学计量方法对基于微观视角的国际垂直专业化文献的年代分布、国家分布、期刊分布、作者和机构分布、研究热点和前沿等进行了梳理，此外还系统梳理了国际垂直专业化组织模式选择及其影响因素文献和国际垂直专业化与技术创新的文献研究，以及融资约束与国际贸易的文献研究。

第 3 章中国国际垂直专业化再测度——基于 WWZ 总出口分解法，主要对前人测度方法进行比较后，基于多国投入产出表，采用 Wang et al.（2013，2015）的方法，构造 VS 和 VS1 两个国际垂直专业化指数，从总体和双边两个层面对中国参与国际垂直专业化程度及位置进行了测度。

第 4 章国际垂直专业化组织模式选择的影响因素研究——基于契约执行效率的视角，根据不完全契约理论，利用世界银行企业调查数据，实证研究了契约执行效率对企业国际垂直专业化组织模式选择的影响以及地区差异。

第 5 章国际垂直专业化组织模式选择对企业技术创新的影响研究，利用世界银行企业调查数据，实证研究了国际垂直专业化不同组织模式选择（垂直一体化和企业间离岸外包）对中国企业技术创新的影响；同时分别就不同地区、不同行业以企业间离岸外包组织模式参与国际垂直专业化分工对企业技术创新的影响及差异进行了实证检验。

第 6 章承接离岸外包企业升级案例研究——以立讯精密为例，主要是对第 5 章得出的实证结论的具体应用：首先，在经过调查问卷和电话访谈后，确定以立讯精密为研究对象；其次，通过对立讯精密的发展历程的梳理，分析了立讯精密是通过哪些途径来实现的企业升级，升级的具体表现是什么；最后，提出了我国承接离岸外包企业的升级路径以及企业 OFDI（对外直接投资）的选择模式。

第 7 章国际垂直专业化组织模式选择对供应商融资约束影响的实证研究，首先分析了中国企业融资约束的现状以及面临的主要问题；其次借鉴 Carluccio et al.（2012）的理论模型进行实证检验，通过构建计量模型来实证研究国际垂直专业化组织模式选择（垂直一体化和企业间离岸外包）对供应商融资约束的影响；最后分别就不同地区、不同行业以垂直一体化组织模式参与国际垂直专业化分工对企业融资约束的影响及差异进行了实证检验。

第8章总结，主要总结了全书的主要结论，提出了主要政策建议，找出了本书的不足之处，并对需继续进行研究的内容提出了进一步设想。

2　文献综述

本章梳理了关于国际垂直专业化的研究文献，就国内外基于微观视角的国际垂直专业化文献计量分析、国际垂直专业化组织模式选择及其影响因素、国际垂直专业化组织模式选择对企业技术创新的影响和对供应商融资约束的影响四个方面的问题加以评述，对主要研究框架、方法与结论做了归纳和提炼，并在此基础上指出本书的研究差异和研究方向。

2.1　国内外基于微观视角的国际垂直专业化文献计量分析

从已有研究来看，国际垂直专业化分工是国际经济和贸易领域研究的重要方向和热点领域，但是运用科学计量的方法对国际垂直专业化的研究热点和研究前沿进行分析的文献几乎没有。鉴于此，本节基于 Web of Science 数据库和CSSCI 中文数据库，运用 CiteSpace V 科学计量软件对国内外基于微观视角的国际垂直专业化研究领域文献的年代分布、国家分布、期刊分布、作者和机构分布、研究热点和前沿等进行分析，以期准确把握学者在该领域的研究热点和前沿。

2.1.1　数据来源及处理

2.1.1.1　数据来源

本书采用 Web of Science 数据库以及 CSSCI 中文数据库中的数据，将 WOS 中的英文检索表达式设定为：TS＝（"intra-product specialization" OR "international outsourcing" OR "international fragmentation of production" OR "vertical specialization" OR "global value chain" OR "offshoring"）AND TS＝（firm* or company* or enterprise* or corporation*），并将来源类别设定为 SSCI（社会科学引文索引）和 SCI（科学引文索引），文献类型限定于 Article、Proceeding Paper

和 Review。同时，本书将 CSSCI 数据库中的中文检索式设定为：主题＝"全球价值链"（或含"垂直专业化"或含"产品内分工"或含"国际外包"或含"跨国外包"或含"国际生产分割"）并且主题＝"企业"（或含"公司"），文献类别限定于期刊。检索时间均设定为 2005—2018 年。经检索，英文文献共得到 1 126 条记录，中文文献共得到 1 373 条记录。

2.1.1.2 研究方法及工具

本书采用的可视化文献分析工具主要是 CiteSpace V 可视化软件，这是由陈超美教授在美国德雷赛尔大学信息科学与技术学院使用 Java 开发的一款信息可视化软件。本书将运用 CiteSpace V 可视化分析软件，基于共引分析理论和寻径网络算法，对基于微观视角的国际垂直专业化相关文献进行国家或地区合作分析、期刊共被引分析、作者共被引分析、作者合作分析、机构合作分析、关键词共现分析、关键词聚类分析和突变词分析，识别出国内外基于微观视角的国际垂直专业化领域文献的主要来源国、核心期刊、重要作者、主要机构、研究热点和研究前沿。

2.1.1.3 数据处理

本书对 1 126 条 WOS 数据进行国家或地区合作分析、期刊共被引分析、作者共被引分析、机构合作分析、关键词共现分析、关键词聚类分析和突变词分析；将英文数据导入 CiteSpace V，设置相关功能参数，时间范围均为 2005—2018 年，时间切片均为 1 年；网络节点分别设置为"Country""Cited Journal""Cited Author""Institution"和"Keyword"，数据抽取对象为 100。为了得到效果更好的图，本书将阈值（c，cc，ccv）通过设定前、中、后三个时间段引文数量 c、共引频次 cc、共引系数 ccv 的阈值来提取数据，数据前、中、后三个时间段根据 c、cc、ccv 值筛选，其余的采用线性内插值算法。在进行核心期刊分析、重要作者分析时，本书将阈值设置为（3，3，30），（4，4，30），（4，4，30）。在进行国家或地区和主要机构分析时，本书将阈值设置为（2，2，20），（2，2，20），（2，2，20）。在进行研究热点和研究前沿分析时，本书将阈值设置为（2，2，20），（4，3，20），（4，3，20）。网络连线强度计算用 cosine 算法，主题词来源选择"标题""作者关键词""摘要"和"WOS 增补关键词"。本书对 1 373 条 CSSCI 数据进行作者合作分析、机构合作分析、关键词共现分析、关键词聚类分析和突变词分析；将转换后的中文数据导入 CiteSpace V，网络节点设置为"Author""Institution"和"Keyword"，其他功能参数设置与 WOS 数据一致，主题词来源选择"题目""摘要"和"关键词"。

2.1.2 文献数量分析

本书通过检索得到基于微观视角的国际垂直专业化领域英文文献1 126篇、中文文献1 373篇，时间范围为2005—2018年，英文文献和中文文献平均每年的文献数量约为80篇和98篇。WOS和CSSCI收录（2005—2018年）基于微观视角的国际垂直专业化文献数一览如图2.1所示。

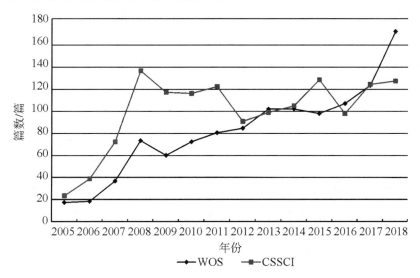

图2.1 WOS和CSSCI收录（2005—2018年）
基于微观视角的国际垂直专业化文献数一览

图2.1显示，2005—2018年基于微观视角的国际垂直专业化领域的英文文献数量整体呈增长趋势。2007年以前，文章数都较少；从2007年开始，文献开始增多。2008年第二季度和第三季度，美国、英国、日本等发达经济体GDP（国内生产总值）出现连续负增长，美国经济进入衰退期，全球经济出现"逆全球化"的趋势。世界贸易总量大幅减少，贸易增速已低于经济增速，这引发了学者开始关注金融危机背景下国际垂直专业化对企业的影响。国际垂直专业化领域的研究经过近十年的快速发展，于2018年到达最顶峰，学者们共发表了169篇文章，是2005年的9.9倍，占到了最近13年来发文总量的15%。

2005—2018年基于微观视角的国际垂直专业化领域的中文文献数量整体呈增长趋势。2008年以前的文章数较少，从2008年开始，文献开始增多，其中两个有明显增长的年份为2008年和2015年。究其原因可以发现：①2007年中央经济工作会议提出要着力优化经济结构和提高经济增长质量，这是贯彻落实科学发展观、转变经济发展方式的重要内容。优化经济结构和提高经济增长质量，不仅有利于经济平稳快速发展，也有利于实现我国经济长期持续健康发展。②在2014年的政府工作报告中，李克强总理提出，要推动中国产业向全球价值链高端跃升。5月18日，APEC（亚太经济合作组织）贸易部长会在青岛批准了我国提出的两项全球价值链政策蓝图和核算框架两个倡议，达成了世界首份关于全球价值链的官方文件，将全球价值链由理论研究推向了政策应用层面。两项全球价值链政策蓝图和核算框架两个倡议的批准不仅对亚洲二十一国经济发展产生了巨大的影响，而且还对世界经济格局产生了重要冲击，这也是中国经济转型升级的重要转折点。

2.1.3　国家或地区分析

在 CiteSpace V 中，网络节点类型选择"Country"，数据抽取对象为50，我们得到基于微观视角的国际垂直专业化领域研究的国家或地区合作网络（见图2.2）。图2.2中共有41个节点、203条连线，节点代表国家，节点大小代表国家的发文数量，节点之间的连线反映合作关系强度。从图2.2中发现，各个国家或地区在国际垂直专业化微观领域中多为合作研究，但也有少数国家独立发文。

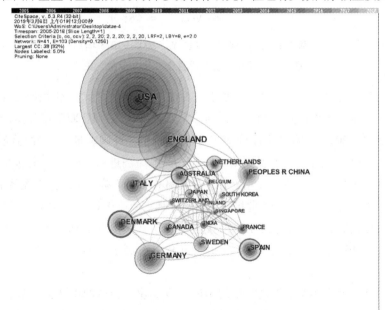

图 2.2　基于微观视角的国际垂直专业化领域研究的国家或地区合作网络

表 2.1 列出了 1 126 篇英文文献中发文数量排名前 10 的国家（地区），它们是基于微观视角的国际垂直专业化文献的主要来源国。其中，文献贡献率最大的是美国，之后是英国、德国、意大利和丹麦。

表 2.1　发文数量排名前 10 的国家（地区）排名

国家（地区）	发文数量/篇	占 1 126 篇英文文献的比例/%
美国	360	31.97
英国	182	16.16
德国	99	8.79
意大利	97	8.61
丹麦	82	7.28
中国	73	6.48
西班牙	69	6.13
加拿大	56	4.97
荷兰	53	4.71
澳大利亚	52	4.62

CiteSpace V 用中介中心性来衡量网络中节点的重要性，中介中心性不小于 0.1 的节点具有高中介中心性，是连接不同研究阶段的关键枢纽，是重要的转折点（李杰 等，2017）。表 2.2 列出了在阈值（2，2，20），（2，2，20），（2，2，20）下，中介中心性不小于 0.1 的 10 个国家，它们是研究基于微观视角的国际垂直专业化的关键国家。丹麦的中介中心性最大，表明其在基于微观视角的国际垂直专业化领域的中介作用最大，与英国、德国、西班牙、新西兰、瑞典合作研究较多。澳大利亚的中介中心性仅次于丹麦，与瑞典、日本、新加坡、芬兰的合作研究较多。中国的中介中心性为 0.05，小于 0.1，不是该领域的关键国家，说明还需要与丹麦、澳大利亚等国的学者积极地进行学术交流，加强与这些学者的合作研究。如果某些国家既有高的发文频次又有高的中介中心性，那么这些国家就是对该领域有根本性影响的领头国家（Song et al.，2016）。综合发文频次和中介中心性我们发现，英国、德国、丹麦、西班牙、加拿大、新西兰、澳大利亚等国是对基于微观视角的国家垂直专业化研究有着显著影响的国家。国家（地区）按中介中心性强度排名见表 2.2。

表 2.2　国家（地区）按中介中心性强度排名

年份	国家（地区）	中介中心性
2007	丹麦	0.40
2008	澳大利亚	0.23
2007	西班牙	0.21
2008	印度	0.17
2005	英国	0.15
2007	加拿大	0.14
2008	荷兰	0.14
2008	瑞典	0.14
2006	德国	0.12
2010	日本	0.11

2.1.4　期刊分析

2.1.4.1　国外基于微观视角的国际垂直专业化领域的核心期刊分析

在 CiteSpace V 中，网络节点设置为"Cited Journal"，阈值（c，cc，ccv）设置为（3，3，30），（4，4，30），（4，4，30），剪裁方法选择 Pathfinder，我们得到国外基于微观视角的国际垂直专业化领域期刊共被引网络（见图 2.3）。图 2.3 中，共有 35 个节点、33 条连线，节点代表期刊，节点大小代表期刊被引频次的高低，节点之间的连线反映共被引的强度。

表 2.3 列出了被引频次排名前 10 的期刊。

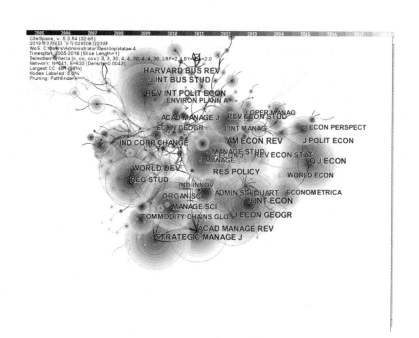

图 2.3　国外基于微观视角的国际垂直专业化领域期刊共被引网络

表 2.3　被引频次排名前 10 的期刊

被引频次/次	年份	来源期刊	国家
437	2005	*J INT ECON*	荷兰
407	2005	*AM ECON REV*	美国
387	2005	*STRATEGIC MANAGE J*	美国
378	2005	*J INT BUS STUD*	英国
361	2005	*WORLD DEV*	英国
346	2005	*REV INT POLIT ECON*	英国
343	2005	*Q J ECON*	美国
332	2005	*ACAD MANAGE REV*	美国
298	2005	*J ECON GEOGR*	英国
292	2005	*RES POLICY*	荷兰

通过图 2.3 和表 2.3 可知，国外基于微观视角的国际垂直专业化研究的被引期刊来源主要是 *J INT ECON*、*AM ECON REV* 和 *STRATEGIC MANAGE J* 等经济学领域期刊，以及 *MANAGE SCI* 管理学领域期刊、*REV INT POLIT ECON* 国

际关系学领域期刊、*J ECON GEOGR* 等地理学领域期刊。被引频次较高的期刊有 *J INT ECON*、*AM ECON REV* 和 *STRATEGIC MANAGE J* 等，这些都是经济学领域期刊，是国外基于微观视角的国际垂直专业化研究的主要来源期刊。同时，中介中心性较高的期刊包括 *ECON GEOGR*、*NATL SYSTEMS INNOVAT* 和 *TECHNOVATION*，分别为 0.35、0.31 和 0.3，这些期刊是该领域的关键期刊。综合被引频次和中介中心性，我们发现 *WORLD DEV*、*J ECON GEOGR*、*IND CORP CHANGE*、*REG STUD*、*ADMIN SCI QUART* 和 *WORLD ECON* 等是国外基于微观视角的国际垂直专业化研究最具影响力的来源期刊。

2.1.4.2　国内基于微观视角的国际垂直专业化领域的核心期刊分析

国内基于微观视角的国际垂直专业化领域核心期刊的分析主要从期刊的载文量方面展开。本节对 1 373 篇中文文献进行期刊统计，在表 2.4 中列出我国载文数量排名前 10 的期刊。通过表 2.4 可知，国内基于微观视角的国际垂直专业化领域文献载文数量排名前 3 的期刊是《国际贸易问题》《中国工业经济》和《国际经贸探索》。

表 2.4　我国载文数量排名前 10 的期刊

来源期刊	载文数量/篇	占 1 373 篇中文文献的比例/%
国际贸易问题	54	3.93
中国工业经济	50	3.64
国际贸易探索	38	2.77
国际贸易	33	2.40
科技管理研究	30	2.18
科技进步与对策	28	2.04
财贸经济	25	1.82
经济管理	23	1.68
世界经济研究	23	1.68
经济纵横	20	1.46

数据来源：根据中国知网的官方数据整理。

2.1.5 研究主体分析

2.1.5.1 作者分析

（1）国外基于微观视角的国际垂直专业化领域的重要作者分析

在 CiteSpace V 中，网络节点设置为"Cited Author"，阈值（c，cc，ccv）设置为（3，3，30），（4，4，30），（4，4，30），剪裁方法选择 MST，我们得到国外基于微观视角的国际垂直专业化领域作者共被引网络（见图 2.4）。其中，节点代表作者，节点大小代表作者被引用频次的高低，节点之间的连线反映共被引的强度，共有 771 个节点、335 条连线。

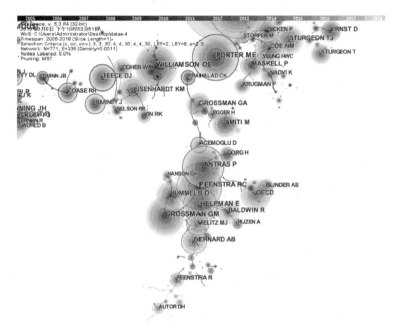

图 2.4 国外基于微观视角的国际垂直专业化领域作者共被引网络

表 2.5 列出了被引频次排名前 10 的作者。

表 2.5 被引频次排名前 10 的作者

被引频次/次	中介中心性	年份	作者	国家/组织
403	0.15	2005	GEREFFI G	美国
238	0.38	2005	HUMPHREY J	英国
184	0.37	2005	FEENSTRA RC	美国

表2.5(续)

被引频次/次	中介中心性	年份	作者	国家/组织
184	0.67	2005	PORTER ME	美国
179	0.08	2005	WILLIAMSON OE	美国
165	0.47	2006	ANTRAS P	美国
163	0.05	2005	GROSSMAN GM	美国
148	0.04	2007	DUNNING JH	英国
147	0.03	2007	LEWIN AY	美国
140	0.00	2007	UNCTAD	联合国

注：年份是指作者文章首次被引的时间，国家是指作者所属国家。

从图 2.4 和表 2.5 中可以看出，被引频次最高的作者是 GEREFFI G。GEREFFI G 是国际垂直专业化领域的重要研究者，他的重要学术贡献之一，就是最早从全球价值链的视角对东亚纺织链的产业升级进行了讨论，从而奠定了国际垂直专业化的研究基础。他在国际垂直专业化领域的研究内容包括全球企业的竞争战略、全球价值链治理、东亚和拉丁美洲的工业升级和新兴的全球知识经济等。HUMPHREY J 的被引频次仅次于 GEREFFI G，HUMPHREY J 是英国苏塞克斯大学的教授，他的研究内容包括价值链、工业组织和市场理论等。在作者共被引网络中，有 5 个国际组织，他们是联合国贸易和发展会议（UNCTAD，被引频次为 140）、经济合作与发展组织（OECD，被引频次为 127）、欧盟委员会（EUROPEAN COMMISSION，被引频次为 23）、联合国粮食及农业组织（FAO，被引频次为 11）和联合国工业发展组织（UNIDO，被引频次为 4）。其中，联合国贸易和发展会议、经济合作与发展组织是基于微观视角的国际垂直专业化研究中具有影响力的国际组织。同时，中介中心性较高的作者还有 PRAHALAD CK、DOH JP 和 PENROSE ET，分别为 1.00、0.85 和 0.84，这些作者是该领域的关键研究者。综合被引频次和中介中心性，我们发现，GEREFFI G、HUMPHREY J、FEENSTRA RC、PORTER ME、ANTRAS P 和 HELPMAN E 等是国外基于微观视角的国际垂直专业化领域最具影响力的研究者。

（2）国内基于微观视角的国际垂直专业化领域的重要作者分析

在 CiteSpace V 中，网络节点设置为 "Author"，阈值（c，cc，ccv）设置为（3，3，10），（4，4，30），（4，4，30），我们得到基于微观视角的国际垂直专业化领域作者合作网络（见图 2.5）。图 2.5 中，共有 169 个节点、75 条连线，节点代表作者，节点大小代表作者发文频次的高低，节点之间的连线反映合作关系的强度。

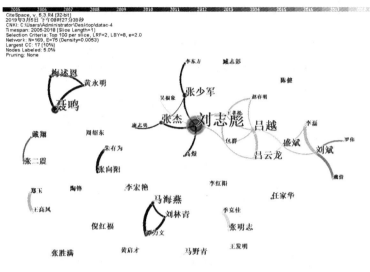

图 2.5　国内基于微观视角的国际垂直专业化领域作者合作网络

图 2.5 显示，多数作者合作发文，如刘志彪、聂鸣、张杰等，也存在作者独立发文，如李宏艳、倪红福等。在作者合作网络中，形成了以张杰、刘志彪、吕越、盛斌为中心的最大子网络，以聂鸣、马海燕等为中心的小网络。以刘志彪为中心的合作网络包含张杰、张少军等人，他们在全球价值链研究方面有很大的贡献；以聂鸣为中心的合作网络包含梅述恩、黄永明等人，他们在产业集群理论研究方面做出了贡献。

表 2.6 列出了我国发文数量排名前 10 的作者，他们是国内基于微观视角的国际垂直专业化领域的主要研究人员。表 2.6 显示，刘志彪发文量最大。刘志彪是南京大学经济学教授，主要关注全球价值链、经济增长等方面的问题，其首次进行国际垂直专业化研究是在 2007 年。

表 2.6　我国发文数量排名前 10 的作者

发文数量/篇	年份	作者	雇佣机构	部门
40	2007	刘志彪	南京大学	经济学院
15	2005	聂鸣	华中科技大学	管理学院
13	2016	吕越	对外经济贸易大学	对外经济贸易大学中国 WTO 研究院

表2.6(续)

发文数量/篇	年份	作者	雇佣机构	部门
10	2008	张杰	中国人民大学	财政金融学院
8	2008	张少军	厦门大学	经济学院国际经济与贸易系
7	2017	吕云龙	南开大学	经济学院
7	2008	马海燕	中国地质大学	经济管理学院
6	2017	盛斌	南开大学	南开大学国际经济研究所
6	2006	梅述恩	华中科技大学	管理学院
6	2015	刘斌	对外经济贸易大学	金融学院

注：年份为作者首次发表文章的时间。

2.1.5.2 机构合作分析

（1）国外基于微观视角的国际垂直专业化领域的主要机构分析

在 CiteSpace V 中，网络节点设置为"Institution"，阈值（c，cc，ccv）设置为（2，2，20），（2，2，20），（2，2，20），我们得到国外基于微观视角的国际垂直专业化领域机构合作网络（见图 2.6）。图 2.6 中，共有 173 个节点、164 条连线，节点代表机构，节点大小代表机构发文数量的多少，节点之间的连线反映合作关系的强度。

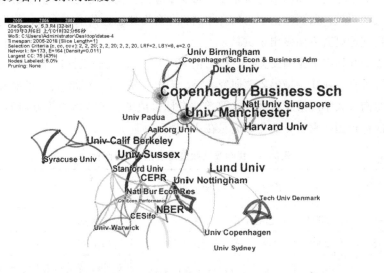

图 2.6　国外基于微观视角的国际垂直专业化领域机构合作网络

表 2.7 列出了发文数量排名前 10 的研究机构。

表 2.7　发文数量排名前 10 的研究机构

发文数量/篇	中介中心性	年份	机构	国家
35	0.09	2007	Copenhagen Business Sch	丹麦
28	0.14	2008	Univ Manchester	英国
15	0.08	2015	Lund Univ	瑞典
13	0.03	2005	Univ Sussex	英国
11	0.04	2009	Harvard Univ	美国
11	0.06	2012	NBER	美国
10	0.05	2009	Univ Calif Berkeley	美国
10	0.01	2008	Duke Univ	美国
9	0.06	2008	Univ Nottingham	英国
9	0.04	2013	CEPR	—

注：年份是指机构首次发文时间，国家是指机构所属国家。

结合图 2.6 和表 2.7 我们发现，除了美国国家经济研究局（NBER）和欧洲经济政策研究中心（CEPR），其他的研究机构都是高校。在这 10 所研究机构中，美国的研究机构最多（有 4 个），说明无论是全国的总发文量还是研究机构数，美国都有极大的文献贡献率。丹麦只有 1 所，但这 1 所是发文数量最多的研究机构，英国有 3 所，瑞典有 1 所，这三个国家都为该领域的发展做出了重要贡献。同时，中介中心性大于 0.1 的机构只有曼彻斯特大学，它是国外基于微观视角的国际垂直专业化领域的关键研究机构。综合发文频次和中介中心性，曼彻斯特大学对国外基于微观视角的国际垂直专业化领域的发展有着根本性的影响。

（2）国内基于微观视角的国际垂直专业化领域的研究机构分析

在 CiteSpace V 中，网络节点设置为"Institution"，阈值（c，cc，ccv）设置为（2，2，20），（2，2，20），（2，2，20），我们得到国内基于微观视角的国际垂直专业化领域机构合作网络（见图 2.7）。图 2.7 中，共有 156 个节点、71 条连线。

表 2.8 列出了我国发文数量排名前 10 的机构。

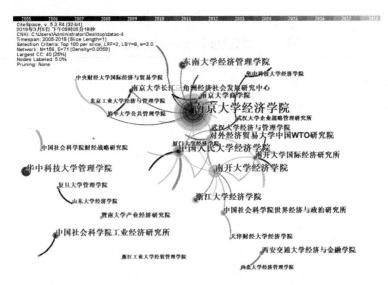

图 2.7　国内基于微观视角的国际垂直专业化领域机构合作网络

表 2.8　我国发文数量排名前 10 的机构

发文数量/篇	年份	机构
69	2007	南京大学经济学院
22	2007	中国人民大学经济学院
21	2014	南开大学经济学院
19	2005	华中科技大学管理学院
17	2005	东南大学经济管理学院
16	2007	浙江大学经济学院
15	2007	中国社会科学院工业经济研究所
12	2008	南京大学长江三角洲经济社会发展研究中心
12	2008	中国社会科学院世界经济与政治研究所
11	2015	对外经济贸易大学中国 WTO 研究院

注：年份代表机构首次发表文章的时间。

　　表 2.8 中的 10 个机构是国内基于微观视角的国际垂直专业化研究文献的主要来源机构。其中，南京大学经济学院的发文量最多，之后是中国人民大学经济学院、南开大学经济学院和华中科技大学管理学院等。

2.1.6　研究内容分析

2.1.6.1　研究热点分析

关键词通常能反映文章的核心内容。本节通过关键词共现分析和聚类分析，能识别出基于微观视角的国际垂直专业化领域的研究热点。

（1）国外基于微观视角的国际垂直专业化领域的研究热点分析

在 CiteSpace V 中，将网络节点类型设置为"Keyword"，阈值（c，cc，ccv）设置为（2，2，20），（4，3，20），（4，3，20），对 1 126 篇英文文献进行关键词共现分析，我们得到关键词共现网络。节点表示关键词，节点的大小表示关键词出现频次的高低，共有 172 个节点、238 条连线。表 2.9 列出了共现频次排名前 20 的关键词。

表 2.9　共现频次排名前 20 的关键词

序号	关键词	中介中心性	频次/次
1	global value chain（全球价值链）	0.04	346
2	offshoring（离岸外包）	0.26	280
3	firm（公司）	0.23	243
4	innovation（创新）	0.09	196
5	governance（治理）	0.61	172
6	trade（贸易）	0.00	159
7	globalization（全球化）	0.00	151
8	industry（行业）	0.02	148
9	performance（表现）	0.04	143
10	outsourcing（外包）	0.10	136
11	foreign direct investment（国外直接投资）	0.16	125
12	strategy（策略）	0.08	98
13	network（网络）	0.14	94
14	knowledge（知识）	0.40	92
15	perspective（观点）	0.10	91
16	China（中国）	0.00	87
17	international trade（国际贸易）	0.17	87
18	growth（增长）	0.02	86
19	cluster（聚集）	0.02	84
20	organization（机构）	0.02	82

表 2.9 的数据显示，国外基于微观视角的国际垂直专业化研究的高频关键词是"全球价值链""离岸外包""公司""创新""治理"等。本节进一步对关键词共现网络进行聚类，聚类标签通过 LLR 算法从研究主题文献的关键词中提取，得到含 12 个聚类的图谱（见图 2.8），标号#0 至#11，聚类的详细信息见表 2.10。CiteSpace V 中，我们用 Modularity Q 来评价聚类效果，Modularity Q 值越大，网络得到的聚类越好：当 Modularity Q 大于 0.3 时，我们得到的网络社团结构是显著的（李杰 等，2017）。同时，我们用 Silhouette 值（聚类平均轮廓值）来衡量该聚类中聚类成员的同质性，Silhouette 值越大，聚类成员的同质性越强：当 Silhouette 大于 0.5 时，我们得到的聚类是合理的；当 Silhouette 大于 0.7 时，我们得到的聚类是具有高信度的（李杰 等，2017）。聚类数量的一个很好的范围是 7～10 个主要集群与 10 个或更多的成员（Chen C.，2014）。在本图谱中，聚类#0 至聚类#5 以及聚类#7 至聚类#9 的 Silhouette 值在 0.7～1 的范围内，Modularity Q 为 0.752，聚类规模在 10 或以上，说明这 9 个聚类是有意义的，本节重点关注这些聚类。

国外基于微观视角的国际垂直专业化领域关键词聚类图谱见图 2.8。表 2.10 列出了关键词共现网络中的 12 个聚类。

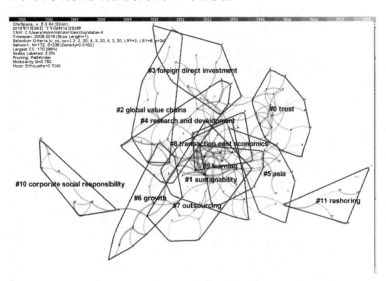

图 2.8　国外基于微观视角的国际垂直专业化领域关键词聚类图谱

表 2.10　关键词共现网络中的 12 个聚类

聚类 ID	聚类规模	聚类平均轮廓值	平均年份	聚类标签（LLR）
0	21	0.864	2009	trust（信任）
1	19	0.824	2009	sustainability（可持续性）
2	16	0.867	2010	global value chains（全球价值链）
3	16	0.842	2010	foreign direct investment（外商直接投资）
4	15	0.784	2008	research and development（研发）
5	14	0.740	2012	Asia（亚洲）
6	14	0.690	2010	growth（增长）
7	14	0.741	2008	outsourcing（外包）
8	13	0.808	2007	transaction cost economics（交易成本经济）
9	10	0.820	2010	learning（学习）
10	9	0.918	2008	corporate social responsibility（企业社会责任）
11	9	0.967	2010	reshoring（回流）

图 2.8 中共有 12 个聚类，代表国外基于微观视角的国际垂直专业化领域的 12 个主要研究方向。其中，#7 外包、#8 交易成本经济是前期和中期的研究主题，#10 企业社会责任是中期的研究主题，#0 信任、#5 亚洲和#9 学习是中期和后期的研究主题，#1 可持续性、#2 全球价值链、#3 外商直接投资、#4 研发、#6 增长、#11 回流是长期研究的主题。

本节对高频关键词和关键词聚类的综合分析和归纳，总结出国外基于微观视角的国际垂直专业化研究热点主要有以下几个方面：

①全球价值链治理研究。全球价值链治理的研究热点是全球价值链治理的影响因素和治理模式。Gereffi（1999）研究表明，交易的复杂程度、信息和知识的可编码程度、供应商的能力三个因素影响了全球价值链的治理结构。Aleenburg（2006）研究提出了市场透明度和搜寻成本、市场发展的不确定性、市场结构、制度框架条件、资本密集度和资本成本、消费需求等影响全球价值链治理的外部因素。现有文献研究表明，全球价值链模式主要包括基于产业集群组织和生产网络的治理模式（Sturgeon et al.，2001）、基于企业间协调和连接机制的治理模式（Gereffi et al.，2005）、以"惯例"为标准（核心）的"一般化"治理模式（Ponte et al.，2005）和从微观、中观、宏观三个维度构建模块化框架的治理模式（Ponte et al.，2014）。

②国际垂直专业化与企业社会责任研究。国际垂直专业化与企业社会责任的研究热点是：第一，国际垂直专业化与污染气体的离岸排放。第三国的中间品贸易产生了跨境二氧化碳排放转移，跨国生产推动了排放转移（Meng et al.，2018）。国际贸易使全球经济的总体二氧化碳排放量减少，但并非所有区域都能减少排放，中国的二氧化碳排放就增加了，因为国际垂直专业化分工使中国成为其他地区的污染避风港（López et al.，2018）。而在参与国际垂直专业化分工中，哪些因素能降低污染气体的排放也是研究的重点。生物燃料有助于减少温室气体排放，减缓气候变化（Castillo, et al.，2017）。生产生物燃料、推广或采用清洁技术是影响环境问题的两个因素。第二，成本压力是企业参与国际垂直专业化中实施社会责任的制约因素。在由买方驱动的全球价值链中，低成本是其主要驱动力。国际大买家寻求更低的劳动力成本，同时要求供应商遵守更高的质量或者社会标准，这将导致额外的支出（Lund-Thomsen et al.，2012）。为降低劳动力成本，中国广东省的足球制造企业延长了工人的工作时间，恶化了工人的工作条件（Lund-Thomsen et al.，2012），这不利于劳工标准的遵守和企业社会责任的承担。第三，全球价值链治理结构与企业承担社会责任。在全球价值链框架中，社会升级的关键因素是全球价值链的治理结构（Gereffi et al.，2016）。社会升级是指为改善工人作为社会行为者的权利以及提高其就业质量的过程（Barrientos et al.，2011）。全球价值链的治理结构的差异，使得企业为完成社会升级而更加积极地承担企业社会责任。此外，跨国公司制定标准和规范，根据其在全球价值链中的主导地位，要求供应商执行标准和规范，并定期接受审计，以此作为履行企业社会责任的方法，也是研究的重点（Lund-Thomsen et al.，2013）。

③国际垂直专业化组织模式选择研究。国外文献主要关注企业国内一体化、国内外包、国外一体化和国外外包的组织模式选择问题。现有文献认为资本密集度（Antràs，2003）、企业的生产率（Antràs et al.，2004）、市场厚度（McLaren，2000；Grossman et al.，2002；Grossman et al.，2005）、东道国的契约制度差异（Antràs et al.，2006；Levchenko，2007；Nunn，2007）、熟练劳动力比例或贸易开放度（Marin et al.，2003）等因素会影响企业在垂直一体化与企业间离岸外包之间的组织模式选择。Antràs et al.（2004）利用不完全契约模型研究表明，国际垂直专业化组织模式的选择取决于总部研发服务的重要性和企业的生产率。在总部研发服务密集度较高的部门，企业内部的一体化更能激励最终产品生产商提供服务，而总部研发服务密集度较低的部门更适合于企业间的外包。且生产率最高的企业选择在南方国家进行一体化，具有较高生产效率的企业将会选择在南方进行

国际外包，具有较低生产率的企业选择国内一体化，而效率最低的企业将会选择外包给北方的中间投入品企业。Lo（2011）则认为，在创新比例较高的行业中，生产率最高的行业更倾向于国际外包而不是 FDI。

④国际垂直专业化对企业创新的影响研究。国外学者主要从发包国的角度出发，研究离岸外包对企业创新的影响。他们的观点主要有三类：第一种观点认为离岸外包降低了企业生产成本，有助于企业创新能力的提高（Glass et al., 2001；Görg et al., 2011；Nieto et al., 2011；Bertrand et al., 2013；Rodríguez et al., 2016）；第二种观点与第一种观点相反，部分学者认为离岸外包导致了研发和生产部门的脱节，抑制了企业的创新（Fifarek et al., 2008；Naghavi et al., 2009）；而第三种观点则认为离岸外包对企业创新的影响并不确定，产品市场规模和行业技术密集度（Marjit et al., 2008）、离岸外包的程度（Mihalache et al., 2012）、外包目的地（Karpaty et al., 2015）和所有权模式（垂直一体化或企业间离岸外包）（Steinberg et al., 2017）的不同会对企业创新的影响产生差异。

（2）国内外垂直专业化领域的研究热点分析

在 CiteSpace V 中，我们将网络节点选择为"Keyword"，阈值（c，cc，ccv）设置为（2，2，20），（4，3，20），（4，3，20），使用 Pathfinder 裁剪方法，对 1 373 篇中文文献进行关键词共现分析，得到关键词共现图谱，共 114 个节点、129 条连线。表 2.11 列出了共现频次排名前 20 的关键词。

表 2.11　共现频次排名前 20 的关键词

序号	关键词	中介中心性	频次/次
1	全球价值链	0.42	672
2	产业升级	0.32	126
3	产品内分工	0.28	77
4	服务外包	0.14	62
5	垂直专业化	0.13	61
6	产业集群	0.03	60
7	升级	0.55	42
8	制造业	0.17	31
9	跨国公司	0.57	29
10	国际服务外包	0.14	29
11	加工贸易	0.10	23
12	国际分工	0.18	22
13	价值链	0.54	22

表2.11(续)

序号	关键词	中介中心性	频次/次
14	中华人民共和国	0.42	19
15	对外直接投资	0.20	16
16	国内价值链	0.03	16
17	全球价值链分工	0.10	15
18	全球化	0.03	15
19	企业	0.04	13
20	影响因素	0.01	13

国内外垂直专业化研究的高频关键词是"全球价值链""产业升级""产品内分工""服务外包""垂直专业化""产业集群"等。为了准确判断国内垂直专业化领域的研究热点，我们进一步对关键词共现网络进行聚类，聚类标签通过 LLR 算法从研究主题文献的关键词中提取，得到含 10 个聚类的图谱，标号#0 至#9。在本聚类网络中，聚类#0 至聚类#5 的 Silhouette 值在 0.8～1 的范围内，Modularity Q 为 0.782 5，聚类规模在 10 或以上，说明这 6 个聚类是有意义的，本节重点关注这些聚类。国内基于微观视角的国际垂直专业化领域关键词聚类图谱见图 2.9。

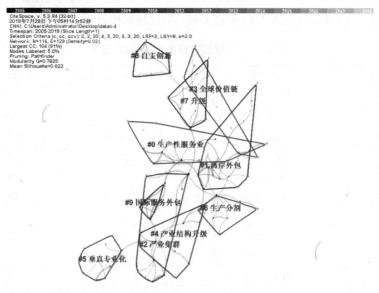

图 2.9　国内基于微观视角的国际垂直专业化领域关键词聚类图谱

表 2.12 列出了关键词共现网络中的 10 个聚类。图 2.9 中共有 10 个聚类，

代表国内国外垂直专业化领域的 10 个主要研究方向。其中，#9 国际服务外包是早期的研究主题，#6 生产分割、#8 自主创新是中期的研究主题，#1 离岸外包、#7 升级是早期和中期的研究主题，#0 生产性服务业、#2 产业集群、#3 全球价值链、#4 产业结构升级、#5 垂直专业化是长期研究的主题。

表 2.12 关键词共现网络中的 10 个聚类

聚类 ID	聚类规模	聚类平均轮廓值	平均年份	聚类标签（LLR）
0	16	0.892	2009	生产性服务业
1	15	0.879	2006	离岸外包
2	12	0.933	2007	产业集群
3	11	0.909	2011	全球价值链
4	10	0.903	2008	产业结构升级
5	10	0.961	2010	垂直专业化
6	9	0.847	2008	生产分割
7	8	0.965	2007	升级
8	7	0.979	2008	自主创新
9	6	0.928	2007	国际服务外包

本书对高频关键词和关键词聚类的综合分析和归纳，总结出当前国内基于微观视角的国际垂直专业化研究热点主要是国际垂直专业化与产业升级研究、服务外包研究、国际垂直专业化与对外直接投资研究和全球价值链与国内价值链研究几个方面。

①国际垂直专业化与产业升级研究。国际垂直专业化与产业升级的研究热点在于从国际贸易规则和国内政策的视角研究产业升级。首先，中间品关税减让促进了中国中小企业的成长（盛斌 等，2015）。其次，制度因素对产业升级的影响也是重点的研究主题。制度因素是影响中国企业走出去的关键因素（洪俊杰 等，2012）。由于服务业连接和协调了价值链分离的各个环节（白清，2015），有关服务业在产业沿着价值链升级中的作用受到了学者们的重点关注。再次，创新也是该领域的研究热点。产品创新、基础创新等在高技术产业 GVC 地位提升方面有重要作用（赵玉林 等，2019）。最后，综合来看，产业升级不是简单的放弃微笑曲线的低端向两端升级，这其中需要关注就业、低端产业升级空间等问题（张二震，2014）。

②服务外包研究。首先，承接国际服务外包对生产率的影响。中国承接国

际服务外包对制造业生产率有正向作用（朝霞，2013）。其次，服务外包的竞争力分析。我国服务外包企业的竞争优势在于市场开拓和发展能力较强（尚庆琛，2014）。再次，服务外包的技术溢出效应。承接软件外包获得了技术外溢（郎永峰 等，2011）。最后，企业承接服务外包的影响因素。一国的教育体系、语言能力、劳动力成本等都对服务外包的承接能力有影响（陈军亚，2010）。

③国际垂直专业化与对外直接投资研究。国际垂直专业化与对外直接投资研究的热点在于对外直接投资对全球价值链升级的影响。首先，现有文献认为对外直接投资对中国全球价值链升级有促进作用（刘斌 等，2015），对"一带一路"沿线国家的全球价值链地位也有积极影响（彭澎 等，2018）。其次，对外直接投资的逆向知识溢出也受到了学者们的广泛关注。国家间转移、企业间转移是对外直接投资知识逆向溢出的两个主要方面，而对外直接投资的网络成员信任度等会影响其溢出（马述忠 等，2017）。但是对外直接投资的逆向技术溢出存在滞后性（聂名华 等，2016）。最后，对外直接投资的选择策略也是研究热点。企业内在驱动力等会影响对外直接投资的区位选择，东道国的外在因素起调节作用（李建军 等，2017）。经济的发展阶段和产业结构等会影响对外直接投资的产业选择（赵春明 等，2015）。

④全球价值链与国内价值链研究。关于全球价值链和国内价值链研究，学者们主要关注以下几个方面：一是国内价值链的构建及其实现机制。易顺、韩江波（2013）研究认为，构建国内价值链的思路是发展生产性服务业、培育本土跨国公司、开拓国际市场，进而构建由本土企业所控制的全球价值链。二是国内价值链构建对产业升级的作用。刘志彪、张杰（2009）研究表明，嵌入全球价值链的同时，培育国内价值链是实现产业升级的重要途径。三是全球价值链和国内价值链的选择。徐宁、皮建才和刘志彪（2014）研究认为，企业所在国际和国内行业结构、国内市场规模和代工经验是决定代工企业选择全球价值链或国内价值链的重要因素。

2.1.6.2 研究前沿分析

研究前沿是指正在兴起的理论趋势和新主题的涌现。如果研究术语在短时间内出现的频次急剧增加，那么这些术语代表着一段时间内的发展趋势。在最近三年中，具有强突变强度的术语，代表着该研究的当前趋势，可能成为未来该研究的一个新兴主题趋势（Song et al.，2016）。即2016—2018年中，具有强突发性的研究术语代表着基于微观视角的国际垂直专业化现在的研究趋势，代表着该领域的研究前沿。

（1）国外基于微观视角的国际垂直专业化研究前沿分析

在 CiteSpace V 中，我们将网络节点选择为"Keyword"，阈值设置为（2，2，20），（4，3，20），（4，3，20），进行突发探测，得到 38 个突现高频关键词。由于篇幅有限，本书只截取了部分强突变强度的突变术语（见图 2.10）。

commodity chain	2005	2.8056	**2013**	2015
investment	2005	2.7763	**2013**	2013
perspective	2005	3.1357	**2013**	2013
uncertainty	2005	3.067	**2013**	2013
economy	2005	2.8213	**2014**	2014
inequality	2005	5.1729	**2014**	2015
task	2005	3.7514	**2014**	2018
multinational corporation	2005	3.4467	**2014**	2014
economic geography	2005	3.936	**2014**	2015
united states	2005	2.8412	**2015**	2016
export	2005	4.5139	**2015**	2018
employment	2005	3.6104	**2015**	2015
world	2005	3.1791	**2015**	2018
regional development	2005	4.0131	**2016**	2018
automotive industry	2005	3.4768	**2016**	2018
standard	2005	3.6816	**2016**	2018
knowledge transfer	2005	4.4104	**2016**	2018
developing country	2005	3.2019	**2017**	2018
policy	2005	5.2592	**2017**	2018
operations management	2005	2.9131	**2017**	2018
political economy	2005	3.272	**2017**	2018
multinational	2005	2.9519	**2017**	2018
corporate social responsibility	2005	4.4601	**2017**	2018
framework	2005	3.3624	**2017**	2018
geography	2005	3.8595	**2017**	2018

图 2.10　部分具有强突变强度的突变术语

我们通过对突变术语的分析发现，最近三年具有强突变强度的突变术语为"区域发展""知识转移""发展中国家""企业社会责任"等。在合并相近研究主题后可知，国外基于微观视角的国际垂直专业化研究前沿集中在以下几个方面：①国际垂直专业化与区域发展研究，包括全球价值链对区域发展的影响、区域政策抉择以及全球价值链和区域价值链应该如何融合等；②国际垂直专业化与企业社会责任研究，包括参与国际垂直专业化分工与污染气体的离岸排放、企业参与国际垂直专业化分工中履行社会责任的制约因素、全球价值链治理结构与企业承担社会责任以及审计在企业社会责任履行中的作用等（Lund‐Thomsen et al., 2012；Lund‐Thomsen P et al., 2013；Gereffi et al., 2016；Meng et al., 2018）；③国际垂直专业化与知识转移，主要包括发达国家企业的国际外包对发展中国家的技术溢出影响（Pack et al., 2001；Amighini, 2005），且近年来基于微观视角的国际垂直专业化相关研究主要关注发展中国家。

（2）国内基于微观视角的国际垂直专业化研究前沿分析

在 CiteSpace V 中，我们将网络节点选择为"Keyword"，阈值设置为（2，2，20）、（4，3，20）、（4，3，20），进行突发探测，得到具有强突变强度的38 个突变术语（见图 2.11）。

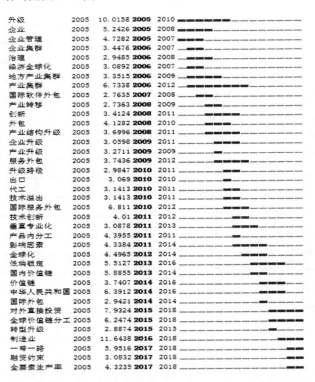

图 2.11 具有强突变强度的 38 个突变术语

我们通过对突变术语的分析发现，最近三年具有强突变强度的突变术语是"对外直接投资""全球价值链分工""制造业""一带一路""融资约束"和

"全要素生产率"。在合并相近研究主题后可知，国内基于微观视角的国际垂直专业化研究前沿集中在以下几个方面：①国际垂直专业化和对外直接投资研究，包括 OFDI 的价值链升级效应，以及将服务业开放度、制度质量或金融发展与 OFDI 结合分析中国在全球价值链的地位。比如，研究 OFDI 能否提高中国在全球价值链的地位以及 OFDI 对"一带一路"沿线国家的技术溢出与价值链攀升的作用（姚战琪 等，2018；彭澎 等，2018）。②国际垂直专业化和"一带一路"研究，主要关注"一带一路"倡议下中国主导的全球价值链构建。③国际垂直专业化和融资约束研究，包括融资约束对企业增加值贸易、企业全球价值链地位和企业出口的国内增加值的影响。如吕越、吕云龙、包群（2017）用微观数据和 Heckman 两阶段模型研究融资约束对企业增加值贸易的影响。④国际垂直专业化和全要素生产率研究，包括企业参与国际垂直专业化的生产率效应，以及中间品进口对企业全要素生产率的影响。如吕越、黄艳希、陈勇兵（2017）分析了企业嵌入全球价值链的生产率效应。

2.2　国际垂直专业化组织模式选择的影响因素研究

现有文献关于不完全契约与垂直专业化组织模式选择研究主要分为以下几类：①产权视角下不完全契约与垂直专业化组织模式选择（Antràs，2003；Antràs，2005；Antràs et al.，2004；Antràs et al.，2006，Antràs et al.，2008；Antràs et al.，2013；Alfalo et al.，2015）；②交易成本视角下不完全契约与垂直专业化组织模式选择（McLaren，2000；Grossman et al.，2002；Grossman et al.，2005）；③契约制度对垂直专业化组织模式选择的影响（Acemoglu，2007）。已有文献认为，市场厚度（McLaren，2000；Grossman et al.，2002；Grossman et al.，2005）、资本密集度（Antràs，2003）、企业生产率（Antràs et al.，2004）、东道国契约制度差异（Antràs et al.，2006；Nunn，2007；Levchenko，2007）、贸易开放度或者熟练劳动力的比例（Marin et al.，2003）等因素会影响企业在垂直一体化和离岸外包之间的组织模式的选择。

2.2.1　产权视角下不完全契约与垂直专业化组织模式选择

产权理论是以契约理论为基础的（Grossman et al.，1986；Hart et al.，1990），属于企业边界理论的一个分支。产权理论认为契约的不完全和专用性投资可能引起的沉没成本，造成了交易双方事前的专用性投资不足，所以拥有资产的所有权能够激励投资的积极性，资产所有权能决定事后控制决策权（Spencer，2005）。Grossman et al.（1986）将合同权利分为特定权利（specific rights）和剩余权利（residual rights）两类。特定权利是指在合同中以条款形式明确规定的那部分权利。他们认为在不完全契约条件下，两个企业各自拥有资产，但进行交易时由于合约是不完全的，不可能在事前把所有信息都写进契约中，从而导致交易无法顺利进行，由此便产生了剩余权利，即合同中未以条款形式明确规定的那部分权利，同时把剩余控制权（剩余权利）假定为企业的所有权。由于信息不对称和逆向选择的存在，拥有剩余控制权的一方往往可以通过事后谈判决定资产的使用，不完全契约以及事前投资的专用性会导致交易双方投资不足，从而无法达到最优均衡状态，降低市场效率；但是拥有剩余控制权的一方由于在交易中占据信息等方面的优势，所以事前投资激励相对较强。垂直一体化的组织模式在增强剩余所有权拥有方的投资积极性的同时，也会降低另一方的投资积极性。当双方投资都是专用性投资时，剩余控制权应该由做出相对重要的生产性投资的一方所拥有，以此来激励投资者的积极性。

Hart et al.（1990）在 Grossman et al.（1986）的研究基础上发展了资产所有权一般模型，分析了企业内部一体化和企业间外包的区别，并加入两个新的观点：一是认为员工和经理都对企业的生产率做出了贡献；二是认为所有权提供的关键权利是排他的资产使用权。企业选择垂直一体化时，企业可以选择性地解雇该公司的工人，而在非一体化时，企业不能处置对方企业资产，只能选择解雇另一方企业，所以当企业拥有更多的外部选择权时，一体化组织模式优于外包。Grossman et al.（1986）和 Hart et al.（1990）基于产权理论研究企业的一体化与外包决策时并没有结合国际贸易的情况进行分析，他们分析所得到的均衡是局部均衡，不是一般均衡问题。近来的文献将产业组织和契约理论引入标准国际贸易理论中来解释国际垂直专业化组织模式的选择（Antràs，2003；Antràs et al.，2004；Antràs，2005）。Antràs（2003）将 Grossman et al.（1986）和 Hart et al.（1990）的不完全契约模型同 Helpman et al.（1985）的国际贸易模型结合起来，建立不完全契约条件下的产权模型，分析了行业资本密集度对企业组织模式选择和贸易的影响。在封闭经济中，资本与劳动都是非弹性的，可以跨部门自由流动。模型假定生产者有两种类型：最终产品生产商和中间产品供应商。资本投入可以由最终产品生产商或中间产品供应商提供，而劳动由中间产品供应商提供。在签订合约后，中间产品供应商需要根据最终产品生产商的要求生产中间产品，这就需要中间产品供应商进行专用性投资。由于专用性投资只能提供最终产品生产商所需的产品，定制的中间产品对其他厂商毫无用处，所以中间产品供应商承担着被最终产品生产商套牢的风险，由此可能会导致中间产品供应商事前投资不足。解决这一问题的方法之一是专用性投资由最终产品生产商与中间产品供应商共同分摊，但由于信息不对称的存在，中间产品供应商可能会做出损害最终产品生产商的行为。如果资本投资份额很大，由最终产品生产商掌握剩余控制权是有效率的，此时可能会导致企业内部离岸外移（垂直一体化）的出现；相反，如果在最终产品生产商贡献较小的情况下，企业间的离岸外包是有效率的。资本的专用性投资在最终产品生产商和中间产品供应商之间更易于分摊，由于劳动流动性困难，劳动投入很难进行分摊。因此，对于资本密集型行业，企业更倾向于以垂直一体化形式进行中间品的生产，而对于劳动密集型行业，企业则更可能选择企业间离岸外包形式进行中间产品生产。

Antràs et al.（2004）将 Melitz（2003）的异质性模型与 Antràs（2003）的公司结构结合起来，建立了一种南—北国际贸易模式，分析了企业生产率水平对企业组织模式选择的影响。他们认为，一种最终产品的生产需要两种投入：研发投入和中间产品投入，北方国家提供研发服务，而中间产品可以由两国提供，即可由企业内部一体化或企业间外包生产。研究发现，企业选择一体化或外包的组织模式由总部研发服务密集度和企业生产率决定。与 Antràs（2003）不同的是，Antràs et al.（2004）假定南方国家的工资成本相较于北方国家具有比较优势，劳动力是唯一的投入要素。总部研发服务密集度更高的部门，企业选择垂直一体化对最终产品生产商提供服务的激励性更强；相反，总部研发服务密集度越低，企业选择企业间外包的可能性就越大。企业进入国际市场需要固定成本，且一体化的固定成本高于外包，但企业生产率越高，从南方国家较低的劳动力成本中获益越多，最终产品生产商会将南方较低的可变成本与北方固定成本较低的利益相互抵消，所以生产率从高到低的企业其组织模式选择依次为国际垂直一体化—国际外包—国内一体化—国内外包。Antràs（2005）构建了一个南—北贸易的动态模型，总部投入的要素密集度随时间不断变化，是生产函数的技术特征，因此对于新产品而言，总部投入的要素密集度在生产前期很高。但是随着市场的深化、劳动力熟练程度的提高、生产经验的积累和技术的发展，总部投入的要素密集度逐渐下降。基于此，Antràs（2005）认为新产品生产的每个环节起初都选择在本国进行，随着时间的推移，技术要求低的中间产品以一体化形式向工资成本更低的南方国家转移，当产品生产逐渐成熟和足够标准化时，低技术的中间产品以外包形式转移到南方国家进行生产。Antràs et al.（2006）发现，最终产品生产商控制的投入的可契约化程度的改善与供应商控制的投入的可契约化程度的改善具有不同的效果，对离岸外包的影响取决于制度改进是否不成比例地影响特定投入的可契约化程度，最终产品生产商可契约化程度的提高会增加企业外包的倾向，而供应商可契约化程度的提高则使企业更倾向于一体化。Antràs et al.（2013）在 Acemoglu et al.（2007）等研究的基础上引入公司产权模型，其中企业生产涉及一个唯一的顺序生产阶段，在每个阶段，最终产品生产商都会与不同的中间产品供应商签订合同以定制中间产品。企业根据中间产品供应商进入生产线的相对位置（上游与下游）和最终产品的需求弹性的大小来做出生产或对外购买的决策：当某生产阶段的投入品的需求弹性相较于可替代性较高时，企业选择将相对上游的生产阶段外包并垂直生产相对下游的阶段；相反，当某生产阶段的投入品的需求弹性相对于可替代性较低时，企业选择垂直生产相对上游的生产阶段并外包相对下游的生产阶段。Antràs et al.（2015）在 Antràs et al.（2013）的研究基础上进行进一步研究，企业生产组织模式由生产阶段和嵌入价值链的程度决定。研究发现，生产环节上、下游的中间产品供应商是以垂直一体化形式还是外包模式取决于最终产品的需求替代弹性、中间产品的可契约化程度和生产率的高低。研究结果还表明，生产环节中某生产阶段进行一体化的倾向是由上、下游生产阶段可契约化程度决定的。

2.2.2 交易成本视角下不完全契约与垂直专业化组织模式选择

基于交易成本理论研究垂直专业化组织模式选择的代表文献有：Ethier（1986）、McLaren（2000）和 Grossman et al.（2002，2005）。Ethier（1986）认为交易在市场公开进行与在跨国企业内部达成的主要区别是：跨国公司总部事前无法观测到产品质量，却签订基于产品质量基础上的契约，一旦交易失败，跨国公司总部将无法获取剩余权益，事后的有效性也无法保证。在这种不确定情况下，跨国公司总部应该选择垂直一体化的组织模式，特别是在两国比较优势和要素丰裕度差别较小的时候。

MaLaren（2000）和 Grossman et al.（2002，2005）基于交易成本理论（Coase，1937；Williamson，1985）研究了开放经济下企业国际垂直专业化组织模式的选择问题。他们均分析了市场厚度对企业垂直专业化组织模式选择的影响，因为市场厚度影响最终产品生产商与中间产品供应商之间的适配度。对于最终产品生产商来说，市场厚度越高，与中间产品供应商的适配度就越高。McLaren（2000）认为，垂直专业化组织模式选择的依据在于市场上买卖双方的匹配度：当市场厚度较高时，最终产品生产商与中间产品供应商的匹配度较高，企业选择以外包形式转移生产环节的可能性更大；相反地，当市场厚度较低时，最终产品生产商与中间产品供应商的匹配度较低，那么企业选择内部一体化的可能性更大，这就意味着中间产品市场商的市场厚度决定了企业国际垂直专业化组织模式的选择。Grossman et al.（2002）在 Maclaren（2000）的研究基础上建立了一个产业结构的均衡模型。Grossman et al.（2002）认为，通过垂直一体化的组织模式生产中间产品能够保证产品质量，但是需要较高的固定成本，选择外包时的固定生产成本较低，但需要较高的搜寻成本。因此，垂直专业化组织模式选择问题需要比较外包组织模式下的搜寻成本和垂直一体化模式下的生产成本。研究发现，企业组织模式的选择会受到搜寻技术、行业竞争、最终产品生产商和中间产品供应商交易双方专业性和议价能力等因素的影响。如果最终产品生产商的专业化能力和议价能力较弱，成本优势较小，那么企业更可能选择外包的组织模式；相反地，如果最终产品生厂商的专业化能力较强，成本优势较大，那么企业更可能选择垂直一体化的组织模式。但是Grossman et al.（2002）研究的是封闭条件下企业组织模式的选择问题，没有关注企业的国内外包和国际外包问题。Grossman et al.（2005）在不完全契约前提下建立了垄断竞争模型来说明企业内部的离岸外移和企业间的离岸外包问题。模型假定差异化最终产品由北方国家生产，最终产品生产商必须在南方或北方国家找到一家独立的中间产品供应商，中间产品供应商要能独立地完成零部件的专业化生产。在此条件下，最终产品生产商可以选择契约制度和生产技术具有比较优势的发达国家进行生产，也可以选择在工资成本具有比较优势的发展中国家进行生产。最终产品生产商必须先寻找具有专业化技术的供应商，然后与中间产品供应商达成协议，使之在不完全契约环境下进行特定关系投资，并且生产符合最终产品生产商要求的中间产品。他们认为，国内外中间产品的市场深度、搜寻技术、投资决策、契约制度等因素影响了企业的组织模式选择。如果南方国家和北方国家的投资决策同等程度的改变对国际外包的选择没有影响，但如果南方国家中间产品的专业化生产技术提升较大，最终产品生产商把由北方国家企业供应的中间产品外包给南方国家企业生产。同时，南方国家契约制度的改善也将加大北方国家选择企业国际外包的可能性。Acemoglu et al.（2009）研究发现，国家垂直整合程度与契约成本的相互影响：垂直化程度越高，契约成本越高；同样地，契约成本越高，垂直一体化程度也越高。何玉梅和孙艳青（2011）运用 Hummels et al.（2001）的垂直专业化指数来测度外包，研究结论表明契约制度环境不完善产生的代理成本与行业国际外包水平呈负相关关系，代理成本的增加会降低企业承接离岸外包水平，而技术密集型行业的国际外包水平受代理成本的影响较小。

2.2.3　契约制度对国际垂直专业化组织模式选择的影响

各国契约法律制度是否完善影响到合同的执行效率，因而合同订立的制度环境差异将对外包交易成本产生重要影响（Grossman et al.，2004）。

Nunn（2007）和 Levchenko（2007）认为，不同国家之间的制度差异是贸易模式的重要决定因素。Levchenko（2007）将制度因素与特定投入品贸易中的不完全契约结合起来进行分析，研究认为中间投入品生产的特定投资对契约执行的制度质量要求较高，制度质量的提高能增加中间投入品的生产。Nunn（2007）用单位最终产品生产过程中所涉及的各个环节市场契约数量来表示契约密集度。他指出，由于复杂产品的生产过程中涉及较多中间环节的生产，而简单产品涉及的中间环节较少，所以复杂产品的契约密度高于简单产品。如果一国缺乏良好的制度环境，而生产复杂产品时会涉及的契约数量较多，在这种情况下，为了保证所有契约得到执行，一国就需要付出昂贵的交易成本，交易成本的上升会导致最终产品的比较优势减弱，因此制度不完善的国家会放弃复杂产品的生产。研究显示，契约制度较差的国家生产简单产品具有比较优势，契约制度完善的国家生产复杂产品具有比较优势。

Antràs et al.（2006）在 Antràs et al.（2004）的研究基础上进行深入研究，研究发现企业契约制度差异会影响企业国际垂直专业化组织模式的选择，并且中间产品投入者的归属问题也会影响企业垂直专业化组织模式的选择：如果中间产品的投入由中间产品供应商提供，那么企业更可能选择垂直一体化模式；相反地，如果中间产品的投入由最终产品生产商提供，企业将更有可能通过外包的方式生产中间产品。Antràs et al.（2006）认为，不同地区的契约制度不同，企业进行区位选择的决策也不同；在南—北贸易模型下，南方的契约制度差于北方地区，南方地区契约制度的改善总体上能提高北方企业在南方进行离岸生产的可能性，可契约化程度的提高会增加企业选择外包的倾向，这说明契约制度越好，企业越可能选择离岸外包。

国内亦有部分学者尝试探讨契约制度与离岸外包的区位决策问题。马淑琴和陈文豪（2016）利用省级加工贸易数据衡量外包分析了契约执行效率的门槛值对跨国企业离岸外包决策的影响，研究表明：当契约执行效率低于门槛值时，即使拥有劳动力比较优势和良好的基础设施，也不足以吸引跨国企业在此地区离岸外包；而当契约执行效率高于门槛值时，劳动力比较优势和基础设施建设情况成为影响跨国企业离岸外包区位决策的主要因素。杨珍增（2012）

认为，契约制度较好国家的供应商更可能以外包形式为跨国公司提供中间产品的生产，而契约制度较差的国家的供应商则以垂直一体化形式为跨国公司提供中间产品生产。吕朝凤和朱丹丹（2016）从不完全契约和金融发展的角度探讨了企业国内边界的问题，研究表明：金融发展水平与企业垂直一体化倾向正相关，且随着地区金融水平的提高，企业更多地选择垂直一体化的生产模式，契约的广泛实施会扩大其对企业垂直一体化生产模式决策的正向影响。Du et al.（2010）利用世界银行中国制造业企业调查数据从契约制度出发展开研究，他认为契约制度越差更可能导致企业内部的垂直一体化。

2.3 国际垂直专业化组织模式对技术创新的影响研究

国内外关于国际垂直专业化与创新的理论和实证文献主要从以下两个方面进行研究：一是针对发达国家，主要从发包国角度研究国际外包对发达国家的创新影响（Glass et al.，2001；Fifarek et al.，2008；Marjit et al.，2008；Naghavi et al.，2009；Görg et al.，2011；GöNieto et al.，2011；Mihalache et al.，2012；Bertrand et al.，2013；Karpaty et al.，2015；Rodríguez et al.，2016；Steinberg et al.，2017）；二是针对发展中国家，从发包国和承接国两个角度研究参与国际垂直专业化对发展中国家创新的影响（Schmitz，2004；于明超 等，2011；王俊，2013；李钧 等，2015；胡昭玲 等，2016；沈国兵 等，2017；吕越 等，2018；王文成，2018）。

2.3.1 国际垂直专业化对发达国家创新的影响研究

国内外关于国际垂直专业化对发达国家创新的影响研究中，主要是从以发达国家为发包国的角度。从研究结论来看，国外学者的观点可以分为三类：第一类观点认为离岸外包降低了企业生产成本，有助于发达国家创新能力的提高（Glass et al.，2001；Görg et al.，2011；GöNieto et al.，2011；Bertrand et al.，2013；Rodríguez et al.，2016）；与第一类观点相反，第二类观点认为离岸外包导致了研发和生产部门的脱节，抑制了发达国家的创新（Fifarek et al.，2008；Naghavi et al.，2009）；而第三类观点则认为离岸外包对发达国家创新的影响并不确定，产品市场规模和行业技术密集度（Marjit et al.，2008）、离岸外包的程度（Mihalache et al.，2012）、外包目的地（Karpaty et al.，2015）和所有权模式（垂直一体化或企业间离岸外包）（Steinberg et al.，2017）的不同会对发国家创新的影响产生差异。

2.3.1.1　离岸外包提高发达国家创新能力的文献研究

一部分学者认为离岸外包提高了发达国家创新能力，且离岸外包对创新的推动作用大于国内外包（Görg et al., 2011；Bertrand et al., 2013），离岸外包对产品创新的促进作用大于过程创新（Nieto et al., 2011；Bertrand et al., 2013），垂直一体化比企业间离岸外包模式对创新的促进作用更大（Nieto et al., 2011）。在理论研究方面，Glass et al.（2001）构建了南北模型，研究发现，北方国家将生产环节离岸外包到低工资的南方国家，降低了边际生产成本，增加了利润，使得发包国有更大的动力增加研发投资。Görg et al.（2011）利用爱尔兰微观企业数据研究了国际服务外包和国内服务外包对创新的影响，他们发现，国际服务外包和国内服务外包都对本国创新产生了正向影响，但是国内服务外包影响程度更小，原因是国际外包能够在国际要素价格差异上有更大空间，对本国创新的推动作用更大。Bertrand et al.（2013）利用法国 1995—2004 年的企业数据考察了国内研发外包和离岸研发外包对企业创新的影响，结果表明，离岸研发外包显著提升了企业的产品创新能力，对过程创新影响不显著，而国内研发外包反而抑制了企业创新。

Nieto et al.（2011）利用西班牙 2004—2007 年的技术创新微观数据，从外包总体及不同转移模式实证检验了研发离岸外包对创新的影响。他们发现，研发离岸外包对企业创新能力有促进作用，其对产品创新的促进作用大于过程创新；且研发外包不同转移模式对创新的影响不同，垂直一体化比企业间离岸外包模式对创新的促进作用更大。

2.3.1.2　离岸外包抑制发达国家创新能力的文献研究

Fifarek et al.（2008）利用美国稀土元素行业的专利数据研究离岸外包对创新能力的影响，他们发现稀土元素行业的制造环节外包到发展中国家后，阻碍了美国本土创新，原因是研发活动和生产的脱节造成了本国的创新减少。Naghavi et al.（2009）运用内生增长模型分析离岸外包对生产创新的影响，研究发现，北方国家企业把中间产品生产环节外包给南方国家后，会减少研发部门和生产部门之间的联系，进而减少本国创新。

2.3.1.3　离岸外包对发达国家创新能力影响不确定的文献研究

在理论研究方面，Marjit et al.（2008）认为国际外包对研发投资的影响取决于市场规模和行业技术密集度：当产品市场规模小且竞争激烈时，国际外包促进了发包国的研发投入；当产品市场规模较大时，国际外包反而减少了发包国的研发投入，且国际外包对研发投入的抑制作用更容易发生在低技术行业。

Mihalache et al.（2012）以 4 000 家荷兰企业为研究对象，他们发现离岸外包对创新的影响呈倒"U"形，当企业离岸外包程度由低到高时，离岸外包能不断提升企业的创新能力；但当离岸外包水平超过阈值时，过度离岸外包使得企业专业知识停滞，吸收能力下降，进而阻碍技术创新。Karpaty et al.（2015）发现，离岸外包目的地的不同会对创新的影响产生差异，研究结果表明将生产环节离岸外包到欧洲和欧盟 15 国对本国研发有负向影响，而离岸外包到拉美、非洲和 OPEC 国家却增加了本国的研发。Steinberg et al.（2017）利用德国 2 421 家研发活跃企业数据，考察了垂直一体化和企业间离岸研发外包两种模式对创新绩效的影响，发现两种模式将研发外包对创新绩效的作用不同：在离岸外移程度较低时，企业间离岸外包对创新绩效影响为正；在离岸外移程度较高时，垂直一体化能提升企业的创新绩效，而企业间离岸外包的作用为负；在研发过度外包时，垂直一体化和企业间离岸外包两种模式都会阻碍企业的创新绩效。

2.3.2 国际垂直专业化对发展中国家创新的影响研究

有关参与国际垂直专业化对发展中国家创新的影响存在争议：一部分学者认为，参与国际垂直专业化有利于发展中国家创新（Amighini，2005；徐毅等，2008；黄烨菁 等，2011；任志成 等，2012；梁超，2013；戴魁早，2013；崔萍 等，2013；蒋为 等，2015；陈启斐 等，2015；李钧 等，2015；胡昭玲等，2016）。与之相反，有些学者认为参与国际垂直专业化会产生"锁定效应"，阻碍发展中国家创新能力的提高（Schmitz，2004；陈爱贞 等，2011；李静 等，2016；沈国兵 等，2017；吕越 等，2018）；还有一部分学者认为，参与国际垂直专业化对创新的影响并不确定，贸易类型（张瑾 等，2014；王文成，2018）、创新类型（于明超 等，2011）、溢出渠道和行业技术密集度（王俊，2013）的不同会对创新的影响产生差异。

2.3.2.1　国际垂直专业化提高发展中国家创新能力的文献研究

Amighini（2005）研究发现，我国信息通信技术产业（ICT）通过承接外包提升了创新能力。黄烨菁和张纪（2011）利用地区层面数据实证检验跨国外包对承接方技术创新能力的影响，结果表明，承接外包能促进各地区的技术创新能力。梁超（2013）利用我国 1999—2010 年的行业面板数据实证分析了垂直专业化、人力资本与技术创新之间的关系，研究表明，垂直专业化促进了技术创新水平的提高。同时，他在区分不同行业技术密集度后发现，垂直专业化也促进了低中技术制造业、劳动资源密集型和高技术制造业技术创新能力的提高。

垂直专业化对创新的影响大小还取决于行业性质和创新类型。戴魁早（2013）利用中国高科技产业数据考察了国际垂直专业化对创新绩效的影响，研究发现，参与国际垂直专业化分工提高了高技术产业创新绩效，且垂直专业化对外向度较高、垄断程度较低、技术密集度较低的行业创新绩效的提升更大。胡昭玲和李红阳（2016）利用2012年世界银行企业调查数据研究了嵌入全球价值链对我国制造业企业技术创新的影响，结果表明，嵌入全球价值链推动了企业的技术创新，且相对于工艺创新来说，它对产品创新的促进作用更大。

部分文献重点研究了承接服务外包对技术创新的影响。任志成和张二震（2012）基于江苏省三个服务外包基地城市的微观企业数据研究了软件行业承接国际服务外包对创新能力的影响，研究表明，承接国际服务外包提升了企业的创新能力，且人力资本在可能的技术外溢途径中的作用最为突出。崔萍和邓可斌（2013）利用21个服务外包示范城市数据首次考察了承接服务外包与区域创新的互动关系，研究表明，承接服务外包提升了区域技术创新能力，区域创新能力的提高也推动了服务外包的发展。李钧和黄琴琴（2015）以22个示范城市面板数据为研究对象，研究表明，承接国际服务外包显著提高了城市的技术创新能力，且不同溢出途径的效应不同，"产业集聚"的正向溢出效果不显著，"人力培训与流动""产业关联"和"示范联系"三个溢出途径的正向溢出效果明显。

一部分文献从发包国的角度考察了外包对创新的影响。徐毅和张二震（2008）研究发现，跨国外包促进了科研人员投入的增加。陈启斐、王晶晶和岳中刚（2015）考察了研发外包对我国制造业自主创新能力的影响，结果表明，研发外包促进了我国制造业创新能力和创新效率的提高。蒋为和陈轩瑾（2015）利用世界银行营商环境的微观企业数据考察了外包对制造业企业研发创新的影响，研究表明，外包积极推动了企业的研发创新；但是蒋为和陈轩瑾（2015）的外包并未区分国内外包和国际外包。

一部分学者认为，参与国际垂直专业化可以从"进口学习效应""出口学习效应"和"规模效应"等溢出途径促进发展中国家创新能力的提高。①进口角度。李平和姜丽（2015）用国际R&D溢出模型研究中间产品进口对技术创新的影响，结果表明，进口中间产品显著促进了地区的技术创新。基于企业层面，Goldberg et al.（2010）和Shepherd et al.（2012）分别使用了包括印度在内的多个发展中国家的企业数据，发现进口中间产品对发展中国家企业的创新有积极影响。②出口角度。基于行业层面，李平和田朔（2010）以及曹玉平（2012）认为，出口促进了制造业的技术创新。基于企业层面，Kumar（2001）和李兵等（2016）分别使用印度和中国的微观数据进行实证检验，结果表明，出口都提升了本国企业的创新水平。③进出口角度。Seker（2012）将企业分为只进口的企业、只出口的企业、既进口又出口的企业和既不进口也不出口的企业，实证检验进出口对创新的作用，研究表明，相对于既不进口也不出口的企业而言，其他三种企业的生产率都更高、创新能力也更强。张杰和郑文平（2017）利用工业企业数据库和海关统计数据库合并数据，从进口和出口两方面考察了对本土企业创新的影响，研究表明，出口对中国企业的创新活动并未产生显著作用，进口对一般贸易民营企业的创新有促进作用，而对加工贸易民营企业的创新有抑制作用。④规模效应。发展中国家本土企业出口扩张会带来规模经济，这会在一定程度上增加企业前期的研发投入，激励企业创新（Seker，2012）。

2.3.2.2 国际垂直专业化阻碍发展中国家创新能力的文献研究

当发展中国家深度依赖全球价值链时，本土企业进入设计、品牌和营销等领域与全球买家的核心竞争力发生冲突，本土企业的自主创新能力会受到全球买家的抑制（Schmitz，2004）。陈爱贞和刘志彪（2011）以及李静和楠玉（2016）分别发现垂直分工对创新有"低端锁定效应"和"挤出效应"，但李静和楠玉（2016）用反事实推断如果不同垂直专业化环节能有相应的人力资本匹配，则垂直专业化会对发展中国家带来技术进步。

一部分学者认为，垂直专业化对加工企业和外资企业的创新抑制效应最大（沈国兵 等，2017；吕越 等，2018）。沈国兵和于欢（2017）测度了企业垂直专业化指数，考察了垂直专业化分工对不同贸易类型、组织模式及所有制的企业技术创新的影响，研究表明，参与国际垂直专业化分工对中国企业创新产生了抑制作用，垂直分工对加工企业、外资企业及外资加工企业的创新抑制效应最大。吕越、陈帅和盛斌（2018）利用微观企业数据考察了制造业企业参与全球价值链对研发创新的影响，研究发现，嵌入全球价值链抑制了企业的研发创新行为，对外资企业、加工贸易企业和高技术企业的作用尤其明显，本土企业技术吸收能力不足、过度依赖进口高技术中间产品以及发达国家的"俘获效应"是阻碍中国企业嵌入全球价值链增加研发创新的重要原因。

2.3.2.3 国际垂直专业化对发展中国家创新影响不确定的文献研究

Sun et al.（2013）认为，外包对中国供应商创新的影响取决于供应商的吸收能力和内部研发活动，只有在研发能力较强的企业中外包才会对创新产生积极影响，而过度依赖外包会对供应商创新产生不利影响，因此供应商在承接外包时应向国际买家学习而又不失去自主权。

于明超和陈柳（2011）研究了垂直专业化与中国企业技术创新之间的关系，结果表明，垂直专业化在总体上促进了制造业企业技术创新。同时，他们通过对发明、实用新型技术和外观设计专利进行分类实证检验分析表明，垂直专业化有助于中国企业掌握诸如外观设计等实用型的非核心技术，却抑制了本土核心的创新型技术能力的提升。王俊（2013）研究了跨国外包不同技术溢出渠道对承接国技术创新的影响，研究表明，进口溢出渠道能推动制造业企业技术创新，而出口溢出和纯知识溢出渠道难以促进企业技术创新。进口溢出对不同行业的影响差异较大，高技术行业的创新取决于最新发现，在低位点上显著，而中等技术行业和低技术行业的技术创新需要不断积累，在中高位点处显著。张瑾等（2014）研究发现，国际垂直专业化有利于我国企业创新能力的提升，其中一般贸易垂直专业化促进了企业创新能力的提高，而加工贸易垂直专业化抑制了企业的创新。王文成（2018）利用工业企业数据库和中国海关企业数据库的数据考察了嵌入全球价值链对企业创新的影响，研究表明，嵌入全球价值链显著提升了企业创新能力，但是区分不同贸易方式后发现，一般贸易企业嵌入全球价值链促进了企业创新，而加工贸易企业嵌入全球价值链对企业创新产生了抑制作用。目前，我国的加工贸易企业更多体现出"为出口而进口"的尴尬局面，自主创新能力不足。

2.4 融资约束与国际贸易相关研究

关于融资约束与国际贸易的文献研究大致可分为四类：第一类文献主要研究了融资约束与企业出口之间的关联。一些文献考察了融资约束对企业出口行为的事前决定效应（自选择效应），认为相比内销企业，出口企业需要大量的固定成本及可变贸易成本，只有财务状况较好的企业才有能力进入出口市场，而融资约束会阻碍企业出口并影响总的贸易流动（Li et al., 2009；Minetti et al., 2011；Manova，2013；于洪霞 等；2011；蒋冠宏，2016；姚庐清 等，2019）。另一些文献考察了出口企业融资约束的事后效应（溢价效应），认为出口拓宽了企业的融资渠道，在事后显著改善企业的融资约束（Greenaway，2007；Bridges et al., 2008；韩剑 等，2012；罗长远 等，2014；杨晶晶 等，2018）。第二类文献主要研究了 FDI 与企业融资约束。一些文献考察了外商直接投资与融资约束的关联，认为外商直接投资提供的资金投入在促进经济增长和改善金融环境的同时，也会缓解本土企业的融资约束（Huang，2003；Guariglia，2008；Hericourt et al.，2009；张军 等，2004；贾高清，2019）。另一些文献从所有制的角度出发，认为不同所有制的企业寻求信贷和融资支持的机会存在明显差异，外资公司相比国内企业受到的融资约束程度更小（Harrison et al.，2003；Desai et al.，2004；Allen et al.，2005；蔡伟雄，2009；张璇 等，2017）。第三类文献主要考察了嵌入全球价值链与融资约束之间的关联。一些文献研究了融资约束是如何决定企业在全球价值链中的地位，认为只有融资约束小的企业才能从事全球价值链高端环节的贸易，融资约束大的企业位于价值链低端环节（Manova et al.，2013；吕越 等，2015；马述忠 等，2017；高运胜等，2018）。另一些文献研究了企业嵌入全球价值链后对融资约束的影响，认为企业嵌入全球价值链后会缓解融资约束（李红阳 等，2016；吕越 等，2018）。第四类文献考察了金融发展与国际贸易的关联。一些文献认为出口地金融发展程度越高，跨国公司偏向以垂直 FDI 而非外包的形式进入市场（杨珍增，2013；刘琳 等，2015），另一些文献认为金融发展程度高的地区，FDI 流入量更大，而金融发展的落后会导致外资较少地进入该市场（佟家栋 等，2009；吕朝凤 等，2018；吕越 等，2019）。

2.4.1　企业出口与融资约束

基于企业微观层面研究融资约束与出口的关系受到了学者们的广泛关注。现有研究主要集中于两个方面：一是研究融资约束对企业出口行为的事前决定效应（Li et al.，2009；Chaney，2016；于洪霞 等，2011；蒋冠宏，2016）；二是研究出口对企业融资约束的影响（Greenaway，2007；Bridges et al.，2008；韩剑等，2012）。

2.4.1.1　融资约束对企业出口行为的事前决定效应

部分文献认为，只有资金状况较好的企业才能支付出口所需大量沉没成本及可变贸易成本进入出口市场，而融资约束会阻碍企业出口并影响总的贸易流动（Li et al.，2009；Minetti et al.，2011；Manova，2013；Chaney，2016；于洪霞等，2011；蒋冠宏，2016；刘晴 等，2017；史恩义 等，2019；姚庐清 等，2019；王涛 等，2019）。

Chaney（2016）把融资约束因素加入 Melitz（2003）的异质性企业贸易模型中，认为内部融资约束严重的企业难以支付出口的沉没成本，因此不可能出口，只有拥有充足现金流的企业才可能出口。Manova（2013）发现，外部融资约束不仅会阻碍企业出口，还会影响总的贸易流动，导致企业出口市场数量的下降、出口商品种类的减少和出口贸易额的下降。吕越、吕云龙和包群（2017）认为，融资约束还会进一步影响企业出口产品的质量，企业面临的融资约束越大，其出口产品质量越差。

Bellone（2010）使用法国的制造业企业数据研究了融资约束与出口参与、出口强度之间的关系，认为融资约束程度较小的企业更容易进入出口市场，并且外部融资在很大程度上决定了企业的出口地位。Minetti et al.（2011）使用意大利制造业企业的调查数据，通过企业对融资约束的自我感知度衡量融资约束，发现融资约束阻碍了企业的出口，融资约束较大的企业比不受融资约束的企业出口概率低 39%，出口量低 49%，尤其是在高科技领域和金融欠发达地区的企业，融资约束是出口的重要障碍。Li et al.（2009）基于 2000—2007 年的中国制造业企业面板数据，利用利息支出反映企业融资约束，认为利息支付越高的企业的融资约束越小，企业越容易进入出口市场。于洪霞、龚六堂和陈玉宇（2011）则构造了货款回收相对状况的度量指标作为企业融资约束的代理变量，通过使用 2001—2003 年的中国制造业企业数据进行实证研究，认为应收账款相对比例越大，企业出口的可能性越低。随后，蒋冠宏（2016）和刘晴等（2017）也发现，融资约束阻碍企业的出口行为，有能力进行一般贸易的企业更可能选择政策支持的出口导向性贸易。

部分文献认为，融资约束对企业出口的影响因是否初次出口、所有制不同、融资渠道不同、行业外部融资依赖度不同而存在差异（Harrison et al.，2003；Li et al.，2009；孙灵燕 等，2012；毛毅，2013；曹珂，2018）。孙灵燕和李荣林（2012）使用 2003 年世界银行中国企业营商环境调查数据，认为外源性融资约束是限制企业初次参与出口的重要因素，这部分企业融资约束越小，越容易出口，但这种制约对持续出口企业的作用并不显著。阳佳余和徐敏（2015）的研究也证实了融资能力的改善可以促进企业出口，并且融资约束对不同出口模式存在差异性影响。相比间歇出口，融资约束小的企业选择持续出口的概率更大，说明融资能力提高有利于企业保持出口模式的连续性。毛毅（2013）认为，融资约束对企业出口行为的影响因所有制形式的不同而存在差异。由于我国信贷系统存在"所有制歧视"，民营企业难以获得充足的外部融资，出口决定受到出口成本的制约，因此融资能力的改善提高了民营企业的出口概率，而对国有企业和外资企业的出口概率影响不显著。曹珂（2018）认为，由于我国金融发展的特性，融资约束对不同所有制的企业出口的影响存在差异。具体来说，由于优惠外部融资的支持和来自母公司的资金支持，融资约束并不是制约国有企业和外资企业出口参与的主要因素，对融资成本过高的民营企业，降低融资成本在一定程度上会提高其出口参与度。Harrison et al.（2003）利用科特迪瓦的数据，发现跨国企业的子公司所受融资约束更小，更容易出口，是因为母公司通过各种融资渠道帮助子公司进行出口固定成本融资。阳佳余（2012）从行业特征出发，研究了行业外部融资差异对企业出口决策的影响，认为融资能力的提高对高融资依赖行业的企业出口决策具有更为显著的作用。姚庐清和高静（2019）区分内源融资和外源融资对企业出口的影响，利用空间杜宾模型和全国 260 个城市样本，发现企业利润融资（内源融资）是促进城市企业出口增长的根本，银行信贷融资（外源融资）的增加对出口的促进效应在东部地区的企业和外资企业中更加明显。张时坤（2018）使用 2000—2007 年的中国工业企业数据库数据，通过实证分析，认为所有制因素导致企业的融资约束与出口意愿或规模呈显著的倒"U"形关系，融资约束未对国有企业出口造成负向影响，但对于独立法人、私有企业和外资企业存在显著的门槛效应，倒"U"形关系显著存在。

2.4.1.2 出口对企业融资约束的影响

企业出口后拥有更广阔的市场，能够拓宽企业的融资渠道，例如，可以得到贸易伙伴、国际组织和金融机构提供的融资支持。因此，部分文献认为出口行为可以在事后显著缓解企业的融资约束（Greenaway，2007；Bridges et al.，2008；韩剑 等，2012；罗长远 等，2014；杨晶晶 等，2018）。

Greenaway（2007）使用英国制造业企业数据，认为融资约束对企业出口的影响并不显著，但出口行为却可以在事后显著改善企业的融资约束。Bridges et al.（2008）使用 1997—2002 年的英国企业数据，将企业分为参与国际贸易的企业和国内企业，发现由于抵押品和杠杆率导致国内企业破产率更高，因此认为出口改善了企业的融资约束状况，从而间接提高了企业的存活率。韩剑和王静（2012）使用 2003—2007 年的工业企业数据，区分企业内部融资、银行贷款融资和商业信用融资，认为出口本身不能缓解企业的内部融资约束状况和商业信用融资约束，但出口后企业获得的贷款增多，说明出口可以有效解决企业银行贷款难的问题，因此为缓解在国内面临的融资约束可能是企业出口的另一个重要动因。罗长远和李姝醒（2014）的研究也证实了出口对企业融资产生了积极影响，通过对世界银行 2005 年的企业投资环境调查数据进行实证检验，研究认为出口规模较大的企业，或者是有出口权限的企业，它们的融资约束都相对较小。这说明，出口可能通过规避国内营商环境的不确定性、提高获取流动性的便利性、发送企业资质"信号"等渠道以及分散市场的风险性，对企业融资产生了积极影响。杨晶晶、应姣姣和周定根（2018）认为，企业出口行为能缓解融资约束；同时，由于出口时间、企业规模、地区和所有制的不同，出口对企业融资约束的缓解效应不同，对于较早出口的企业、小型企业、东部企业、外资企业和民营企业的缓解程度更大。

但也有文献认为，出口后企业的融资约束未缓解，邹宗森和冯等田（2017）使用2005—2009年的中国工业企业数据考察了企业出口行为对出口融资状况的影响，认为融资约束是民营中小型企业出口动力之一，出口企业在出口前比不出口企业的融资约束大，但是出口后融资约束未缓解，可能是因为企业出口后，为了扩展融资渠道而扩大企业规模，带来更大的融资约束风险。

2.4.2 外商直接投资与融资约束

在中国金融市场的选择性压制让许多内资企业因缺乏资金而痛失发展机遇的同时，也给外资企业的进入和发展留下了巨大空间（黄玖立 等，2010）。现有研究认为，FDI通过"直接注资"和"信贷引导"能有效缓解企业的融资约束（Huang，2003；Héricourt et al.，2009；张军 等，2004；罗长远 等，2011；贾高清，2019）。

部分文献使用宏观数据认为FDI能有效缓解融资约束并促进经济增长（Guariglia et al.，2008；黄玖立 等，2009）。Guariglia et al.（2008）研究表明，由于FDI的"替代性"作用，金融扭曲没有影响中国经济增长。黄玖立和冼国明（2009，2010）基于我国31个省份65个制造业部门的样本，将该领域的研究延伸到产业与省际层面，发现由于我国特殊的发展背景导致资金供给的偏向性，使得资金大量流向国有企业及政府，限制了非国有经济的发展，而FDI流入能够有效地缓解产业的外部融资约束。贾高清（2019）认为，外商直接投资通过缓解企业外部融资约束的同时，也可以改善金融服务实体经济的效率。武力超和刘莉莉（2018）认为，虽然外商直接投资通过引进金融资源改善金融环境，但如果不合理使用又会挤占内资企业金融资源，造成内资外逃和资产价格波动。

部分文献使用微观数据认为，FDI能够缓解企业融资约束（Harrison et al.，2003；Hericourt et al.，2009；张军 等，2004；罗长远 等，2011）。Harrison et al.（2003）利用制造业的企业数据发现，发展中国家的对外直接投资可以通过引入稀缺资金来缓解当地企业的融资约束。Hericourt et al.（2009）研究表明，FDI缓解了中国民营企业的融资约束。张军和郭为（2004）使用1997—2002年中国30个省（自治区，直辖市）的企业数据进行分析，由于中国没有形成有效的金融中介市场，导致企业融资渠道和方式单一，而FDI流入一方面代替了非国有企业的部分融资，另一方面外资与非国有企业结合后增加了实物资产规模，使得企业有足够的实物资产进行抵押贷款，提升了获取融资的能力，在一定程度上规避了信贷歧视的融资约束。罗长远和陈琳（2011）使用2003年的世界银行中国企业营商环境调查数据认为，在不完善的金融市场上，FDI作为补充性方式，应降低信贷供需双方的信息不对称，引导资金流向优质企业，而不是通过直接提供资金的方式缓解国内企业的融资约束。

蔡晓慧和姚洋（2017）认为，信贷约束和FDI存在双向因果关系，由于金融市场不完备，信贷约束可减少引入FDI的机会成本，从而导致FDI流入；同时，FDI增加也有助于降低当地企业信贷约束。朱彤、漆鑫和张亮（2010）利用我国各省份的面板数据，采用系统GMM方法对FDI流入原因进行分析认为，由于金融资源配置的"所有制歧视"，导致非国有企业很难获得银行信贷，存在为满足融资需求寻求外商投资的动机，而FDI作为国内不完备的金融体系的有效补充大量进入我国，为存在严重融资约束的非国有企业提供融资支持。

一部分学者从跨国并购的角度研究了跨国并购与企业融资约束之间的关系，认为跨国并购能够缓解融资约束（Desai et al.，2004；Aguiar et al.，2005；Huang，2016）。Aguiar et al.（2005）从宏观层面分析，当一个国家受到负面的流动性冲击时，跨国并购（M&A）将增加，因为跨国公司相对于国内企业具有优越的融资渠道，因此并购被用来克服融资约束。Desai et al.（2004）也提出了类似的观点，即跨国公司通过调整内部资本市场，弥补了一些国家运营资金的不足。Huang（2016）使用微观企业数据发现，面对严重的融资约束，中国民营企业为获得融资而放弃股权，并与外资公司结成合资企业。研究表明，与国有企业相比，民营企业的融资约束更严重，这部分民营企业更可能寻求外资共同拥有。但也有学者认为，跨国并购对企业融资能力影响甚微。吴先明和张玉梅（2019）运用2007—2015年的国有企业财务数据与海外并购数据库的匹配数据，通过实证研究考察了国有企业海外并购的价值。研究表明，在5年存续期中，海外并购对企业融资能力影响甚微。

现有研究认为，不同所有制的企业寻求信贷和融资支持的机会存在明显差异，外资公司相比国内企业受到的融资约束程度更小（Desai et al.，2004；Allen et al.，2005）。部分学者认为，跨国企业子公司的内源融资约束较小，是因为可以通过母公司进行跨国公司内部融资（Harrison et al.，2003；Li et al.，2009；Manova et al.，2015；张璇 等，2017）。Manova et al.（2015）利用中国企业数据发现，外资企业可以从母公司直接获得资金而不受融资约束，因此外国子公司和合资企业的出口绩效要优于国内企业。Desai et al.（2008）认为，跨国公司在海外的子公司能利用来自母公司的融资进行扩张，产量和销售额比其他公司的更高。Alfaro et al.（2012）通过比较本地企业和外资企业之间的绩效差异，发现在金融危机时期，外资所有权会带来更好的公司业绩。还有部分学者认为，外资企业可以直接通过国际金融市场在东道国市场上融资。因为与其他企业相比，外资企业规模大、盈利能力强、资本易流动，所以更容易获得金融市场的资金支持。并且对国内金融机构而言，给外资企业提供贷款比给国内企业贷款更有利可图（Harrison et al.，2001；Vora，2001；蔡伟雄，2009）。

2.4.3 嵌入全球价值链与融资约束

一部分文献研究了融资约束对全球价值链参与度以及位置的影响（Manova et al.，2013；吕越 等，2015；吕越 等，2016；马述忠 等，2017；高运胜 等，2018），另一部分文献研究了企业嵌入全球价值链后对融资约束的影响（李红阳 等，2016；吕越 等，2018）。

关于融资约束如何影响全球价值链的研究，一些文献认为，融资约束大的企业只能从事价值链低端的活动，而融资约束小的企业通常位于全球价值链较高的环节（Manova et al.，2013；马述忠 等，2017），但企业的出口动态、企业类型、行业融资依赖度等因素会影响融资约束对全球价值链的影响（吕越 等，2015；吕越 等，2017；高运胜 等，2018）。Manova et al.（2013）将融资约束纳入企业出口决策中发现，嵌入全球价值链使得发展中国家的企业拥有更多获利机会，但是融资约束较大的企业往往只能位于供应链的低附加值阶段，影响企业的利润获取和竞争力提升。吕越、罗伟和刘斌（2015）运用海关数据库和中国工业企业数据库的数据，从生产率和融资约束的双重视角，通过采用融资约束综合指标来度量企业融资状况，认为融资、效率等异质性因素与企业参与全球价值链的程度存在一定的关系。对于连续出口型企业，融资约束对其全球价值链嵌入程度没有明显影响；但对于第一次出口的企业，融资约束可能会阻碍企业嵌入全球价值链的参与程度。马述忠、张洪胜和王笑笑（2017）基于中国工业企业数据和海关数据，运用 CF 模型将加工贸易分为来料加工（仅加工组装）和进料加工（购买中间产品并加工），后者相对前者位于较高的全球价值链环节。高生产率的企业从事进料加工，低生产率的企业从事来料加工。企业从事进料加工更可能面临融资约束困境，因此生产率高和约束小的企业从事进料加工而位于全球价值链较高的环节。低融资约束和高生产率的相对优势会推动企业向高价值链环节攀升。吕越、罗伟和刘斌（2016）测算了我国各行业在价值链中的嵌入程度，发现融资约束是决定我国产业在全球价值链中的参与程度的关键因素，且呈现倒"U"形关系。当融资约束缓解时，可以促进产业在全球价值链中的地位提升；但是当融资约束较大时，会使得产业向价值链低端移动。高运胜、郑乐凯和惠丽霞（2018）使用企业层面微观数据测度了制造业国内增加值率作为全球价值链衡量指标，他们发现，融资约束对制造业企业价值链地位的提升也存在倒"U"形关系，但对于不同类型的企业存在不同程度的影响。例如，较小程度的融资约束对企业价值链分工地位的提升有一定的促进作用，较大程度的融资约束则会阻碍一般企业、私营企业及中小企业价值链分工地位的提升，但对国有企业来说，却有着促进作用。

关于企业嵌入全球价值链后对融资约束的影响研究较少，部分学者认为企业嵌入全球价值链后会缓解融资约束（李红阳 等，2016；吕越 等，2018）。李红阳和王晓娆（2016）使用2012年世界银行关于中国25个城市的营商环境所做的抽样调查数据，参照 Baldwin et al.（2014）的研究，将同时从事中间品进口与出口的企业视作嵌入全球价值链的企业，在控制相关企业特征及所在城市特征后发现，民营企业在嵌入全球价值链后增加了其获得金融信贷的机会。吕越、高媛和田展源（2018）基于广义倾向得分匹配方法，并使用2000—2006年的中国工业企业数据库和海关数据库的合并数据，从企业微观层面的视角实证研究了嵌入全球价值链对融资约束的缓解效应。研究发现，民营企业、对外部融资依赖度高的企业、位于地区金融发展水平高的企业嵌入全球价值链后获得的融资约束缓解效应最突出。

2.4.4 金融发展与国际贸易

现有研究认为，金融发展程度和跨国公司活动存在密切关系（Becker et al., 2003；Svaleryd et al., 2005）。

部分学者认为，出口地金融发展程度越高，跨国公司越有可能以垂直 FDI 而非外包的形式进入市场（杨珍增，2013；刘琳 等，2015）。刘琳和蓝天（2015）运用美国经济分析局（BEA）的公开数据，选取了30个国家的7个行业作为样本。研究发现，对于研发密集度高的行业，金融发展对离岸生产的影响更大，即跨国公司更倾向于对金融发展程度高的东道国采用垂直 FDI。杨珍增（2013）站在供给的角度，从理论的层面对东道国金融发展与契约环境对垂直 FDI 流入的影响进行了分析。他认为，在垂直一体化的情况下，跨国公司为其供应商提供资本支持，所以不受东道国金融发展程度的约束；但是在外包的情况下，东道国金融发展程度的不足将会导致企业面临成本增加，最终影响产品的销售。因此，东道国金融发展的落后会导致跨国公司以垂直 FDI 而非外包的形式进入中国。

金融发展的程度不同也会影响国际分工（Svaleryd et al.，2005；陆建明等，2011）。Svaleryd et al.（2005）利用 20 个 OECD 国家的 32 个制造业行业数据进行分析后认为，金融体系差异是影响 OECD 国家间不同专业化模式的因素，金融体系更完善的国家更倾向于那些较依赖外部融资的行业。陆建明、李宏和朱学彬（2011）选取了 184 个国家 1995—2006 年的数据为样本，通过实证检验发现，金融发展的程度不同也会影响发达国家与发展中国家进行国际垂直分工。金融资源充裕的国家将专业化从事创新活动（有更多的 FDI 净流出和商品净流入），而金融资源稀缺的国家将专业化从事生产活动。

还有学者认为，金融发展程度高的地区，FDI 流入量更大，而金融发展的落后会导致外资较少地进入该市场（佟家栋 等，2009；吕朝凤 等，2018；吕越 等，2019）。佟家栋和蔡伟雄（2009）选取了中国 30 个省份 25 个行业的面板数据，使用固定效应模型进行实证，分析得出金融发展可以通过多种渠道作用于外资的引进，当金融发展程度较低，且阻碍地区内形成高效、深厚的中间产品市场时，外资会削减该地区的投资，或进入那些对中间产品依赖程度更低的行业。吕朝凤和黄梅波（2018）认为，在不完全契约条件下，金融发达地区的 FDI 流入量更大，可能是因为地区金融发展水平的提高能够减少金融摩擦、减少交易成本，并提高跨国公司的收益。吕越等（2019）从我国企业对外直接投资的角度考察了"一带一路"沿线国家绿地投资情况，他们认为，东道国金融发展程度对吸引我国企业对外直接投资的正向作用也较大。

还有部分文献认为，金融发展水平的提高会促进出口，并有助于全球价值链地位的攀升（Becker et al.，2003；杨光 等，2015；邵昱琛 等，2017；盛斌等，2019）。Becker et al.（2003）使用双边贸易数据探讨了金融发展与出口数量以及产品结构之间的关系，认为金融发展水平越高，出口数量和出口产品的种类越多。孟夏和陈磊（2012）运用 Heckman 选择模型检验了 FDI 和金融发展对中国制造业出口二元边际的影响。从金融中介市场的视角来看，他们发现金融发展有利于融资依赖型行业进入出口市场和扩大其出口规模，从而对贸易的扩展边际和集约边际都有积极的影响。杨光、孙浦阳和陈惟（2015）构建了融资约束条件下企业的进口决策模型，并基于 2000—2006 年的中国工业企业数据与海关数据的匹配数据，认为金融发展水平的提高将促进企业自身对投入品进口的需求，进而提高企业对价值链的依赖程度。邵昱琛、熊琴和马野青（2017）运用 2002—2006 年的中国工业企业数据和中国海关数据发现，地区层面普遍的金融发展水平的提高，可以解决企业融资困难的问题，促使企业向全球价值链中更高的地位攀升。盛斌和景光正（2019）利用 2000—2014 年的跨国面板数据认为，相较于银行主导型金融结构，市场主导型金融结构更有利于提升一国的全球价值链地位。

2.5 本章研究结论

本节以 WOS 数据库和 CSSCI 数据库收录的 2005—2018 年基于微观视角的国际垂直专业化相关文献作为文献计量分析的主要数据来源，为了识别国内外基于微观视角的国际垂直专业化领域的文献主要来源国、核心期刊、重要作者、主要机构、研究热点和研究前沿，利用 CiteSpace V 软件进行了国家或地区合作分析、期刊共被引分析、作者共被引分析、作者合作分析、机构合作分析、关键词共现分析、关键词聚类分析和关键词突变分析等，通过中介中心性、突变强度、Modularity Q 值、Silhouette 值等一系列指标，发现了该领域内文献的主要来源国、核心期刊、重要作者、主要机构、研究热点和研究前沿。我们研究发现：

（1）国外基于微观视角的国际垂直专业化领域的文献主要来源国有美国、英国、德国、意大利和丹麦等；关键枢纽国有丹麦、澳大利亚和西班牙等，它们的中介中心性大，说明通过该国家展开的研究多；综合发文频次和中介中心性，对国外基于微观视角的国际垂直专业化研究有着根本性影响的国家有英国、德国、丹麦、西班牙、加拿大、新西兰和澳大利亚等。

（2）国外基于微观视角的国际垂直专业化领域的主要来源期刊有 *J INT ECON*、*AM ECON REV* 和 *STRATEGIC MANAGE J* 等；关键枢纽期刊有 *ECON GEOGR*、*NATL SYSTEMS INNOVAT* 和 *TECHNOVATION* 等；综合发文频次和中介中心性，在该领域国外研究中最具影响力的来源期刊有 *WORLD DEV*、*J ECON GEOGR* 和 *IND CORP CHANGE* 等。国内基于微观视角的国际垂直专业化领域的主要来源期刊有：《国际贸易问题》《中国工业经济》和《国际贸易探索》等。

（3）国外基于微观视角的国际垂直专业化领域被引频次较高的作者有 GEREFFI G、HUMPHREY J 和 FEENSTRA RC；关键枢纽作者有 PRAHALAD CK、DOH JP 和 PENROSE ET；综合发文频次和中介中心性，国外基于微观视角的国际垂直专业化领域最具影响力的作者有 GEREFFI G、HUMPHREY J 和 FEENSTRA RC 等。国内基于微观视角的国际垂直专业化领域的高产作者是刘志彪、聂鸣和吕越等。

（4）国外基于微观视角的国际垂直专业化领域的高产研究机构有 Copen-hagen Business Sch、Univ Manchester 和 Lund Univ 等；关键研究机构是曼彻斯特大学；综合发文频次和中介中心性，国外基于微观视角的国际垂直专业化领域最具影响力的研究机构是曼彻斯特大学。国内基于微观视角的国际垂直专业化领域的高产研究机构有南京大学经济学院、中国人民大学经济学院和南开大学经济学院等。

（5）国外基于微观视角的国际垂直专业化领域研究热点主要是全球价值链治理、国际垂直专业化与企业社会责任、创新、国际垂直专业化组织模式选择等。国内基于微观视角的国际垂直专业化领域研究热点主要是国际垂直专业化与产业升级对外直接投资、服务外包、全球价值链和国内价值链四个方面。

（6）国外基于微观视角的国际垂直专业化的研究前沿是国际垂直专业化和区域发展、企业社会责任、知识转移，重点关注汽车产业和发展中国家等。国内基于微观视角的国际垂直专业化的研究前沿是国际垂直专业化与对外直接投资、"一带一路"倡议、融资约束和全球要素生产率等，且重点关注制造业研究。

产权理论下的现有研究在不完全契约的环境下，主要针对企业生产率、要素丰裕度等企业内部或行业特征因素对中间投入生产区位选择和国际垂直专业化组织模式选择的影响进行了研究，该理论对企业国际垂直专业化组织模式的选择有较为严密的逻辑分析和定量研究过程，在不完全竞争市场、产品差异化以及不完全契约条件下构建了一般均衡模型并展开研究。交易成本视角下相关文献则注重于市场厚度对垂直专业化组织模式选择的研究。契约制度视角下的垂直专业化组织模式选择研究主要侧重于不同地区的契约制度质量如何影响企业的区位选择。国内外文献主要从产权和交易成本视角研究了垂直一体化和外包的选择，而从契约制度层面研究了国际垂直专业化组织模式选择的文章较少。国内学者主要是从契约执行效率对企业承接外包水平的影响角度进行研究（何玉梅 等，2011；马淑琴 等，2016），并未探讨契约执行效率对企业是以一体化还是离岸外包参与国际垂直专业化分工的影响。少量文献探讨了契约执行效率对企业垂直一体化的影响（Du et al.，2010；吕朝凤等，2016），但是从企业在国内选择一体化还是外包的角度，并未分析跨国组织模式的选择。杨珍增（2012）构建理论模型证明了东道国契约制度的好坏如何影响跨国公司以垂直一体化或离岸外包转移生产环节，但是并未给出实证检验。本书将利用世界银行企业调查数据，从承接国视角实证研究契约执行效率对国际垂直专业化组织模式选择的影响。

国外文献大多从发包国的视角研究国际垂直专业化对发达国家创新的影响。研究结论认为，存在促进效应或抑制效应。有一部分学者认为，产品市场规模和行业技术密集度、离岸外包的程度、外包目的地和所有权模式（垂直一体化或企业间离岸外包）的不同会对企业创新的影响产生差异。关于国际垂直专业化对发展中国家创新影响的研究结论也存在争议，研究结论表明，存在促进效应或锁定效应。还有一部分学者认为，贸易类型、创新类型、溢出渠道和行业技术密集度的不同会对企业创新的影响产生差异。

国内外关于国际垂直专业化组织模式选择对创新影响的研究较少，部分文献从发包国的角度研究垂直一体化或企业间离岸外包对企业创新的影响（Nieto et al.，2011；Rodríguez et al.，2016；Steinberg et al.，2017），但是研究结论却有差异。Nieto et al.（2011）认为，在研发离岸外移时，垂直一体化比企业间离岸外包模式对企业创新的促进作用更大，原因是企业间离岸外包模式可能存在契约不完全、资产专用性、信息泄露和技术转移等风险。Steinberg et al.（2017）则认为，离岸外包程度的高低决定了垂直一体化或企业间离岸外包模式对企业创新的影响差异。胡君和郭平（2018）以发包企业视角研究了垂直一体化和外包对企业创新的影响，研究表明，外包较之垂直一体化对创新的促进作用更大，但是胡君和郭平（2018）主要研究了企业在国内的组织模式选择，并未区分国内外包、离岸外包和国际垂直一体化模式。

在承接国视角的研究中，现有文献未区分国际垂直专业化组织模式的不同（垂直一体化或企业间离岸外包）对承接国创新能力的影响差异。本章在国际垂直专业化组织模式选择对技术创新的影响研究中，将分析垂直一体化或企业间离岸外包模式对承接国技术创新的影响差异。

近年来，越来越多的研究开始关注影响企业融资约束的因素。从国际贸易的角度来看，现有文献研究认为出口（韩剑 等，2012；罗长远 等，2014；杨晶晶 等，2018）、FDI（Huang，2003；Guariglia，2008；Hericourt et al.，2009；张军 等，2004；贾高清，2019）、嵌入全球价值链（李红阳 等，2016；吕越 等，2018）等因素可以缓解企业的融资约束。关于融资约束与国际贸易的研究中，国外文献大多是从发达国家的分工体系和立场出发，而对承接国企业融资约束影响研究的较少。国内文献大多关注出口、FDI或嵌入全球价值链对企业融资约束的影响，但是并未区分企业以不同组织模式参与国际垂直专业化对供应商融资约束的影响，特别是垂直一体化和离岸外包两种模式下对供应商融资约束的影响程度是不同的。本书将探究垂直一体化和离岸外包两种组织模式对承接国企业融资约束缓解的差异。

3 中国国际垂直专业化再测度——基于 WWZ 总出口分解法

3.1 已有文献回顾

目前关于国际垂直专业化分工的度量主要有三种方法：一是零部件或中间产品贸易法，即通过贸易数据进行度量，直接计算出零部件或中间产品的贸易数据（Ng et al., 1999；Yeats, 2001；Athukorala, 2003；Athukorala, 2005；Athukorala, 2006；Molnar et al., 2007；盛斌 等, 2008；唐海燕 等, 2009）；二是加工贸易法，即通过海关统计数据中的加工贸易间接度量国际垂直专业化（Görg, 2000；Egger et al., 2001；Lemoine et al., 2004；Helg et al., 2005；Swenson, 2005；Feenstra et al., 2005；Clark, 2006；Baldone et al., 2007；张秋菊 等, 2008；胡昭玲 等, 2008）；三是通过投入产出表进行分析（Feenstra et al., 1999；Hummels et al., 2001；Bardhan et al., 2003；Egger et al., 2003；Amiti et al., 2004；Geishecker et al., 2005；Dean et al., 2007；Dean et al., 2008；Amador et al., 2008）。本章将重点对使用投入产出表度量国际垂直专业化的方法进行梳理。

在使用投入产出表测度的文献中，学者们主要是利用单国或多国投入产出表构建垂直专业化的量化指标，得出了 VS（一国出口中的国外价值）、VS1（供他国中间品生产出口的国内出口品价值）（Hummels et al., 2001；Wang et al., 2009；Wang et al., 2013；Wang et al., 2015；Koopman et al., 2010；Koopman et al., 2014）、VS1*（包含在中间产品出口, 经过再加工又返回的国内成分）（Daudin et al., 2011）和 VAX（增加值出口）（Johnson et al., 2012）四个指标。部分学者从总体、双边和产业行业等层面测度了垂直专业化程度（平新乔, 2005；北京大学中国经济研究中心课题组, 2006；Koopman et al.,

2008；Dean et al.，2010；李昕，2012；刘琳，2015；韩中，2016；李跟强 等，2016；喻胜华 等，2017；刘睿倪，2018）。

3.1.1 国际垂直专业化测度方法的演进

Hummels et al.（2001）基于单国投入产出表首次提出了国际垂直专业化（前向与后向垂直专业化）程度的测度方法（HIY 法），给出了 VS（一国出口中的国外价值）和 VS1（一国生产的出口品中，被其他国家作为中间投入用于出口的部分）两个量化指标。但由于单国投入产出表无法反映双边贸易情况，所以该方法仅给出了 VS 的计算公式，而并没有给出 VS1 的计算方法。为弥补单国投入产出表在测度垂直专业化时的不足，Daudin et al.（2011）利用全球贸易分析项目（GTAP）的数据构建了能够反映双边贸易情况的多国投入产出表，并提出了 VS1*（包含在中间产品出口，经过再加工又返回的国内成分），从而完善了垂直专业化的内涵。Johnson et al.（2012）同样利用 GTAP 数据构建了多国投入产出表，提出了 VAX（国内增加值被国外所吸收的那部分价值，简称"增加值出口"），使得垂直专业化的量化指标体系基本形成。由于 VS、VS1、VS1* 和 VAX 仅能反映绝对值情况，并不能动态反映在出口中所占比重，所以在使用这些指标时，学者们通常将它们除以总出口，得到 VSS（一国出口中的国外增加值率）、VSS1（其他经济体使用本国中间品生产出口的程度）、VSS1*（返回并被本国吸收的国内增加值率）和 VAX ratio（增加值出口率）来具体量化国际垂直专业化。在 Hummels et al.（2001）基于单国投入产出表提出 VS 和 VS1 后，又有学者基于多国投入产出表改进了 VS 和 VS1 的计算方法。Wang et al.（2009）利用基于 GTAP 开发的国家间投入产出表（ICIO），通过构建增加值份额矩阵 VAS，不仅提出了 VS 新的计算方法，还首次给出了 VS1 的计算公式，从而弥补了 HIY 法的不足。Koopman et al.（2010）整合了现有的所有指标，将一国总出口分解为最终产品出口的国内增加值、被进口国国内最终需求所吸收的中间品出口国内增加值、被进口国生产向第三国出口所吸收的中间品出口返回的国内增加值和出口中的国外增加值四部分，并基于四部分分解法给出了垂直专业化指标的计算方法。Koopman et al.（2014）沿用 KWW 法的思路，将一国总出口分解为九部分，并且指出已有的垂直专业化量化指标只不过是总出口分解后某些部分的线性组合。但 KWW 法仅能测得总出口层面的 VSS（国外增加值率），在行业和双边层面仅能得到 VAX ratio（增加值出口率），但 VAX ratio 的值并不总在 0~1，无法反映出在行业和双边层面出口中的国外增加值率。Wang et al.（2013，2015）在 KWW 法的基础上将总出口进一步分解为 16 部分，提出了包括总出口、部门和双边层面在内的多层面总贸易流量分解法，重新给出了 VS、VS1、VS1* 和 VAX 的计算方法，这标志着垂直专业化测度理论的基本成熟。

3.1.2　国际垂直专业化测度的应用研究

平新乔（2005）和北京大学中国经济研究中心课题组（2006）运用 HIY 方法测算了 1992—2003 年的中国总体和对美国际垂直专业化参与度（VSS），结果显示，中国 VSS 从 1992 年的 14% 上升到 2003 年的 21.8%，对美 VSS 由 14.77% 上升至 22.94%。Koopman et al.（2008）和 Dean et al.（2010）运用 HIY 方法将加工贸易和一般贸易分离开来测算了中国 VSS，结果显示，中国 VSS 常年保持在 50% 以上，部分高科技产业 VSS 甚至高达 80%，这表明中国的出口额特别是高科技产业的出口额被严重高估。李昕（2012）运用 KPWW 法重新测算了 2002 年和 2007 年我国出口总体的 VSS 和行业的 VAX ratio，得到了我国贸易顺差被高估，部分高科技制造业 VSS 较高的结论。刘琳（2015）采用 KPWW 法测算了 1995—2011 年的我国 VSS，并得出了我国参与全球价值链程度逐年增强的结论。刘似臣和张诗琪（2018）采用 KWW 法对中美制造业出口的国内增加值进行了比较，得出了中国制造业出口国内增加值增速比美国快，但是绝对值依然有较大差距的结论。韩中（2016）采用 KWW 法测算了 2011 年我国及世界其他主要国家的 VSS、VSS1、VS1* 比例及 VAX ratio，结果表明，我国 VSS 高于美国、日本等发达国家，北美及欧盟地区是我国 VAX 的主要吸收地。李跟强和潘文卿（2016）基于 KWW 法及 WWZ 法，将国内价值链和国外价值链整合到一个框架内，采用中国区域间投入产出表测度了 1997—2007 年我国各区域的垂直专业化程度，得出了沿海地区的垂直专业化程度高于内陆地区，沿海地区的增加值更偏好于流向国外区域，内陆地区的增加值更偏向于流向国内区域的结论。喻胜华和刘红增（2017）采用 WWZ 法测算了总体、双边和行业层面的我国 VSS，并且对 VSS 的构成部分进行了分解，得出了我国贸易质量有所改善，正向全球价值链上游攀升的结论。刘睿倪（2018）采用 WWZ 法从整体和产业行业层面测算了我国 VSS，研究显示，我国 VSS 总体呈上升趋势，初级产业 VSS 较低，制造业已高度融入全球价值链。已有的国际垂直专业化测度应用研究大多数认为我国出口中有大量外国成分，在国际分工中处于低端位置，但是近年来正向高端攀升。

由以往的理论研究可以看出，采用多国投入产出表测度垂直专业化不仅能测得 VS，还能测得 VS1、VAX 和 VS1*。同时，我国的单国投入产出表仅在逢

0、2、5、7 这几个年份公布，而由各国际组织所公布的多国投入产出表的年份是连续的，故本书采用多国投入产出表测度垂直专业化。与其他运用多国投入产出表测量垂直专业化的方法相比，WWZ 法不仅可以测度总体层面的垂直专业化程度，还可以测度双边层面的垂直专业化程度，故本书采用 WWZ 法。

本书利用世界投入产出数据库（WIOD）在 2016 年公布的世界投入产出表（WIOT），采用 WWZ 法，从总出口和双边两个层面对我国国际垂直专业化程度进行了测度。与以往的垂直专业化应用研究相比，本书主要在以下三个方面进行了扩展：第一，以往的研究中往往侧重于测度后向垂直专业化率，本书不仅测度了后向垂直专业化率，还测度了前向垂直专业化率；第二，以往的研究主要从后向垂直化率各部分构成比重来判断我国在国际分工中所处的地位，而本书不仅测量了后向垂直化率的各部分构成比重，还从后向与前向垂直专业化率的差值来进一步论证我国在国际分工中所处的地位；第三，以往的研究大多只测度了我国后向垂直专业化的来源地，本书不仅测度了我国后向垂直专业化的来源地，还测度了我国前向垂直专业化的目的地。

3.2 国际垂直专业化测度方法说明——基于 WWZ 总出口分解法

3.2.1 世界各国贸易投入产出模型

WIOD 在 2016 年公布的世界各国贸易投入产出表不仅包括了 2000—2014 年 43 个国家（地区）① 56 个行业的中间产品和最终产品的贸易流量数据，还给出了各国（地区）各部门的贸易增加值、国际运输利润、总产出及总投入的数据，详见世界各国贸易投入产出简表（表 3.1）。

---

① 世界投入产出简表的 43 个国家（地区）分别是澳大利亚、奥地利、比利时、保加利亚、巴西、加拿大、瑞士、中国、塞浦路斯、捷克、德国、丹麦、西班牙、爱沙尼亚、芬兰、法国、英国、希腊、克罗地亚、匈牙利、印度尼西亚、印度、爱尔兰、意大利、日本、韩国、荷兰、卢森堡、拉脱维亚、墨西哥、马耳他、缅甸、挪威、波兰、葡萄牙、罗马尼亚、俄罗斯、斯洛伐克、斯洛文尼亚、瑞典、土耳其、美国和中国台湾。

表 3.1 世界各国贸易投入产出简表

投入			产出								总产出
			中间使用				最终使用				
			A 国	B 国	⋯	ROW	A 国	B 国	⋯	ROW	
			$1 \cdots N$	$1 \cdots N$	$1 \cdots N$	$1 \cdots N$					
中间投入	A 国	$1 \cdots N$	Z^{AA}	Z^{AB}	⋯	Z^{AR}	Y^{AA}	Y^{AB}	⋯	Y^{AR}	X^{A}
	B 国	$1 \cdots N$	Z^{BA}	Z^{BB}	⋯	Z^{BR}	Y^{BA}	Y^{BB}	⋯	Y^{BR}	X^{B}
	⋯	$1 \cdots N$	⋯	⋯	⋯	⋯	⋯	⋯	⋯	⋯	⋯
	ROW	$1 \cdots N$	Z^{RA}	Z^{RB}	⋯	Z^{RR}	Y^{RA}	Y^{RB}	⋯	Y^{RR}	X^{R}
增加值			VA^{A}	VA^{B}	⋯	VA^{R}	—	—	—	—	—
国际运输利润			T^{A}	T^{B}	⋯	T^{R}	—	—	—	—	—
总投入			X^{*A}	X^{*B}	⋯	X^{*R}	—	—	—	—	—

表 3.1 反映了世界各国贸易流量数据，我们假设各国行业数为 N 个，则表 3.1 中 Z 为 $N×N$ 的矩阵，X 和 Y 为 $N×1$ 的列向量，V、T 和 X^{*} 为 $1×N$ 的行向量。世界各国贸易投入产出简表大致可以分为四个象限：第一象限为中间投入与中间使用的交叉区域；第二象限为中间投入与最终使用的交叉区域；第三象限为总产出；第四象限为增加值、国际运输利润及总投入。

第一象限从横向来看表示横向国家行业对列向国家行业中间产品的使用，从列向来看表示列向国家行业向对横向国家行业中间产品的供给。第二象限从横向来看表示横向国家行业对列向国家行业最终产品的使用，从列向来看表示列向国家行业向对横向国家行业最终产品的供给。第三象限表示的是一国行业的总产出。第四象限表示的是一国行业的增加值、国际运输利润及总投入。世界各国贸易投入产出简表横向相加之和等于总产出，列向相加之和等于总投入，且同一国家行业的总产出等于总投入。

由于世界各国贸易投入产出简表中的增加值必须要与国民经济核算 GDP 保持一致，故世界各国贸易投入产出简表专门列出了国际运输利润这一项。在以往的文献研究中往往未提及国际运输利润的处理方法，本书认为，国际运输利润也是由国际贸易创造的价值，所以在进行数据处理时，我们可以把国际运输利润也归为增加值。

3.2.2　总出口分解法

假设只有 S、R 和 T 三国，每国只有一个部门，我们要构造三国一部门的投入产出表。因此，由投入产出表横向可得以下平衡式：

$$\begin{bmatrix} Z^{SS}+Z^{SR}+Z^{ST} \\ Z^{RS}+Z^{RR}+Z^{RT} \\ Z^{TS}+Z^{TR}+Z^{TT} \end{bmatrix} + \begin{bmatrix} Y^{SS}+Y^{SR}+Y^{ST} \\ Y^{RS}+Y^{RR}+Y^{RT} \\ Y^{TS}+Y^{TR}+Y^{TT} \end{bmatrix} = \begin{bmatrix} X^S \\ X^R \\ X^T \end{bmatrix} \tag{3.1}$$

设直接投入系数为 $A = Z/X$，则有

$$\begin{bmatrix} A^{SS}+A^{SR}+A^{ST} \\ A^{RS}+A^{RR}+A^{RT} \\ A^{TS}+A^{TR}+A^{TT} \end{bmatrix} \begin{bmatrix} X^S \\ X^R \\ X^T \end{bmatrix} + \begin{bmatrix} Y^{SS}+Y^{SR}+Y^{ST} \\ Y^{RS}+Y^{RR}+Y^{RT} \\ Y^{TS}+Y^{TR}+Y^{TT} \end{bmatrix} = \begin{bmatrix} X^S \\ X^R \\ X^T \end{bmatrix} \tag{3.2}$$

设 B 为经典里昂惕夫逆阵，则式（3.2）调整可得

$$\begin{bmatrix} X^S \\ X^R \\ X^T \end{bmatrix} = \begin{bmatrix} B^{SS} & B^{SR} & B^{ST} \\ B^{RS} & B^{RR} & B^{RT} \\ B^{TS} & B^{TR} & B^{TT} \end{bmatrix} \begin{bmatrix} Y^{SS}+Y^{SR}+Y^{ST} \\ Y^{RS}+Y^{RR}+Y^{RT} \\ Y^{TS}+Y^{TR}+Y^{TT} \end{bmatrix} \tag{3.3}$$

其中，$\begin{bmatrix} B^{SS} & B^{SR} & B^{ST} \\ B^{RS} & B^{RR} & B^{RT} \\ B^{TS} & B^{TR} & B^{TT} \end{bmatrix} = \begin{bmatrix} 1-A^{SS} & -A^{SR} & -A^{ST} \\ -A^{RS} & I-A^{RR} & -A^{RT} \\ -A^{TS} & -A^{TR} & I-A^{TT} \end{bmatrix}^{-1}$

将式（3.3）展开，我们可以得到 R 国总产出 X^R 由不同流向最终产品所拉动的分解式如下：

$$X^R = B^{RS}Y^{SS}+B^{RS}Y^{SR}+B^{RS}Y^{ST}+B^{RR}Y^{RS}+B^{RR}Y^{RR}+B^{RR}Y^{RT}+B^{RT}Y^{TS}+B^{RT}Y^{TR}+B^{RT}Y^{TT} \tag{3.4}$$

由式（3.4）可将 S 国向 R 国的中间出口分解为以下九个部分：

$$Z^{SR} = B^{RS}Y^{SS}+B^{RS}Y^{SR}+B^{RS}Y^{ST}+B^{RR}Y^{RS}+B^{RR}Y^{RR}+B^{RR}Y^{RT}+B^{RT}Y^{TS}+B^{RT}Y^{TR}+B^{RT}Y^{TT} \tag{3.5}$$

定义增加值系数 $V = VA/X$。由式（3.3）可知 $X = BY$，两边同乘 V 可得 $VX = VBY$，VBY 代表增加值，VB 代表最终产品的增加值率，则完全增加值系数矩阵为

$$VB = \begin{bmatrix} V^S & 0 & 0 \\ 0 & V^R & 0 \\ 0 & 0 & V^T \end{bmatrix} \begin{bmatrix} B^{SS} & B^{SR} & B^{ST} \\ B^{RS} & B^{RR} & B^{RT} \\ B^{TS} & B^{TR} & B^{TT} \end{bmatrix} = \begin{bmatrix} V^S B^{SS} & V^S B^{SR} & V^S B^{ST} \\ V^R B^{RS} & V^R B^{RR} & V^R B^{RT} \\ V^T B^{TS} & V^T B^{TR} & V^T B^{TT} \end{bmatrix} \tag{3.6}$$

上述结果矩阵共有九项元素，其经济含义分别为 S 国最终产品中 S 国增加

值率（$V^S B^{SS}$），R 国最终产品中 S 国增加值率（$V^S B^{SR}$），T 国最终产品中 S 国增加值率（$V^S B^{ST}$），S 国最终产品中 R 国增加值率（$V^R B^{RS}$），R 国最终产品中 R 国增加值率（$V^R B^{RR}$），T 国最终产品中 R 国增加值率（$V^R B^{RT}$），S 国最终产品中 T 国增加值率（$V^T B^{TS}$），R 国最终产品中 T 国增加值率（$V^T B^{TR}$），T 国最终产品中 T 国增加值率（$V^T B^{TT}$）。

由式（3.6）的经济含义可得，其结果矩阵列向元素相加等于 1，则对 S 国来说可得

$$V^S B^{SS} + V^R B^{RS} + V^T B^{TS} = u \quad （u \text{ 为 } 1 \times n \text{ 的单位向量}） \tag{3.7}$$

我们设 E^{SR} 为 S 国向 R 国的出口，包括最终产品出口和中间产品出口两部分，则有

$$E^{SR} = Z^{SR} + Y^{SR} = A^{SR} X^R + Y^{SR}$$

类似地，我们设 E^S 为 S 国的总出口，则有

$$E^S = E^{SR} + E^{ST} = A^{SR} X^R + A^{ST} X^T + Y^{SR} + Y^{ST}$$

则可将式（3.2）改写为

$$\begin{bmatrix} X^S \\ X^R \\ X^T \end{bmatrix} = \begin{bmatrix} A^{SS} & 0 & 0 \\ 0 & A^{RR} & 0 \\ 0 & 0 & A^{TT} \end{bmatrix} \begin{bmatrix} X^S \\ X^R \\ X^T \end{bmatrix} + \begin{bmatrix} Y^{SS} + E^S \\ Y^{RR} + E^R \\ Y^{TT} + E^T \end{bmatrix}$$

我们将 X 移项调整可得

$$\begin{bmatrix} X^S \\ X^R \\ X^T \end{bmatrix} = \begin{bmatrix} I - A^{SS} & 0 & 0 \\ 0 & I - A^{RR} & 0 \\ 0 & 0 & I - A^{TT} \end{bmatrix}^{-1} \begin{bmatrix} Y^{SS} + E^S \\ Y^{RR} + E^R \\ Y^{TT} + E^T \end{bmatrix}$$

我们设 $L^{SS} = (I - A^{SS})^{-1}$，$L^{RR} = (I - A^{RR})^{-1}$，$L^{TT} = (I - A^{TT})^{-1}$，以表示国内里昂惕夫逆矩阵，结合对角矩阵逆矩阵的性质可将上式改写为

$$\begin{bmatrix} X^S \\ X^R \\ X^T \end{bmatrix} = \begin{bmatrix} L^{SS} Y^{SS} + L^{SS} E^S \\ L^{RR} Y^{RR} + L^{ER} E^R \\ L^{TT} Y^{TT} + L^{TT} E^T \end{bmatrix} \tag{3.8}$$

由式（3.8）可得，S 国向 R 国的中间产品出口为

$$Z^{SR} = A^{SR} X^R = A^{SR} L^{RR} Y^{RR} + A^{SR} L^{RR} E^R \tag{3.9}$$

我们结合式（3.5）、式（3.7）和式（3.9），可将 S 国对 R 国的总出口 E^{SR} 最终分解为以下 16 项：

$$E^{SR} = (V^S B^{SS})' \# E^{SR} + (V^R B^{RS})' \# E^{SR} + (V^T B^{TS})' \# E^{SR}$$

$$= (V^S B^{SS})' \# Y^{SR} + (V^S L^{SS})' \# (A^{SR} B^{RR} Y^{RR}) + (V^S L^{SS})' \# (A^{SR} B^{RT} Y^{TT}) +$$

$$(V^S L^{SS})' \# (A^{SR} B^{RR} Y^{RT}) + (V^S L^{SS})' \# (A^{SR} B^{RT} Y^{TR}) +$$

$$(V^S L^{SS})'\#(A^{SR} B^{RR} Y^{RS}) + (V^S L^{SS})'\#(A^{SR} B^{RT} Y^{TS}) +$$

$$(V^S L^{SS})'\#(A^{SR} B^{RS} Y^{SS}) + (V^S L^{SS})'\#[A^{SR} B^{RS}(Y^{SR} + Y^{ST})] +$$

$$(V^S B^{SS} - V^S L^{SS})'\#(A^{SR} X^R) + (V^R B^{RS})'\#Y^{SR} +$$

$$(V^R B^{RS})'\#(A^{SR} L^{RR} Y^{RR}) + (V^R B^{RS})'\#(A^{SR} L^{RR} E^R) + (V^T B^{TS})'\#Y^{SR} +$$

$$(V^T B^{TS})'\#(A^{SR} L^{RR} Y^{RR}) + (V^T B^{TS})'\#(A^{SR} L^{RR} E^R) \qquad (3.10)$$

其中，′表示矩阵转置，#表示矩阵的点乘。

式（3.10）的最终结果各项所表示的经济学含义（总出口分解后各部分经济学含义）依次如表 3.2 所示。

表 3.2　总出口分解后各部分经济学含义

编号	一级分类	二级分类	三级分类	四级分类	经济学含义
T1	DVA+RDV：出口中的国内价值部分	DVA（VAX）：出口中的国内增加值	DVA_FIN	DVA_FIN	最终产品出口的国内增加值
T2			DVA_INT	DVA_INT	被进口国国内最终需求所吸收的中间产品出口的国内增加值
T3			DVA_INTrex：被进口国生产向第三国出口所吸收的中间品出口	DVA_INTrex1	被进口国再次以中间产品的形式出口至第三国，并被第三国生产最终需求品所吸收的中间产品出口的国内增加值
T4				DVA_INTrex2	被进口国加工后以最终产品的形式出口至第三国，并被第三国所吸收的中间产品出口的国内增加值
T5		RDV（VS1*）：返回的国内增加值		DVA_INTrex3	被进口国以中间产品形式出口至第三国，又被进口国从第三国进口回来，并被进口国吸收的中间产品出口的国内增加值
T6			RDV	RDV_FIN1	被进口国生产最终产品又返回国内，并被国内所吸收的中间产品出口的国内增加值
T7				RDV_FIN2	被进口国以中间产品形式出口至第三国，又被本国从第三国进口回国内，并被国内吸收的中间产品出口的国内增加值
T8				RDV_INT	被进口国加工后，以中间产品形式返回国内，用于生产国内最终产品需求，其被国内吸收的中间产品出口的国内增加值

表3.2(续)

编号	一级分类	二级分类	三级分类	四级分类	经济学含义
T9	VS：垂直专业化，即出口中的国外增加值	PDC：纯重复计算部分	DDC：国内账户重复计算	DDC_FIN	隐含于进口返回国内，并被生产最终出口所吸收的中间产品出口（中间产品与最终产品出口价值的重复计算）
T10				DDC_INT	隐含于进口返回国内，并被生产中间出口所吸收的中间产品出口（中间产品与中间产品出口价值的重复计算）
T13			FDC：国外账户重复计算	MDC	本国中间产品出口的进口国价值重复计算部分
T16				ODC	本国中间产品出口的第三国价值重复计算部分
T11		FVA：出口的国外增加值	FVA_FIN：最终产品出口的国外增加值	MVA_FIN	本国最终产品出口的进口国增加值
T12				OVA_FIN	本国最终产品出口的第三国增加值
T14			FVA_INT：中间产品出口的国外增加值	MVA_INT	被进口生产国内最终产品所吸收的进口国增加值
T15				OVA_INT	被进口生产国内最终产品所吸收的进口国增加值

注：VS1 = DVA_INTrex+RDV+DDC。

资料来源：根据王直、魏尚进、祝坤福（2015）的研究资料整理。

3.2.3 垂直专业化率

一国（地区）既可以从产品研发、创新设计和原材料供应等附加值较高的产业链上游环节参与国际垂直专业化分工，也可以从产品加工和组装设计等附加值较低的产业链下游环节参与国际垂直专业化分工（尹伟华，2016）。基于参与生产环节的差异，Hummels et al.（2001）提出了后向垂直专业化和前向垂直专业化两个概念。后向垂直专业化是指一国出口中的进口成分，反映的是一国（地区）出口货物或服务中使用的其他经济体中间产品的价值。前向垂直专业化是指他国出口中的本国成分，反映的是其他经济体出口货物或服务中使用本国（地区）中间产品的价值。

垂直专业化指标主要由VS、VS1、VAX和VS1*组成。由表3.2可知，总出口可以分解为DVA、RDV和VS三部分，RDV值通常较小，总出口主要由DVA和VS组成，而VAX（增加值出口）即为DVA，因此在测算了VS的情况下，通常不需要对VAX单独测算。VS1由DVA_INTrex、RDV和DDC三部分构成，而VS1*（包含在中间产品出口，经过再加工又返回的国内成分）即为

RDV，因此在测算了 VS1 构成比例的情况下无须对 VS1*进行单独测算。故本书借鉴 WWZ 法，基于总出口的分解结果和垂直专业化的定义，给出了 VS 和 VS1 的计算方法，并构建了 VSS（后向垂直专业化率）和 VSS1（前向垂直专业化率）两个指标来衡量垂直专业化率，即

$$VS = DDC+FDC+FVA\_FIN+FVA\_INT$$
$$= T9+T10+T11+T12+T13+T14+T15+T16$$
$$VS1 = DAV\_INTrex+RDV+DDC$$
$$= T3+T4+T5+T6+T7+T8+T9+T10$$

由于 VS 和 VS1 仅能反映绝对值情况，并不能反映产品价值的国内外成分构成情况，我们用 VS 和 VS1 除以本国总出口得到 VSS 和 VSS1，更能反映产品价值构成的相对情况，即

$$VSS = VS/E$$
$$VSS1 = VS1/E$$

VSS 和 VSS1 值均介于 0~1。VSS 越大，说明本国出口中的国外成分比例越高，本国参与产业链下游的生产环节越多。VSS1 越大，说明其他经济体使用本国中间产品生产出口的程度越高，本国参与产业链上游的生产环节越多。若 VSS 大于 VSS1，超出越大，则越显示经济体以后向方式参与垂直专业化；反之则是以前向方式参与垂直专业化。

VSS 的构成成分能够反映一国（地区）贸易结构和在国际分工中的地位。最终产品出口中大比例的国外成分（FVA_FIN）说明本国企业从事了大量的加工贸易，即从国外进口原材料和零部件等中间产品，然后加工组装，以制成品的形式再出口国外，参与的是国际垂直专业化分工的低端环节生产，处于全球价值链下游。而一国（地区）中间产品出口中的国外成分比例（FVA_INT）上升，特别是当越来越多的中间产品被出口到第三国并用于最终产品生产时，可能意味着该国正在进行产业升级，从全球价值链的低端向中高端爬升。一国（地区）出口中纯重复计算部分 DDC 和 FDC 的总和（PDC）只在多国来回往复多次进行中间产品贸易时才会出现，PDC 在 VS 的比例上升表明了国际垂直专业化分工的深化、跨国生产分工环节的增加和跨越国境次数的增加。因此，了解一国（地区）VS 的构成部分及其变化趋势，可以帮助我们分析一国（地区）在国际分工中所处的大致环节，以及在全球价值链相对位置的变动趋势。

3.3 中国国际垂直专业化测度与分析

本章使用 R 软件，根据 WIOT（2016）和 WWZ 总出口分解法，可以将 2000—2014 年我国和世界其他经济体的贸易额进行分解，从而得到我国国际垂直专业化率。

3.3.1 中国国际垂直专业化总体测度与分析

3.3.1.1 后向垂直专业化总体成分构成测度

表 3.3 显示的是 2000—2014 年我国后向垂直专业化率及其变化趋势。可以看出，我国后向垂直专业化率呈倒 "U" 形走向，2014 年与 2000 年的 VSS 基本持平。

表 3.3　2000—2014 年我国后向垂直专业化率及其变化趋势

年份	总出口 /百万美元	VS /百万美元	VSS/%	VSS 构成/%		
				FVA_ FIN	FVA_ INT	PDC
2000	261 938	43 671	16. 67	57. 80	23. 93	18. 27
2001	280 420	44 685	15. 94	57. 56	23. 90	18. 54
2002	345 007	60 390	17. 50	56. 79	23. 69	19. 52
2003	461 968	96 320	20. 85	57. 17	22. 77	20. 06
2004	632 557	149 314	23. 60	56. 46	22. 63	20. 92
2005	806 874	192 450	23. 85	56. 79	22. 33	20. 87
2006	1 027 619	246 384	23. 98	55. 70	22. 05	22. 25
2007	1 304 802	313 677	24. 04	55. 28	22. 73	21. 98
2008	1 540 785	343 239	22. 28	53. 18	24. 22	22. 60
2009	1 293 516	237 172	18. 34	55. 08	24. 03	20. 89
2010	1 697 752	347 576	20. 47	52. 23	24. 79	22. 98
2011	2 037 785	411 806	20. 21	50. 12	25. 79	24. 09
2012	2 156 117	407 062	18. 88	50. 46	25. 80	23. 74
2013	2 293 014	427 649	18. 65	48. 34	27. 23	24. 43
2014	2 425 464	408 693	16. 85	47. 30	28. 02	24. 68

数据来源：根据 World Input-Output Tables（http：//www. wiod. org）的数据计算。

具体来说，我国后向垂直专业化率变化趋势可以分为以下三个阶段：

第一阶段为2000—2004年。在此阶段我国VSS呈现出上升趋势，由2000年的16.67%增长到2004年的23.6%。这主要得益于自2001年我国加入WTO以来，我国开放程度逐渐提高，大力引进外资，廉价劳动力的比较优势得到充分发挥，来料加工和进料加工的加工贸易模式不断发展。"中国制造"也是在这一阶段兴起的，它不仅是我国国际贸易的一个标签，同时也体现了我国在国际分工中的地位，即以产业链下游的加工制造为主。第二阶段为2005—2007年。在此阶段我国VSS基本稳定在24%左右，无大幅变动。这是因为在此阶段我国农村劳动力供给减少，经济发展迎来"刘易斯拐点"，珠三角地区出现"民工荒"后，工资水平不断上升（蔡昉，2007a；蔡昉，2007b；金三林 等，2013）。虽然我国劳动力成本比较优势不断缩小，但与世界其他国家相比，工资绝对值依然较低，且加工制造也相对成熟，故VSS较为稳定。第三阶段为2008—2014年。在此阶段我国VSS呈下降趋势，由2008年的22.28%下跌至2014年的16.85%。这主要是因为以下几个原因：第一，国际金融危机的出现。国际金融危机严重冲击国际经济和全球价值链，发达经济体的国际贸易均呈现萎缩状态，我国出口中的国外成分减少。第二，国内价值链的完善。国内价值链的完善使企业能使用更多本国中间产品生产，使用国外中间产品生产的比例下降。国际金融危机重创世界和发达国家经济，但中国逆"势"而行，依然保持了较高的经济增速。在进口中间产品减少和成本上升的背景下，倒逼国内企业技术升级，提高产业链自给率。第三，劳动力成本的进一步上升。我国民工平均月工资由2005年的875元增长到了2011年的2 049元，单位劳动力成本已经高于泰国、马来西亚和印度尼西亚等国（金三林 等，2013；李建强 等，2018）。以上原因使我国出口中的本国成分增加，国外成分减少。

从构成成分来看，FVA_FIN（最终产品出口的国外增加值）比例较高，但总体呈下降趋势，由2000年的57.8%降低到2014年的47.3%，下降了10.5%。FVA_INT（中间产品出口国外增加值）和PDC（纯重复计算）比例较低，但总体呈上升趋势，前者由2000年的23.93%上升到2014年的28.02%，上升了4.09%，后者由2000年的18.27%上升到2014年的24.68%，上升了6.41%。FVA_FIN比例的不断下降以及FVA_INT比例的不断上升，说明我国企业在国际垂直专业化中，从事最终产品加工贸易环节的比例有所下降，我国正逐渐实现产业升级，向全球价值链上游攀升，在国际分工中的低端位置有所改善。而PDC比例的上升则说明随着时间的推移，我国参与的国际生产链条逐渐变长，多次跨越国境的中间产品贸易增多。

3.3.1.2　前向垂直专业化总体成分构成测度

根据表3.4结果所示，我国的前向垂直专业化率总体稳定在13%～16%，近年来有小幅上升。这说明,其他经济体出口中的我国成分不断增加,我国参与产业链上游的生产环节有所增多。这主要是因为以下三个原因:第一,垂直专业化和 FDI 带来的技术溢出效应。垂直专业化分工及 FDI 在引进外资的同时,也给国内企业带来了产业链上游企业的先进技术和管理模式,增强了内资企业的创新能力,使企业能够更多地参与到产品研发等产业链上游环节。第二,中间产品出口的上升。随着深度融入全球价值链,我国中间产品出口也在不断上升,从而使得国外出口中的中国成分持续增加(程大中,2015)。第三,国际价值链的延长。随着经济全球化的深入发展,产品分工的环节也越来越复杂,各主要行业特别是制造业的国际价值链长度不断延长(高敬峰,2013;马风涛,2015),这就使得某些产业链下游环节被动攀升至产业链上游。2000—2014 年中国前向垂直专业化程度见表 3.4。

表 3.4 2000—2014 年中国前向垂直专业化程度

年份	总出口/百万美元	VS1/百万美元	VSS1/%	VSS1 构成/%		
				DVA_ INTrex	RDV	DDC
2000	261 938.1	35 477.42	13.54	91.37	6.70	1.94
2001	280 419.8	38 320.30	13.67	90.30	7.60	2.09
2002	345 007.3	48 015.39	13.92	88.25	8.87	2.88
2003	461 968.4	62 386.62	13.50	86.01	9.99	4.00
2004	632 557.5	86 405.74	13.66	84.58	10.47	4.95
2005	806 874.0	106 899.10	13.25	84.10	10.18	5.71
2006	1 027 619.0	141 167.40	13.74	83.31	10.28	6.41
2007	1 304 802.0	175 246.40	13.43	83.59	9.64	6.77
2008	1 540 785.0	218 259.20	14.17	83.85	10.02	6.13
2009	1 293 516.0	171 583.70	13.26	82.33	12.30	5.36
2010	1 697 752.0	241 758.30	14.24	80.18	13.46	6.44
2011	2 037 785.0	308 969.10	15.16	79.32	14.51	6.18
2012	2 156 117.0	319 982.90	14.84	77.97	15.57	6.46
2013	2 293 014.0	346 102.20	15.09	77.42	16.04	6.54
2014	2 425 464.0	375 750.00	15.49	78.25	15.69	6.06

数据来源:根据 World Input-Output Tables (http://www.wiod.org) 的数据计算。

从构成成分来看,DVA_ INTrex(被进口国生产向第三国出口所吸收的中间产品出口)是 VSS1 的主要构成部分,但呈不断下降趋势,由 2000 年的 91.37% 下降到 2014 年的 78.25%。而 RDV(VS1*,即返回并被本国吸收的国内增加值）和 DDC（国内账户重复计算）的比重则不断上升。

结合表3.3和表3.4来看，我国后向垂直专业化率常年大于前向垂直专业化率，这说明我国更多的是以后向方式参与垂直专业化，所获得的贸易附加值较低，在全球价值链处于低端位置。但近年来两者的差值不断缩小，进一步说明我国正向全球价值链上游攀升。

3.3.2 双边层面中国国际垂直专业化测度与分析

经测度，我国后向垂直专业化主要来源地和前向垂直专业化主要目的地都是澳大利亚、德国、日本、韩国、俄罗斯、美国和中国台湾。表3.5显示的是2000—2014年我国后向垂直专业化来源地，代表各经济体在我国出口中的VSS占比。2014年的数据显示，中国后向垂直专业化来源地的前三位是韩国、日本和中国台湾，且从表中可以发现以下两个特点：一方面，日本在我国出口中的境外增加值占比大幅下降，由2000年的15.94%下降到2014年的6.76%；另一方面，各来源地在我国出口中的VSS占比趋于均衡。韩国、日本、美国和中国台湾是我国出口中的境外增加值的主要来源地，但其占比呈下降趋势，而澳大利亚、德国、俄罗斯及其他国家（地区）占比则呈上升趋势，这说明了我国中间产品进口来源国（地区）更加分散。

表3.5　2000—2014年我国后向垂直专业化来源地　　单位:%

年份	澳大利亚	德国	日本	韩国	俄罗斯	中国台湾	美国	其他
2000	2.44	3.62	15.94	8.21	2.09	7.85	8.91	50.94
2001	2.49	4.00	15.74	7.80	2.17	7.91	8.90	50.98
2002	2.37	4.30	15.65	7.52	2.18	8.77	8.81	50.40
2003	2.36	4.54	15.75	8.05	2.16	8.83	8.14	50.16
2004	2.44	4.42	14.98	9.04	2.19	8.05	7.98	50.91
2005	2.95	3.95	13.28	8.81	2.60	7.69	7.43	53.31
2006	2.81	4.11	12.58	8.14	2.76	7.00	7.91	54.70
2007	2.98	4.62	12.03	8.40	2.53	7.40	7.83	54.21
2008	3.68	4.58	10.89	7.61	2.91	6.46	7.56	56.32
2009	3.89	4.52	11.15	7.80	2.66	6.88	7.93	55.18
2010	4.66	4.01	10.10	6.82	2.74	5.88	7.08	58.71
2011	4.98	3.72	8.44	6.47	3.58	5.07	6.45	61.28

表3.5(续)

年份	澳大利亚	德国	日本	韩国	俄罗斯	中国台湾	美国	其他
2012	4.21	3.43	7.49	6.61	3.66	5.15	6.48	62.97
2013	4.79	3.55	6.45	6.86	3.45	5.65	6.30	62.96
2014	4.30	4.00	6.76	8.23	3.26	6.46	6.42	60.57

数据来源：根据 World Input-Output Tables（http://www.wiod.org）的数据计算。

表 3.6 显示的是 2000—2014 年我国前向垂直专业化目的地，代表了各国出口中使用我国中间产品的程度。从表 3.6 中可以发现，美国出口中使用我国中间产品的程度最高，但呈下降趋势，由 2000 年的 29.95% 下降到 2014 年的 18.65%。2014 年的数据显示，我国前向垂直专业化目的地的前三位是美国、德国和日本。日本和中国台湾出口中使用我国中间产品的程度呈下降趋势，俄罗斯及其他国家则呈上升趋势，这说明我国中间产品出口的目的地更为分散。

表 3.6 2000—2014 年我国前向垂直专业化目的地　　单位:%

年份	澳大利亚	德国	日本	韩国	俄罗斯	中国台湾	美国	其他
2000	2.14	8.25	10.38	3.72	1.00	4.57	29.95	39.99
2001	1.99	8.36	9.87	3.64	1.20	3.97	28.96	42.01
2002	2.22	7.58	9.20	3.75	1.27	4.04	29.17	42.76
2003	2.28	8.24	8.69	3.87	1.30	3.92	26.84	44.87
2004	2.37	8.07	8.37	3.96	1.34	3.95	25.71	46.23
2005	2.37	7.76	8.06	3.85	1.56	3.68	25.00	47.71
2006	2.25	8.08	7.52	3.78	1.89	3.44	24.68	48.36
2007	2.39	8.63	6.95	3.73	2.30	3.15	22.35	50.50
2008	2.27	8.49	7.12	3.88	2.78	2.83	20.48	52.16
2009	2.46	8.21	6.40	3.81	2.10	2.65	19.27	55.09
2010	2.44	7.96	6.37	3.86	2.33	3.02	18.97	55.04
2011	2.63	8.03	6.61	4.31	2.73	2.91	18.24	54.54
2012	2.71	7.15	7.00	4.17	3.17	2.67	18.53	54.59
2013	2.57	7.95	6.41	3.95	3.09	2.69	18.15	55.19
2014	2.39	7.98	6.70	4.07	2.79	2.71	18.65	54.70

数据来源：根据 World Input-Output Tables（http://www.wiod.org）的数据计算。

3.4 本章研究结论

本章利用 WIOT（2016）2000—2014 年的数据，运用 WWZ 总出口分解法，构建 VSS 和 VSS1 两个指标，从出口总体和双边两个层面测度了我国垂直专业化程度，并得出以下结论：

首先，我国更多的是以后向方式参与垂直专业化。我国后向垂直专业化率常年大于前向垂直专业化率，说明我国在垂直专业化分工中主要参与的是产品加工和组装设计等附加值较低的生产环节。这一结论也与经验相符，毕竟加工贸易在我国出口中占据重要地位，这也直接决定了我国在全球价值链处于低端位置。

其次，我国正向全球价值链上游攀升。虽然自我国 2001 年加入 WTO 后，后向垂直专业化程度一直在上升，金融危机后有所下降，但这只能代表我国参与国际分工的程度有所下降，并不意味着我国在国际分工中的地位下降；相反，从后向垂直专业化构成成分来看，最终产品出口国外成分比重的下降和中间产品出口国外成分比重的上升，在一定程度上说明了我国正向全球价值链上游攀升。而且我国前向垂直专业化率逐年上升，且与后向垂直专业化率的差值越来越小，这进一步说明我国参与产业链上游的生产环节增多，我国开始承担国际分工中更多的中间环节，加工贸易在出口中的地位正在下降，贸易质量有所改善，并且我国正向全球价值链上游攀升。

最后，后向垂直专业化来源地和前向垂直专业化目的地更加分散。受区位因素和要素禀赋差异的影响，我国后向垂直专业化来源地和前向垂直专业化目的地主要为美国、日本、韩国和中国台湾四个经济体，但近年来所占比重均呈下降趋势。澳大利亚、德国、俄罗斯和世界其他经济体的比重有所上升，这说明我国后向垂直专业化来源地和前向垂直专业化目的地更加分散。

4 国际垂直专业化组织模式选择的影响因素研究——基于契约执行效率的视角

虽然生产分散化在企业和国家之间变得更加容易，但合同摩擦仍然是国际垂直专业化分工中的重大障碍。除了与设计完备的或有合同的固有困难之外，国际交易还受到合同条款和法律补救措施执行程度过低的影响（Antràs，2015）。而我国作为转型国家，制度变迁存在着不平衡性，法律体系尚不完善，执法体系在地区间也有较大的差别，契约执行效率因此而表现出一定的地区差异。在这种环境下，跨国公司在决定是以垂直一体化还是离岸外包的模式转移生产环节会受到契约执行效率的影响。世界银行《2020营商环境报告》数据显示，中国的营商环境便利度在190个被调查国家里排第31名。由于中国各个地区经济和制度发展的差异，契约执行效率差异也较大。《中国城市营商环境报告2018》数据显示，我国城市中合同执行效率最高的是广州，其解决一项商业纠纷的平均时间为120天（时间以日历天数记录，从卖方决定向法院提起诉讼之时起计算，到货款支付时截止，其中包括采取行动所需的天数以及其间的等候期）；兰州解决一项商业纠纷的平均时间为440天；沿海地区的城市解决一项商业纠纷的平均时间为230天；而东北地区的城市解决一项商业纠纷的平均时间为363天。东南沿海地区通过法院强制执行的诉讼费率最低，平均为标的额的11.5%，成本最高的是中部地区，平均为标的额的29.9%。从这个现实情况来看，契约执行效率在我国不同地区存在显著差异。

现有文献关于不完全契约与垂直专业化组织模式选择研究主要分为以下几类：第一，产权视角下不完全契约与垂直专业化组织模式选择（Antràs，2003；Antràs，2005；Antràs et al.，2004；Antràs et al.，2006；Antràs et al.，2008；Antràs et al.，2013；Alfalo et al.，2015）；第二，交易成本视角下不完全契约与垂直专业化组织模式选择（MaLaren，2000；Grossman et al.，2002；

Grossman et al., 2005）；第三，契约制度对垂直专业化组织模式选择的影响（Acemoglu，2007）。现有文献认为，资本密集度（Antràs，2003）、企业的生产率（Antràs et al.，2004）、市场厚度（McLaren，2000；Grossman et al.，2002；Grossman et al.，2005）、东道国的契约制度差异（Antràs et al.，2006；Levchenko，2007；Nunn，2007）、熟练劳动力比例或贸易开放度（Marin et al.，2003）等因素会影响企业在垂直一体化与外包之间的组织模式选择。

国内外文献主要从产权和交易成本视角研究企业对垂直一体化和外包的选择，而从契约制度层面研究国际垂直专业化组织模式选择的文献较少。国内学者主要从契约执行效率对企业承接外包水平的影响角度进行研究（何玉梅 等，2011；马淑琴 等，2016），并未探讨契约执行效率对企业是以一体化还是离岸外包参与国际垂直专业化分工的影响。少量文献探讨了契约执行效率对企业垂直一体化的影响（Du et al.，2010；吕朝凤 等，2016），但是它们并未从企业在国内选择一体化还是外包的角度分析跨国组织模式的选择。杨珍增（2012）构建了理论模型证明东道国契约制度的好坏如何影响跨国公司以垂直一体化或离岸外包转移生产环节，但是并未给出实证检验。本章将利用世界银行的企业调查数据，从承接国视角实证研究契约执行效率对国际垂直专业化组织模式选择的影响及地区差异。

4.1 理论分析和研究假说

不同地区的契约制度不同，企业进行区位选择的决策也不同。在南—北贸易模型下，南方的契约制度差于北方地区，南方地区契约制度的改善总体上能提高北方企业在南方进行离岸生产的可能性，可契约化程度的提高会增加企业选择外包的倾向，这说明契约制度越好，企业越可能选择离岸外包（Antràs et al.，2006）。跨国公司倾向于在契约制度较好的国家通过外包获取中间产品，而倾向于在契约制度较差的国家通过垂直一体化获取中间产品（杨珍增，2012）。不同的契约对应了不同的交易类型，具有不同的交易成本，不同契约下不同类型的交易成本取决于交易特征和交易环境，企业在选择一体化或是外包时应取决于双方履行合同时的契约环境。契约成本越高，契约执行效率越低，企业垂直一体化程度相应也就越高（Acemoglu et al.，2009）。从制度差异角度来看，一国的法律法规是否健全直接关系到特定关系投资的契约执行质量，因而契约订立的环境差异将对外包交易成本产生重要影响（Grossman et al., 2004）。茹玉驄、金祥荣和张利风（2010）利用中国 19 个制造业地区外资净流入数据研究了地区契约实施效率与外资产业地区分布的关系，地区契约实施效率的提高有利于吸引更多的外资流入。Du et al.（2012）在此基础上使用中国制造业企业调查数据从企业国内垂直一体化角度进行实证分析，研究发现契约制度越差，企业更倾向于选择垂直一体化。企业生产组织模式的选择受企业外部制度环境的影响，在制度环境较差时，企业更倾向于选择垂直一体化；当制度环境较好时，企业倾向于选择外包以达到利润的最大化（王晓晨，2014）。

针对上述分析，本章提出假设一：契约执行效率对企业国际垂直专业化组织模式选择的影响表现为东道国地区契约执行效率越高，跨国公司倾向于以离岸外包的模式转移生产环节；反之，东道国地区契约执行效率越低，跨国公司倾向于以垂直一体化方式转移生产环节。

我国各地区由于地理、文化、法律和市场化程度的不同，导致契约执行效率存在较大的差异性，跨国公司的投资对象是与其战略目标最为契合的地区，所以研究跨国公司在一国内部的区位选择比起国家层次上的区位决定可能更有意义（Chang et al.，2005）。对于契约密集度较大的行业，跨国公司倾向于在契约制度较为完善的东部地区进行对外直接投资（盛丹 等，2010）。东道国优越的制度环境是吸引中国 FDI 的关键因素之一，制度质量较好的东部地区更能吸引外商企业的投资（阎大颖，2013）。Globerman et al.（2002）通过实证研究发现，更加公平的法律制度、可信度更高的公共机构以及利于市场健康发展的政府政策更能够吸引 FDI 的流入。

据此本章提出假设二：契约执行效率对企业国际垂直专业化组织模式选择的影响具有较强的地区效应，相较于中国的中、西部地区，跨国公司倾向于在契约制度较好的东部地区以离岸外包的模式转移生产环节。

4.2 模型设定、变量选取及数据说明

4.2.1 模型设定

本章主要研究契约执行效率与企业参与国际垂直专业化组织模式（垂直一体化或离岸外包）的选择问题，被解释变量为企业是以垂直一体化或离岸外包模式参与国际垂直专业化，该变量为二元离散变量。本章借鉴 Goerg et al.（2017）和胡昭玲等（2016）的模型，选择二元 Probit 离散选择模型进行估

计，同时采用二元 Logit 离散选择模型，运用工具变量法对模型进行稳健性检验，基本模型设定如下：

$$\text{Prob}(VI_{ij} = 1) = \alpha_0 + \beta_1 \text{Incom\_Contr}_{ij} + \beta_2 X_{ij} + \eta_i + \lambda_j + \varepsilon_{ij}$$

其中，ij 表示地区和行业；被解释变量 VI 表示企业参与国际垂直专业化分工的组织模式，是一个二元虚拟变量，1 表示承接国企业以垂直一体化形式参与国际垂直专业化分工，0 表示以离岸外包形式参与国际垂直专业化分工；Incom_Contr_{ij} 表示契约执行效率；X_{ij} 表示其他一系列控制变量，具体包括企业规模、研发支出和人力资本等。模型中 α_0、η_i 和 λ_j 分别表示常数项、地区固定效应和行业固定效应。由中国特殊经济环境决定，我国东、西部地区发展不平衡，经济发展存在较大差异，市场、政治、制度差异广泛存在，如市场分割、政治制度等。为了避免这些地区差异因素对回归结果造成影响，模型必须要控制这些不可控的因素，因此我们在模型中加入地区固定效应。此外，不同的行业发展差异也很有可能对跨国公司选择垂直一体化或外包模式转移生产环节造成影响，因此我们在模型中加入行业固定效应，控制行业差异对回归结果的影响。此外，ε_{ij} 表示模型误差项，假设其均值 $E(\varepsilon_{ij})$ 为 0。

4.2.2 数据来源说明及处理

本章使用的数据来自世界银行 2005 年对中国企业进行的企业投资与营商环境调查。此数据采用随机平衡抽样的方法对中国共 12 400 家企业进行调查，样本包括了烟草制造、食品加工、家具制造等 30 个制造行业，企业分布在北京、合肥、成都、广州、郑州等 120 个城市，覆盖东、中、西部地区。此外，2005 年的世界银行调查数据包含企业基本信息、企业投资销售情况、政企关系、管理者信息、劳动力、企业财务状况等信息，此调查数据涉及总样本量大、问卷问题设计全面、质量高，具有较强代表性，对本书的研究有重要作用。

我们之所以选择世界银行的企业调查数据，其原因在于：①世界银行企业投资调查数据包含了企业所在地区的契约制度指标、企业研发投入、企业规模和管理者受教育程度等企业指标，运用该数据研究能分析出影响国际垂直专业化组织模式选择的微观因素；②世界银行企业调查数据分布较广且均匀，既包含了东部地区也包含了中、西部地区，既涉及制造业也涉及服务业。相较于 2012 年的世界银行企业调查数据，本章选择采用 2005 年的数据进行回归分析的优势在于：2012 年数据样本量小且缺失值较多。按照 Baldwin 和 Yan（2014）的方法选择同时进口和出口的企业视为参与国际垂直专业化的企业，我们对数据进行处理后发现：2012年世界银行的企业调查数据显示，参与国际垂直专业化的企业仅有163家，其中以垂直一体化模式参与的企业有39家，以离岸外包模式参与的企业有124家；而2005年世界银行的企业调查数据处理后得到参与国际垂直专业化的企业数为4 648家。两者相比较而言，我们选择2005年的数据进行样本分析更具有代表性。

本章主要研究契约执行效率对国际垂直专业化组织模式选择的影响，本章参照Baldwin et al.（2014）选取同时进口中间产品和出口的企业，视为参与国际垂直专业化的企业，从样本中去掉未参与国际垂直专业化的企业，得到参与国际垂直专业化的企业有4 648家。同时，为了保证回归结果的准确性，我们对样本数据进行了处理，剔除了样本中的缺失值和异常值，最终得到有效样本3 150家。

4.2.3 变量选取

4.2.3.1 被解释变量——国际垂直专业化组织模式（VSO）

企业在参与国际垂直专业化分工时有两种模式，即垂直一体化和企业间的离岸外包。国外文献主要从母国角度出发，大多数利用母公司和海外子公司的交易数据来判定一体化或外包（Antràs，2003；Nune et al.，2008；Nune et al.，2011）。但是中国海关数据、工业企业数据库和世界银行企业调查数据都没有直接的供应商数据，在对于中国的实证研究中如何判断跨国公司是通过一体化还是外包来获得中间产品的具有一定的难度。在中国的研究文献中，大多数学者采用外资企业的加工贸易出口额来代表垂直一体化，用内资企业的加工贸易出口额代表外包（Li，2011；Fernandes et al.，2012）。近年来，部分学者开始使用世界银行企业调查数据来判定一体化和外包，Görg et al.（2017）将同时进出口视为企业参与国际垂直专业化分工的标识，将外资企业参与国际垂直一体化视为一体化，非外资企业参与国际垂直专业化视为承接离岸外包。结合本书的研究目的，我们采用Görg et al.（2017）的方法定义国际垂直专业化组织模式选择（垂直一体化或承接离岸外包）。本书首先要识别企业是否参与了国际垂直专业化分工，其次要确定是以一体化还是外包的形式融入分工中。

第一，企业参与国际垂直专业化分工的判定。Hummels et al.（2001）将垂直专业化定义为企业在生产产品时使用进口中间投入品，并且后续产出必须出口。根据Hummels et al.（2001）对垂直专业化的定义，我们遵照Baldwin et al.（2014）的界定方法，将同时从事中间产品进口与出口作为企业参与国际垂直专业化分工的标识，也就是将2005年世界银行企业调查数据中的企业从事中间产品进口［g3］和同时出口［a24］求交集。第二，国际垂直专业化分工中一体化和外包的判定。参照 Görg et al.（2017）的方法，我们假定在中国的外资企业供应中间产品到国外母公司，将这种情况视为公司内垂直一体化。根据调查问卷中 A1"所有权结构"这一问题中的国有、集体、合资、私有和外资这五种所有权类型，构建二元虚拟变量 VSO = ｛0，1｝，在参与国际垂直专业化的企业中将外资股权所占比重小于 25% 的企业视为承接离岸外包的企业，赋值为 1；将外资股权所占比重大于等于 25% 的企业视为垂直一体化企业，赋值 0。

4.2.3.2 主要解释变量——契约执行效率（Incom_ Contr）

根据已有文献研究，对契约执行效率的衡量有多种方法。第一，契约实施时长和契约实施成本。部分文献运用世界银行发布的《中国营商环境报告》中的契约实施时长、契约实施成本等指标。契约实施成本包含诉讼费用、律师费用和合同执行费用；契约实施时长是指从法院提起诉讼到审理结束获得赔偿的时间，其中包含案件审理时间和等待时间。指标说明契约实施的时间越长，契约实施成本越高，契约执行起来越困难，契约执行效率越低（盛丹 等，2010；茹玉骢，2010；李坤望，2010；李磊 等，2011；蒋冠宏，2013；李德震，2013）。第二，中国各省份法律制度环境指数和律师等市场中介组织服务条件指数。现有文献采用樊纲、王小鲁主编的《中国市场化：各省区市场化相对进程报告》中的指标，运用报告中的各省份法律制度环境指数和律师等市场中介组织服务条件指数来衡量契约执行效率（张杰 等，2010；李磊 等，2011；马淑琴 等，2016）。法律制度环境指数越高，市场中介组织服务条件越好，说明该地区契约执行效率越高。第三，企业对所处地区契约制度环境的主观评价。有文献运用世界银行企业调查数据中的企业对所处地区契约制度的主观评价研究了契约执行效率对企业组织模式选择的影响（Nunn，2007；Du et al.，2009；Du et al.，2010）。评价越高，说明契约实施环境越好，契约执行效率越高。第四，法律制度解决企业间纠纷所需时间。也有文献将契约执行效率与合同承包机构的质量联系起来，在交易双方产生商业纠纷时，用法律制度在商业纠纷中维护合同和财产权的可能性或者用解决纠纷所需要的时间来衡量契约执行效率的高低。法律制度在纠纷中发挥的作用越大，解决纠纷所需要的时间越短，则说明该地区的制度环境质量越好，契约执行效率越高（Johnson et al.，2002；Cull et al.，2005）。

根据本章所选微观企业样本特征，我们借鉴 Nunn（2007）和 Du（2009，2010）的方法，运用企业自身对企业所处的司法制度环境的主观评估来衡量契约执行效率的高低。我们选取 2005 年世界银行企业调查问卷中的 J31 "当合同执行产生纠纷时，企业认为通过当地法律解决双方纠纷的可能性有多大呢?"这一问题的答案来表示契约执行的效率高低，企业按照解决问题的可能性对企业所在地区契约制度进行评价，答案区间为 0%~100%。其中，0% 代表制度环境质量差，契约执行效率低；100% 则代表通过当地法律解决双方纠纷的可能性大，说明该地区制度环境完善，契约执行效率高。也就是说，评价越低，就代表该地区的契约执行效率越差。中国的商业纠纷大多数由地方法院解决，因此这种方法可以反映出不同地区主观感知的契约制度质量差异。

4.2.3.3 控制变量

除了模型中所包含的被解释变量和主要解释变量，还包括企业规模（firm-size）、研发投入（R&D）和人力资本（hum）这三个控制变量。

（1）企业规模。本章采用汪亚明（2007）、Du et al.（2010）和蒋冠宏（2016）的方法，以企业固定从业人数的对数来衡量企业规模。一般来说，承接国企业规模越大，跨国公司越可能以离岸外包形式转移生产环节。

（2）研发投入。本章参照 Nunn et al.（2013）、张璇等（2017）和郭宏毅（2018）计算研发密集度的方法，用研发支出与企业总销售额的比值来衡量研发投入。企业内部研发投入越大，承接国企业对外部技术依赖程度越小，跨国企业就越可能以离岸外包的形式转移生产环节。

（3）人力资本。本章采用李静（2015）的做法，用员工受教育程度来表示企业人力资本。本章用 2005 世界银行调查数据中工人的技能和受教育程度来衡量企业人力资本。工人的技能和受教育程度越高，企业人力资本越高，跨国公司选择该企业进行外包转移生产环节的可能性越大。企业的良好发展离不开员工良好的工作能力和素质，拥有更多高技能工人和高学历员工的企业将有更高的生产效率和更好的工作氛围，企业竞争力更强。

η 代表企业所在地区的虚拟变量，本章将样本分为东部地区和中、西部地区，将东部地区的企业赋值为 1，中、西部地区的企业赋值为 0。我们使用地区固定效应主要是为了控制城市地理位置、政府干预程度、地区制度差异对回归结果的影响。λ 代表企业所属行业的虚拟变量，本章将样本中的企业所属行业分为资本密集型和劳动密集型：如果企业所属行业为劳动密集型，则赋值为 1；如果企业所属行业为资本密集型行业，则赋值为 0。我们使用行业虚拟变量主要是为了控制行业差异对回归结果的影响。模型中各变量的基本统计信息如表 4.1 所示。

表 4.1 各变量的基本统计信息

变量名称	指标含义	衡量方法
VSO	跨国公司以垂直一体化或外包模式转移生产环节	二元虚拟变量 = {0, 1}, 跨国公司以垂直一体化模式转移生产环节赋值为 1, 跨国公司以外包模式转移生产环节赋值为 0
Incom_ Contr	契约执行效率	企业对所在地区的契约主观评价(打分)表示,分数越高,契约执行效率越高;反之则相反
firmsize	企业规模	企业固定员工人数的对数
R&D	研发投入	企业研发支出占企业总销售额的比值
hum	人力资本	企业工人的技能和受教育程度

4.2.4 数据描述性分析

4.2.4.1 变量描述

模型中各变量的描述性统计见表 4.2。我们从表 4.2 中各变量的均值、最大值、最小值可以看出,契约执行效率越高,企业规模越大,研发投入越高,人力资本越高,企业越可能以离岸外包模式参与国际垂直专业化。

表 4.2 各变量的描述性统计

变量	名称	均值	最小值	最大值	—	—	—
VSO	垂直一体化或外包	0.000 0	1.000 0	0.000 0	1.000 0	0.000 0	1.000 0
Incom_ Contr	契约执行效率	0.815 3	0.802 4	0.000 0	0.000 0	1.000 0	1.000 0
firmsize	企业规模	6.734 3	6.372 1	2.484 9	2.302 6	11.646 5	11.207 0
hum	人力资本	1.483 2	1.305 3	1.000 0	0.000 0	4.000 0	4.000 0
R&D	研发投入	0.017 1	0.010 8	0.000 0	0.000 0	0.500 0	0.400 0

数据来源:根据世界银行 2005 年的中国企业营商调查数据计算。

另外,从表 4.3 和表 4.4 可以看出,契约执行效率的整体均值为 0.809 4,标准差为 0.240 5,表明契约执行效率存在着显著差异,而这个差异部分主要来自地区差异和行业差异。例如,从地区来看,甘肃兰州的契约执行效率均值为 0.662 5,而浙江杭州的契约执行效率均值为 0.971 1,地区间的标准差为 0.917 1;东部地区的契约执行效率均值为 0.820 7,而中、西部地区的契约执行效率均值为 0.781 1,东部地区的契约执行效率要高于中、西部地区。从行业来看，不同行业之间的标准差为 0.316 1。两者相比较而言，地区差异明显大于行业差异。中国虽然有一套全国性统一的法律体系，但由于经济及体制发展的巨大差异，不同地区对法律条文的解释和法律执行的方式不同，使得中国各地区制度的质量存在较大差异。地区与行业契约执行效率比较见表 4.3；东、中、西部地区契约执行效率均值比较见表 4.4。

表 4.3　地区与行业契约执行效率比较

整体		地区		行业	
均值	标准差	均值	标准差	均值	标准差
0.809 4	0.240 5	0.809 4	0.917 1	0.809 4	0.316 1

数据来源：根据世界银行 2005 年的中国企业营商调查数据计算。

表 4.4　东、中、西部地区契约执行效率均值比较

东部地区	中、西部地区
0.820 7	0.781 1

数据来源：根据世界银行 2005 年的中国企业营商调查数据计算。

4.2.4.2　样本描述

剔除缺失值和异常值后，满足条件参与国际垂直专业化的企业为 3 150 家。2003 年中国对行业分类进行修改，本书根据 Brandt et al.（2011）和毛毅（2013）的做法，将样本企业按照 2003 年修改后的行业代码标准进行重新分类①。样本企业的行业分布及占比如表 4.5 所示。由表 4.5 的数据可看出，样本分布在 30 个不同的行业中，其中纺织业，化学原料及化学制品，通用设备制造，电气机械及器材制造和通信设备、计算机及其他电子设备的企业数占总样本数的比重较大，因此其参与到国际垂直专业化中的企业也较多，占比分别为 10.19%、10.42%、8.38%、9.53% 和 12.42%，其他企业分布较均匀。

---

①　附注：按照 GB/T 4754—2002，行业代码 13-43 分别代表行业为：农副食品加工业，食品制造，饮料制造，烟草制品，纺织业，纺织服装、鞋、帽制造，皮革、毛皮、羽毛及其制品，木材加工及木竹藤棕草制品，家具制造，造纸及纸制品，印刷业和记录媒介的复制，文教体育用品制造，石油加工、炼焦加工，化学原料及化学制品，医药制造，化学纤维制造，橡胶制品，塑料制品，非金属物制品，黑色金属冶炼及压延加工，有色金属冶炼及压延加工，金属制品，通用设备制造，专用设备制造，交通运输设备制造，电气机械及器材制造，通信设备、计算机及其他电子设备，仪器仪表及文化、办公用机械，工艺品及其他，废弃资源和废旧材料回收加工。

表 4.5　样本企业的行业分布及占比

行业	企业数/家	比重/%	参与国际垂直专业化的企业数/家	比重/%
农副食品加工业	235	5.66	156	4.95
食品制造	52	1.25	40	1.27
饮料制造	38	0.92	17	0.54
烟草制品	18	0.43	11	0.35
纺织业	378	9.11	321	10.19
纺织服装、鞋、帽制造	101	2.44	91	2.89
皮革、毛皮、羽毛及其制品	81	1.95	76	2.41
木材加工及木竹藤棕草制品	36	0.87	24	0.76
家具制品	18	0.43	16	0.51
造纸及纸制品	48	1.16	22	0.70
印刷业和记录媒介的复制	12	0.29	2	0.06
文教体育用品制造	18	0.43	18	0.57
石油加工、炼焦加工	34	0.82	16	0.51
化学原料及化学制品	446	10.75	328	10.42
医药制造	103	2.48	74	2.35
化学纤维制造	32	0.77	17	0.54
橡胶制品	8	0.19	7	0.22
塑料制品	118	2.84	88	2.79
非金属物品	183	4.41	144	4.57
黑色金属冶炼及压延加工	140	3.37	83	2.64
有色金属冶炼及压延加工	117	2.82	89	2.83
金属制品	147	3.54	117	3.72
通用设备制造	329	7.93	264	8.38
专用设备制造	183	4.41	134	4.26
交通运输设备制造	344	8.29	209	6.64
电气机械及器材制造	370	8.92	301	9.53

表4.5(续)

行业	企业数/家	比重/%	参与国际垂直专业化的企业数/家	比重/%
通信设备、计算机及其他电子设备	458	11.04	391	12.42
仪器仪表及文化、办公用机械	34	0.82	31	0.98
工艺品及其他	65	1.57	60	1.91
废弃资源和废旧材料回收加工	3	0.07	3	0.10
总计	4 149	100.00	3 150	100.00

数据来源：根据世界银行2005年的中国企业营商调查数据计算。

4.3 实证结果分析

4.3.1 基本回归结果

在进行基本回归分析之前，为了检验各变量间的多重共线性问题，我们先对模型的变量进行了相关性检验，各变量间的相关系数矩阵见表4.6。从表4.6可以看出，变量与变量之间的相关系数均不超过0.3，都在（0，0.8）区间范围之内，说明模型变量间可能不存在多重共线性问题。

表4.6 各变量间的相关系数矩阵

各变量	Incom_ Contra	Firmsize	Hum	R&D
Incom_ Contr	1.000	—	—	—
firmsize	0.101***	1.000	—	—
hum	-0.097***	0.071***	1.000	—
R&D	0.012	0.065***	0.039**	1.000

为了消除截面数据可能带来的异方差问题，回归结果计算了稳健标准误。契约执行效率对国际垂直专业化组织模式选择的 Probit 估计结果见表4.7。其中，第（1）列为加入主要解释变量后契约执行效率及控制变量对国际垂直专业化组织模式选择的影响；第（2）列为控制地区效应后契约执行效率及控制

变量对国际垂直专业化组织模式选择的回归结果；第（3）列为同时控制地区效应和行业效应后的契约执行效率及控制变量对国际垂直专业化组织模式选择的回归结果。

表 4.7　契约执行效率对国际垂直专业化组织模式选择的 Probit 估计结果

各变量	（1）	（2）	（3）
	VSO	VSO	VSO
Incom_ Contr	−0.116 9	−0.230 0 *	−0.225 5 *
	（−1.228 5）	（−2.363 1）	（−2.321 5）
firmsize	−0.103 7 ***	−0.119 8 ***	−0.122 8 ***
	（−6.362 8）	（−7.087 9）	（−7.215 8）
R&D	−4.159 0 ***	−3.339 8 **	−3.707 8 ***
	（−4.147 4）	（−3.266 3）	（−3.437 6）
hum	−0.100 8 ***	−0.075 0 **	−0.075 4 **
	（−4.394 4）	（−3.179 6）	（−3.194 6）
east	NO	YES	YES
industry	NO	NO	YES
_ cons	0.854 4 ***	0.347 4 *	0.407 2 **
	（6.556 0）	（2.500 7）	（2.892 0）
N	3 150	3 150	3 150
pseudo R^2	0.023	0.088 0	0.090 0

注：括号中的数值为 t 值，***、** 和 * 分别表示在 1%、5% 和 10% 的水平下显著。

我们先分析了关键解释变量结果。第（1）列回归结果显示契约执行效率对跨国公司选择垂直一体化或离岸外包转移生产环节影响不显著，但是控制地区效应和行业效应后，第（2）列和第（3）列回归结果显示契约执行效率对国际垂直专业化组织模式选择影响结果显著为负。我们接下来又以第（3）列结果为主进行分析。从回归结果可看出，同时控制地区效应和行业效应后，契约执行效率系数显著为负，这说明承接国企业所在地区契约执行效率越高，跨国企业选择以离岸外包形式转移生产环节的可能性越大。良好的契约环境可以降低市场的交易成本，在跨国公司进行投资决策时，承接国企业所处地区的制度环境越好，交易双方合同被执行的概率越高，跨国公司面临违约而被"敲竹杠"的风险越小（盛丹，2010；李磊 等，2011）。当交易成本低于跨国公司选择进行一体化生产所带来的内部成本时，其更可能以离岸外包的形式来转移生产环节。

此外，各控制变量对国际垂直专业化组织模式选择的影响结果与预期结果基本相符：①企业规模的系数在1%显著性水平下显著为负，承接国的企业规模越大，跨国公司越可能以离岸外包的形式转移生产环节。②研发投入的系数在5%显著性水平下显著为负，说明承接国企业研发投入越多，跨国公司以离岸外包的形式转移生产环节的可能性更大。对承接国企业来说，企业自身研发投入越高，其进行技术创新的倾向越高，企业自身对外界技术的依赖度越低。③企业人力资本在5%显著性水平下显著为负，说明承接国企业工人技能越强，员工受教育程度越高，跨国公司越倾向于选择离岸外包的形式转移生产环节。

通过本节回归分析可以看出，在影响国际垂直专业化组织模式选择的各个因素中，承接国企业所处地区的契约执行效率、企业研发投入、企业规模、企业人力资本都有显著的负向影响。即承接国企业所在地区契约执行效率越高，制度越完善，企业规模越大，研发投入和企业人力资本越高，跨国公司越倾向于以离岸外包的形式转移生产环节。

4.3.2 分地区样本回归

从上述全样本 Probit 回归结果可以看出，是否控制了地区的固定效应对模型回归结果有较大差异。中国作为转型国家，各个地区间的制度发展、法律制度、执法体系等方面都存在着较大差异，因而地区的契约执行效率也表现出了显著差异（Nunn，2007）。为了检验契约执行效率对国际垂直专业化组织模式选择是否存在地区效应，本章按照国家统计局对三大经济区域的统计口径对31个省份进行东、中、西部划分①，运用分地区样本对模型进行检验。

表4.8给出了不同地区契约执行效率对国际垂直专业化组织模式选择的 Probit 估计结果。从回归结果可以看出，相较于中、西部地区，东部地区契约执行效率对企业国际垂直专业化组织模式选择的影响作用在10%显著性水平下显著为负，说明承接国企业所在地区契约执行效率越高，制度越完善，跨国

---

① 按照国家统计局对三大经济区域的统计口径，东部地区主要包括北京、天津、河北、辽宁、上海、江苏、浙江、福建、山东、广东、海南11个省份；中部地区主要包括山西、吉林、黑龙江、安徽、江西、河南、湖北、湖南8个省份；西部地区主要包括四川、重庆、广西、内蒙古、贵州、云南、陕西、甘肃、青海、宁夏、新疆、西藏12个省份（周世民，2013；李红阳，2016）。

公司越可能以离岸外包的形式转移生产环节;其他控制变量对国际垂直专业化组织模式选择的影响与总样本回归结果一致;研发投入、企业规模和人力资本有显著的负效应,说明承接国企业规模越大,研发投入和人力资本越高,企业以离岸外包的形式承接跨国公司生产、嵌入全球价值链的可能性越大。对于中、西部地区企业来说,契约执行效率的提高对企业国际垂直专业化组织模式选择的影响并不显著,说明契约执行效率对国际垂直专业化组织模式选择存在着较强的地区效应。东、中、西部地区发展不平衡,东部沿海地区企业由于所处地理位置较好、交通便利、经济发达且制度较完善,而中、西部地区经济较落后,存在金融市场发展不成熟、产业链发展不完整、高端技术对外依赖大和人才缺乏等问题,制度规则还需完善,因此跨国公司选择企业转移生产环节中仍有大部分位于东部较发达地区(徐康宁 等,2008)。

表4.8 不同地区契约执行效率对国际垂直专业化组织模式选择的 Probit 估计结果

各变量	(1) 东部地区	(2) 中、西部地区
Incom_ Contr	−0. 308 6 ** (−2. 680 8)	0. 084 0 (0. 418 7)
firmsize	−0. 084 5 *** (−4. 267 3)	−0. 235 9 *** (−6. 737 4)
R&D	−5. 691 0 *** (−4. 772 7)	−0. 583 1 (−0. 397 7)
hum	−0. 069 2 * (−2. 528 4)	−0. 090 5 (−1. 902 6)
industry	YES	YES
_ cons	1. 141 5 ***	0. 820 6 **
	(6. 958 6)	(3. 063 6)
N	2 250. 000 0	900. 000 0
pseudo R^2	0. 024 0	0. 059 0

注:括号中的数值为 t 值, *** 、** 和 * 分别表示在1%、5%和10%的水平下显著。

4.3.3 稳健性检验

4.3.3.1 Logit 回归

契约执行效率对国际垂直专业化组织模式选择影响的 Logit 估计结果见表 4.9。从该结果可以看出，模型估计结果与 Probit 回归结果一致，结果表明，在控制地区效应和行业效应后，契约执行效率对国际垂直专业化组织模式选择的影响显著为负，其他各控制变量对国际垂直专业化组织模式选择的影响也与上述回归结果无显著差别。这表明，承接国企业规模越大，研发投入和人力资本越高，跨国公司越倾向于以离岸外包的形式转移生产环节，回归结果依然稳健。

表 4.9　契约执行效率对国际垂直专业化组织模式选择影响的 Logit 估计结果

各变量	(1) VSO	(2) VSO	(3) VSO
Incom_ Contr	−0.184 4 (−1.202 4)	−0.383 8* (−2.413 2)	−0.376 4* (−2.374 2)
firmsize	−0.164 6*** (−6.234 2)	−0.190 9*** (−6.833 4)	−0.196 5*** (−6.967 6)
R&D	−7.252 2*** (−3.994 9)	−6.075 4*** (−3.418 9)	−6.832 5*** (−3.585 1)
hum	−0.162 6*** (−4.390 4)	−0.122 5** (−3.168 2)	−0.123 5** (−3.187 0)
east	NO	YES	YES
industry	NO	NO	YES
_ cons	1.364 1*** (6.482 1)	0.547 1* (2.384 2)	0.652 3** (2.801 5)
N	3 150.000 0	3 150.000 0	3 150.000 0
pseudo R^2	0.024 0	0.088 0	0.090 0

注：括号中的数值为 t 值，***、** 和 * 分别表示在 1%、5% 和 10% 的水平下显著。

4.3.3.2 内生性问题

虽然本章尽可能地控制了与国际垂直专业化组织模式选择有关的重要变量，但仍可能存在变量选取不当、变量遗漏或者反向因果而造成内生性的问题。本章内生性问题产生的原因可能是国际垂直专业化组织模式的选择与契约执行效率之间也存在着反向因果的关系，在契约执行效率影响国际垂直专业化组织模式选择的同时，跨国公司选择垂直一体化或是离岸外包转移生产环节也会影响契约的执行效率。例如，进行垂直一体化生产的企业对外包中间产品的需求会减少，那么企业之间产生商业纠纷的可能也会随之减少，进而影响契约的执行效率，而解决反向因果所导致的内生性问题最常用的方法是找到与地区契约执行效率有关但又不受企业国际垂直专业化组织模式选择影响的工具变量，然后用工具变量替代主要解释变量进行回归，得到回归结果。但是，初始回归模型已经选取较多的企业控制变量，要找到完全外生的工具变量较为困难。因此，本章参照 Fisman et al.（2007）、Du et al.（2010）、蒋为（2015）、张三峰等（2016）和张璇等（2017）对内生性的处理方法，他们认为单个企业的变化并不会影响一个地区的整体水平，而地区的整体水平却与解释变量相关，所以本章通过计算将位于同一城市的其他企业对该企业所在地解决纠纷的信任度的平均值（Average）作为工具变量进行回归。

我们需要检验工具变量的设定是否合适。首先，我们对工具变量进行过度识别问题检验。本章选取工具变量数量等于内生变量个数，因此无须对工具变量进行过度识别检验（伍德里奇，2010）。其次，我们采用 F 检验方法对回归进行弱工具变量检验，检验的原假设认为存在弱工具变量问题，工具变量不能很好地解释内生变量。从表 4.10 的工具变量回归结果中可以看出，工具变量的 F 值大于临界值，拒绝原假设，即认为工具变量能够很好地解释内生变量。因此，我们对工具变量的选取是合理的。表 4.10 列示了工具变量 Probit 模型回归所得到的结果，回归结果与前文结果无显著差异，地区契约执行效率、企业规模、研发投入、企业人力资本的系数显著为负。因此，我们用该工具变量解决内生性问题是有效的。

表 4.10　工具变量回归结果

各变量	(1) VSO	(2) IV
Incom_ Contr	−0.230 0* (−2.363 1)	−1.667 0*** (−4.458 1)
firmsize	−0.119 8*** (−7.087 9)	−0.094 7*** (−5.109 7)
R&D	−3.339 8** (−3.266 3)	−3.239 5*** (−3.797 8)
hum	−0.075 0** (−3.179 6)	−0.109 7*** (−4.229 8)

表4.10(续)

各变量	(1) VSO	(2) IV
industry	YES	YES
east	YES	YES
_ cons	0.347 4*	1.357 6***
F 统计值	(2.500 7)	(4.674 4) 68.420 0
N	3 150.000 0	3 150.000 0
pseudo R^2	0.088 0	0.098 0

注：括号中的数值为 t 值，*** 、** 和 * 分别表示在1%、5%和10%的水平下显著。

4.4　本章研究结论

本章从承接国角度出发，利用2005年的世界银行中国企业问卷调查微观数据和 Probit 模型研究了契约执行效率对企业国际垂直专业化组织模式选择的影响。我们得出的主要结论如下：

（1）从总体效应来看，承接国企业所在地区契约执行效率对国际垂直专业化组织模式选择的影响显著为负。地区契约执行效率越高，地区契约制度越完善，跨国公司以离岸外包形式转移生产环节可能性越大。

（2）契约执行效率对国际垂直专业化组织模式选择存在着较强的地区效应。东部地区契约执行效率对企业国际垂直专业化组织模式选择的影响显著为负，但对于中、西部地区企业来说，影响并不显著。相较于我国的中、西部地区，跨国公司更倾向于在契约制度较好的东部地区以离岸外包的模式转移生产环节。

（3）企业规模、企业研发投入、人力资本等因素也对企业国际垂直专业化组织模式选择有显著影响。承接国企业规模越大，企业研发投入越高，企业管理者受教育程度越高，跨国公司越可能以离岸外包形式转移生产环节。

基于本章研究结论，我们提出以下政策建议：

第一，我们要提高契约执行效率，改善地区制度质量，为企业发展创造良好的营商环境，促进企业更多地承接企业间离岸外包。首先，法律政策是制度质量的核心要素，我们应健全法律法规，通过完善的法律制度提供公平的权利保护，增强司法保障和产权保护。俄罗斯通过大面积修改法律法规，其世界银行营商环境排名从 2012 年的第 124 位上升至 2016 年的全球前 20 位；新加坡、新西兰等营商环境排名前列的国家也通过修改法律保持排名。其次，我们要增强企业的信用意识，强化契约精神，提高合同的执行效率。最后，我们要加强监督管理，提高透明度和办事效率，为企业运行提供咨询和帮助，帮助企业更好地发展。我国重庆、成都等多地设立了专门机构负责企业运行，简化了企业办事流程，维护良好的市场秩序，营造了公平竞争的市场环境。

第二，我们要加快中、西部制度改革进程，缓解东、中、西部地区的制度差异，提升中、西部地区的企业竞争力。本章研究结论表明，相较于我国的中、西部地区，跨国公司更倾向于在契约制度较好的东部地区以离岸外包的模式转移生产环节。《2019 中国城市营商环境指数评价报告》显示，国家统计局最新公布的经济总量排名前 100 的城市中，营商环境排名前 10 的西部地区仅有成都与西安两个城市上榜，且与排名第一的上海得分相差较大。同时，北京和上海作为世界银行对中国营商环境评估的两个样本城市，为中、西部地区推进营商环境制度改革提供了模板。

第三，我们要加大研发投入力度，提升人才质量。本章研究结论表明，承接国企业研发投入的增加和管理者受教育程度的提高，能促使跨国公司以离岸外包模式转移生产环节，使内资企业有更多机会参与到国际垂直专业化分工中。一方面，企业需要增强其创新意识，提高自身的创新积极性，建立科学完善的培养机制，建立完善的薪酬激励制度；另一方面，政府需要给予企业政策支持，加大科技资金的投入力度。

5 国际垂直专业化组织模式选择对企业技术创新的影响研究

第3章的国际垂直专业化测度结果表明，我国处于全球价值链中下游，加工贸易在我国出口中占据重要地位，我国需要进一步提升在国际分工中的地位。而要想向全球价值链上游攀升，我国就必须提高企业技术创新能力，掌握关键技术。在第4章国际垂直专业化组织模式选择的影响因素研究后，本章将继续从国际垂直专业化组织模式的角度，探讨垂直一体化和离岸外包两种组织模式对我国企业技术创新的影响。

自改革开放以来，我国不断利用自身比较优势主动融入全球价值链，积极参与国际垂直专业化分工，"中国制造"亦为世界贸易和世界经济的发展做出了巨大贡献。然而，当前世界经济处在国际垂直专业化分工发展速度放缓、全球经济"逆全球化"的环境下，我国参与国际垂直专业化分工又面临着产业低端锁定、制造业大而不强等问题。面对此困境，党的十九大报告提出，创新是引领发展的第一动力，我国要加强对中小企业创新的支持。《国务院关于促进加工贸易创新发展的若干意见》中也强调，我们要大力实施创新驱动，增强企业创新能力，推动加工贸易企业由单纯的贴牌生产（OEM）向委托设计（ODM）、自有品牌（OBM）方式发展。那么，我国企业在参与国际垂直专业化时，国际垂直专业化不同组织模式（垂直一体化和离岸外包）对承接国企业的技术创新效应有何差异？国际垂直专业化不同组织模式对企业技术创新的影响是否具有地区差异或行业差异？我们深入研究这些问题，有利于政府制定合理的招商引资政策，促进加工贸易创新发展。

国外关于国际垂直专业化对发达国家创新的影响研究，其研究观点可以分为三类：第一类观点认为，离岸外包降低了企业生产成本，有助于发达国家创新能力的提高（Rodríguez et al., 2016）；与第一类观点相反，第二类观点认为，离岸外包导致了研发和生产部门的脱节，抑制了发达国家的创新（Naghavi et al., 2009）；而第三类观点则认为，离岸外包对发达国家创新的影响并不确定，外包目的地（Karpaty et al.，2015）和所有权模式（垂直一体化或企业间离岸外包）（Steinberg et al.，2017）的不同会对发达国家创新的影响产生差异。有关参与国际垂直专业化对发展中国家创新的影响存在争议：有学者认为，参与国际垂直专业化有利于发展中国家创新（张杰 等，2017）；与之相反，有些学者认为参与国际垂直专业化会产生"锁定效应"，阻碍发展中国家创新的提高（沈国兵 等，2017）；还有一些学者认为，参与国际垂直专业化对发展中国家创新的影响并不确定，贸易类型（王文成，2018）和创新类型（于明超 等，2011）的不同会对发展中国家创新的影响产生差异。

国内外关于国际垂直专业化不同组织模式对创新的影响研究较少，部分文献基于发包国的视角研究垂直一体化或离岸外包对企业创新的影响（Rodríguez et al.，2016；Steinberg et al.，2017），但是研究结论却有差异。Nieto et al.（2011）认为在研发离岸外移时，垂直一体化比离岸外包模式对企业创新的促进作用更大，原因是因为离岸外包模式可能存在契约不完全、资产专用性、信息泄露和技术转移等风险。Steinberg et al.（2017）则认为，离岸外包程度的高低决定了垂直一体化或离岸外包模式对企业创新的影响差异。胡君和郭平（2018）以发包企业视角研究了垂直一体化和外包对企业创新的影响，研究表明，外包较之垂直一体化对企业创新的促进作用更大。但是胡君和郭平（2018）是研究企业在国内的组织模式选择，并未区分国内外包、离岸外包和国际垂直一体化模式。

在承接国视角研究中，现有文献未区分国际垂直专业化组织模式的不同（垂直一体化或企业间离岸外包）对承接国创新能力的影响差异。本章基于承接国视角从微观企业层面展开研究，将分析垂直一体化和离岸外包模式对承接国技术创新的影响差异。

5.1 理论分析和研究假设

从企业组织模式的角度来看，国际垂直专业化主要有两种形式：一是垂直一体化，即发包国企业通过直接投资将某些生产环节转移到承接国进行；二是企业间的离岸外包，即发包国企业通过契约等方式将某些生产环节外包给承接国企业（Antràs，2003；Antràs et al.，2004；Grossman et al.，2004；Fernandes et al.，2012；Görg et al.，2017）。承接国企业可以通过进口中间产品、"边出口边学习"、竞争效应和产业前后向垂直联系等渠道提升创新能力（Glass et al., 2005；Jabbour, 2005；张杰 等, 2017）。从进口方面来看, 进口的中间产品可能包含国外研发成果和专业技术知识, 进口国企业可以通过学习中间产品中包含的先进的工艺和技术, 经过消化吸收逐步形成自身的生产与研发能力（Keller, 2002；Girma et al., 2004）。从出口方面来看, 对于承接国企业也可能产生"边出口边学习"的积极效应。一方面, 承接国企业为了满足发包国企业对产品的要求, 会提高自身技术水平, 加强研发；另一方面, 发包国企业会对承接国企业提供技术指导和工艺设计指导等, 这样能有效提升承接国企业技术的创新能力（Lopez et al., 2010）。面对来自外资企业强大的竞争压力, 本土企业在参与国际垂直专业化时应加快模仿和采用新技术的速度（Glass et al., 2005）。国际垂直专业化使不同国家（地区）的企业在同一种产品生产的上、下游企业间相互关联, 为了保证各个生产环节的成本优势, 企业之间会共享部分资源, 资源的共享就对企业产生了技术转移（Jabbour, 2005）。

现有部分文献认为外资企业的研发活动少, 而内资企业的研发投入更大（王华 等, 2010；马光荣 等, 2014；冯志坚, 2015；沈国兵 等, 2017）。现阶段外资制造业企业主要利用我国的廉价劳动力优势, 并没有将核心研发部门设在中国, 所以民营企业从事更多的研发活动, 外资企业则更少投入研发活动（马光荣 等, 2014）。从外商直接投资角度来看, 当跨国公司进行企业内垂直型外商直接投资时, 垂直专业化对企业研发投资的影响受到跨国公司和主权国家的影响, 更多地表现为母国研发投资对东道国子公司研发投资的替代（冯志坚, 2015）。王华、赖明勇和柴江艺（2010）也认为, 跨国公司在发展中国家子公司所具有的相对先进生产技术往往由母公司内部化技术转移直接实现, 替代了本土研发, 外资比例较高的企业具有严重的技术依赖性而缺乏自主创新激励。从垂直分工的角度来看, 与内资企业相比, 外资企业受全球价值链领导厂商的约束更大, 从而抑制了其开发新产品的动力和条件, 而内资企业参与垂直分工时其受到的正外部性要远高于负外部性, 提高了其技术创新的能力, 即内资企业更有动力和条件进行研发活动（沈国兵 等, 2017）。以上分析说明, 相对于外资企业, 内资企业在参与国际垂直专业化分工时的研发积极性更高, 由此我们提出了假设一。

假设一：承接企业间的离岸外包对企业技术创新有正向影响。

现有关于垂直专业化和创新的文献中, 缺乏区分地区差异的研究, 但是关于 FDI 对我国技术创新能力影响的地区差异研究较多。我国东、中、西部地区无论是经济发展水平、市场化进程, 还是人力资本存量、研发投入等都有差异, 而这些差异影响了各地经济主体吸收 FDI 技术外溢的动力和能力, 因而

FDI 对各地技术创新能力提升的作用程度存在着一定的差异（李晓钟 等，2008）。人力资本水平是造成地区差异的重要原因，东部地区的人力资本和技术水平的不断提高，使其能够更好地消化吸收跨国公司的新技术，进而提升其自主创新的能力（孙早 等，2018）。与此同时，市场竞争压力是技术创新的动力之一，地区的市场竞争越大，企业就越有动力进行技术创新，相对于中、西部地区而言，东部地区的市场竞争更大，因而东部地区的企业就更可能从事创新活动（李晓钟 等，2008）。根据以上分析，我们提出假设二。

假设二：在我国东、中、西部地区，承接企业间离岸外包对企业技术创新有正向作用，其促进作用在东部地区更大。

现有文献研究结果表明，资本密集度是影响国际垂直专业化对生产率和技术进步作用程度的重要因素。在资本密集型的行业中，国际垂直专业化分工对劳动生产率与技术进步的积极影响更大（胡昭玲，2007；王中华 等，2009）。胡昭玲（2007）研究指出，国际垂直专业化对生产率的影响程度取决于行业特性和外向度。在我国，出口密集度高的行业能够获得较低成本的中间投入品，而资本密集型行业更容易产生规模经济，所以国际垂直专业化促进生产率提高的作用更为显著。王中华、赵曙东和王雅琳（2009）利用 1994—2005 年的 23 个工业行业数据，也证明了资本密集型行业参与国际垂直专业化分工对生产率与技术进步的积极影响更大。根据以上分析，我们提出假设三。

假设三：在资本密集型和非资本密集型行业，承接企业间离岸外包对企业技术创新都有正向作用，其促进作用在资本密集型行业更大。

5.2 模型设定、变量选取及数据说明

5.2.1 模型设定

本章主要研究国际垂直专业化组织模式选择（垂直一体化或企业间离岸外包）对企业技术创新的影响。本章将企业研发投资作为技术创新的衡量指标，借鉴蒋为、陈轩瑾（2015）和胡君、郭平（2018）的做法，将企业研发投资分为两方面内容：一是企业决定当期是否从事研发活动，即研发投资的扩展边际；二是企业决定当期研发活动投入多少，即研发投资的集约边际。本章设定计量模型如下：

$$\text{Prob}(\text{RD\_}D_i = 1) = \beta_0 + \beta_1 \text{VSO}_i + \beta_2 X_i + \eta_i + \lambda_i + \mu_i \qquad (5.1)$$

$$\text{Ln}(\text{RD}_i + 1) = \beta_0 + \beta_1 \text{VSO}_i + X_i + \eta_{it} + \lambda_i + \mu_i \qquad (5.2)$$

其中，式（5.1）的被解释变量 RD_ D_i 表示企业研发投资状态虚拟变量，该变量等于 1 表示企业 i 在当年进行了研发投资；反之则表示该企业没有进行研发投资。RD_i 表示企业 i 的研发投资额。被解释变量 VSO_i 表示企业参与国际垂直专业化分工的组织模式，是一个二元虚拟变量，1 表示承接国企业 i 以离岸外包模式参与国际垂直专业化分工，0 表示以垂直一体化模式参与国际垂直专业化分工。X_i 是其他控制变量，包括企业规模、CEO 受教育程度以及企业所面临的融资环境、契约环境等。模型中的 β_0、η、λ 分别表示常数项、地区固定效应和行业固定效应。为了避免计量回归时重要解释变量遗漏问题，本书控制了地区、行业固定效应。

5.2.2 数据来源说明及处理

本章使用数据来自世界银行 2005 年对中国企业进行的企业投资与营商环境调查。此数据采用随机平衡抽样的方法对中国共 12 400 家企业进行调查，样本包括了烟草制造、食品加工、家具制造等 30 个制造行业，企业分布在北京、合肥、成都、广州、郑州等 120 个城市，覆盖东、中、西部地区。此外，世界银行 2005 年的调查数据包含企业基本信息、企业投资销售情况、政企关系、管理者信息、劳动力、企业财务状况等信息，此调查数据涉及总样本量大、问卷问题设计全面、质量高，具有较强代表性，对本书的研究有重要作用。

我们之所以选择世界银行企业调查数据，其原因在于：①世界银行企业投资调查数据包含了企业研发倾向、研发投入、企业规模、管理者受教育程度、银行信贷和契约环境等指标，运用该数据能从微观视角研究国际垂直专业化组织模式选择对企业技术创新的影响；②世界银行企业调查数据分布较广且均匀，既包含了东部地区也包含了中、西部地区，既涉及制造业也涉及服务业。相较于世界银行 2012 年的企业调查数据，2005 年参与国际垂直专业化的企业数量（除去异常值和缺失值）是 4 648 家，两者相比较而言，选择 2005 年的数据进行样本分析更具有代表性。

本章参照 Baldwin et al.（2014）的做法，将同时进口中间产品和出口的企业视为参与国际垂直专业化的企业。世界银行 2005 年的企业调查数据共有 12 400 家企业，从样本中去掉未参与国际垂直专业化的企业，得到参与国际垂直专业化的企业有 4 648 家。为了保证回归结果的准确性，剔除了样本中的缺失值和异常值，最终有效样本为 3 307 家企业，其中，以企业间离岸外包组织模式参与国际垂直专业化的企业有 1 777 家，以垂直一体化模式参与国际垂直专业化的企业有 1 530 家。

5.2.3 变量选取及预期假设

5.2.3.1 被解释变量——技术创新能力

已有研究主要是用研发投入和研发产出来衡量企业技术创新。从研发投入的角度来看，研发投入主要分为研发资金投入和研发人员投入，现有文献主要是从研发支出（张馨月 等，2018；白俊 等，2018）、人均研发支出（范承泽 等，2008）、研发支出占销售额的比重（孙婷 等，2012）和研发人员比重（于明超 等，2011）四个方面来构建指标。从研发产出的角度来看，衡量企业技术创新主要有三种方法：专利授权数量或专利申请数量（罗思平 等，2012；罗勇 等，2017）、是否推出了新的技术或服务和是否降低生产成本（吕铁 等，2015；胡昭玲 等，2016）以及新产品销售收入占总收入的比重（赵红，2008）。其中，新产品占销售收入的比例反映了企业创新活动的经济效益，但新产品统一标准的缺乏使得新产品不能很好地衡量技术创新水平（沙文兵，2013）。对于专利而言，由于商业机密或企业的自身能力，一些企业并不会申请专利（吴陈锐，2018）。因此本章用研发投入来衡量企业的技术创新能力。

我们根据世界银行 2005 年中国企业调查问卷中 B7 "研发支出" 这一问题，构建了两个变量：一是根据企业当期是否进行研发投入，构建二元虚拟变量 RD_D，如果企业进行了研发投入，赋值为 1，否则为 0，即研发投资的扩展边际；二是根据企业的研发投入量，构建变量 $Ln(RD+1)$，由于样本企业中存在研发投入为 0 的企业，本书将研发投入额加 1 并进行对数化处理，即研发投入的集约边际。

5.2.3.2 主要解释变量——国际垂直专业化组织模式的选择

此变量与第 4 章的被解释变量——国际垂直专业化组织模式相同，前文已做说明，此处不再赘述。

5.2.3.3 控制变量

（1）企业规模（firmsize）。本章参照冯志坚（2015）和罗美娟、郭平（2016）的做法，用企业固定资产净值的对数来衡量企业规模，该值越大表示企业规模越大。研发支出是庞大的，研发活动是长期持续的过程，规模越大的企业越能负担研发费用，其创新能力越强（孙学敏 等，2016），因此我们假设企业规模的符号为正。

（2）CEO 受教育程度（CEO_edu）。本章参照张璇等（2017）的做法，根据世界银行 2005 年企业调查数据中的 I1 "总经理的受教育水平"问题，构建二元虚拟变量 CEO_edu，将 CEO 拥有大专以上学历的视为拥有高学历，赋值为 1，否则为 0。高学历的 CEO 有创新项目的经验，更可能进行研发投入（张璇 等，2017），因此本章假设 CEO 受教育程度对技术创新的影响为正。

（3）融资约束（finance）。本章参照蒋为、陈轩瑾（2015）和温湖炜（2018）的做法，用企业是否拥有银行贷款来衡量融资约束。我们根据世界银行 2005 年的企业调查数据中的 H31 "企业是否有来自银行或其他金融机构的贷款"问题，构建二元虚拟变量 finance = {0, 1}，若企业拥有来自银行或其他金融机构的贷款，则赋值为 1，表示融资约束小，否则为 0。企业的研发是一个周期长且持续性的活动，需要稳定的融资支持，当企业面临的融资约束越大时，通过外源融资和内源融资都无法解决资金问题，其研发投入也就越低（马光荣 等，2014）。因此，本章假设融资约束对技术创新的影响为负。

（4）契约环境（contract）。本章参照蒋为和陈轩瑾（2015）的做法，用是否以签订合同的方式达成交易衡量契约环境。我们根据调查数据中的 C2 "企业是否通常与客户签订正式合同"问题，构建二元虚拟变量 contract = {0, 1}，如果企业通常与客户签订正式合同，则赋值为 1，表明企业面临的契约环境好，否则为 0。契约环境越好，企业对研发投入收益的预期也越高，其研发投入也就越大。因此，本章假设契约环境的符号为正。

η_i 表示影响企业技术创新的地区特征。本书样本分为东部地区和中、西部地区，其中将企业所在城市为东部地区的赋值为 1，企业所在城市为中、西部地区的赋值为 0，η_i = {0, 1}①。控制地区固定效应是为了控制不同地区的市场化竞争程度、政府干预程度等对回归结果的影响。λ_i 表示影响企业技术创新的行业特征。本书将行业划分为资本密集型、技术密集型和劳动密集型行业，并将技术密集型行业归入资本密集型行业。我们将企业所在行业为资本密集型的赋值为 1，所在行业为劳动密集型的赋值为 0，industry = {0, 1}②。控制行业固定效应是为了控制不同行业的技术依赖程度等对回归结果的影响。

---

① 东部地区包括上海、广东、浙江、江苏、山东、北京、天津、福建、辽宁、河北、海南 11 个省份；中、西部地区包括山西、内蒙古、吉林、黑龙江、安徽、江西、湖北、河南、广西、湖南、四川、贵州、云南、西藏、青海、甘肃、宁夏、陕西、新疆、重庆 20 个省份。

② 资本密集型行业包括石油加工、炼焦及核燃料加工业，化学原料及化学制品制造业，塑料制品业，非金属矿物制品业，基本技术制造业，金属制品业、机械设备、电子工业，精密仪器、交通运输设备制造业，废弃资源和废旧材料回收加工业。劳动密集型行业包括食品制造业、烟草制品业、纺织业、服装业、皮革制品业、木材加工业、造纸及纸制品业、印刷业、记录媒介的复制业和家具制造业。

上述各变量的基本统计信息见表5.1。

表 5.1　各变量的基本统计信息

变量名称	变量符号	衡量方法
RD_ D	研发倾向	二元虚拟变量 = {0，1}，进行了研发投资的取值为1，否则为0
Ln（RD+1）	研发投资额	研发投资额加1，再取对数
VSO	国际垂直专业化组织模式选择	二元虚拟变量 = {0，1}，承接国企业以离岸外包参与国际垂直专业化的赋值为1，以垂直一体化参与国际垂直专业化的赋值为0
firmsize	企业规模	企业固定资产净值的对数
CEO_ edu	CEO 受教育程度	二元虚拟变量 = {0，1}，CEO 受教育程度为大专以上取值为1，否则为0
finance	融资约束	二元虚拟变量 = {0，1}，拥有银行、金融机构贷款的取值为1，否则为0
contract	契约环境	二元虚拟变量 = {0，1}，与客户签订正式合同的取值为1，否则为0

5.2.4　变量描述性统计

表5.2列出了主要变量的描述性统计。根据表5.2的统计，样本中有70.8%的企业存在研发投资，说明多数企业当期参与了研发活动；国际垂直专业化组织模式选择的均值为0.537 3，说明样本中承接企业间离岸外包的企业和垂直一体化的企业数量相当；融资约束的均值为0.711 8，说明71.18%的企业拥有来自银行或其他金融机构的贷款；契约环境的均值为0.954 3，说明95.43%的企业会与客户签订正式合同。

表 5.2　主要变量的描述性统计

变量名	指标含义	度量方法	均值	标准差	观测值
RD_ D	是否进行研发投资	二元虚拟变量 = {0，1}	0.707 9	0.454 8	3 307.000 0
Ln（RD+1）	研发投资额	研发投资额加1，取对数	5.301 6	4.034 9	3 307.000 0
VSO	国际垂直专业化组织模式选择（离岸外包或垂直一体化）	二元虚拟变量	0.537 3	0.498 7	3 307.000 0

表5.2(续)

变量名	指标含义	度量方法	均值	标准差	观测值
firmsize	企业规模	企业固定资产净值的对数	10.756 0	2.130 0	3 307.000 0
CEO_ edu	CEO受教育程度	二元虚拟变量 = {0, 1}	0.746 0	0.435 4	3 307.000 0
finance	融资约束	二元虚拟变量 = {0, 1}	0.711 8	0.453 0	3 307.000 0
contract	契约环境	二元虚拟变量 = {0.1}	0.954 3	0.208 8	3 307.000 0

　　国际垂直专业化组织模式选择对研发倾向和研发投资额的影响存在差异，为检验这种差异是否显著，本书分别对企业间离岸外包组和垂直一体化企业组在是否参与研发和研发投资额两方面进行了 t 检验，其结果见表5.3（企业研发行为的差异性分析）。表5.3显示，以企业间离岸外包模式参与国际垂直专业的企业，有81.54%参与研发，研发投资额对数化处理后均值达到6.165 0，其研发倾向和研发投资额都显著高于以垂直一体化模式参与国际垂直专业化的企业。

表 5.3　企业研发行为的差异性分析

研发行为	垂直一体化			企业间离岸外包			差异		
	样本量	均值	标准差	样本量	均值	标准差	均值	标准差	t 统计量
研发倾向	1 530	0.583 0	0.012 6	1 777	0.815 4	0.009 2	-0.232 4	0.015 34	-15.150 0 ***
研发投资额	1 530	4.298 7	0.106 0	1 777	6.165 0	0.088 4	-1.866 3	0.136 9	-13.628 1 ***

注：***、**和*分别表示1%、5%、10%的显著水平。

5.3　实证结果分析

5.3.1　相关性检验

　　在进行基本回归分析前，我们先对所有的解释变量进行相关性检验，以判断计量模型是否存在多重共线性问题，检验结果见表5.4（相关系数矩阵）。表5.4显示，各个解释变量的相关系数都在0.3以下，回归模型的多重共线性问题较弱。

表 5.4　相关系数矩阵

变量	VSO	firmsize	CEO_ edu	finance	contract
VSO	1.000 0				
firmsize	0.067 7	1.000 0			
CEO_ edu	−0.084 5	0.263 3	1.000 0		
finance	0.237 1	0.290 4	0.038 2	1.000 0	
contract	0.090 5	0.094 5	0.052 1	0.065 5	1.000 0

5.3.2　基本回归结果

本书对式（5.1）和式（5.2）中的国际垂直专业化组织模式选择对研发的二元边际影响分别采用 Probit 模型和 OLS 模型进行估计，为了消除截面数据可能带来的异方差问题，回归结果计算了稳健标准误，并在回归过程中控制了地区和行业的固定效应，基本回归结果见表 5.5。表 5.5 第（1）列至第（3）列，我们采用逐步加入控制变量的方法对企业研发投资的扩展边际进行回归。由于式（5.1）的被解释变量是虚拟变量，我们使用 Probit 模型进行回归。我们首先加入关键解释变量国际垂直专业化组织模式选择，其次加入企业规模和 CEO 受教育程度，最后加入融资约束和契约环境。表 5.5 第（1）列至第（3）列结果显示，承接企业间的离岸外包能增强企业的研发倾向，其系数都在 1% 的水平下显著，即增强了企业研发投资的扩展边际，从而提升了企业的技术创新水平。表 5.5 第（4）列至第（6）列同样采用了逐步回归法，以分析国际垂直专业化组织模式选择对企业研发投资额的影响。我们采用普通最小二乘对式（5.2）进行回归，在回归过程中控制了地区和行业的固定效应。回归结果显示，承接国企业以离岸外包模式参与国际垂直专业化显著增加了研发投资额，即企业研发投资的集约边际，进而提高了企业技术的创新能力。以上结果支持了研究假设一。

表 5.5　基本回归结果

各变量	RD_ D			Ln（RD+1）		
	（1）	（2）	（3）	（4）	（5）	（6）
VSO	0.687 8 *** (13.805 3)	0.703 8 *** (13.783 6)	0.618 2 *** (11.799 2)	1.938 5 *** (13.983 7)	1.702 0 *** (13.777 4)	1.492 0 *** (11.974 9)

表5.5(续)

各变量	RD_ D			Ln（RD+1）		
	（1）	（2）	（3）	（4）	（5）	（6）
firmsize	—	0.164 9*** (12.925 2)	0.133 6*** (10.134 2)	—	0.831 0*** (27.956 2)	0.763 5*** (24.102 1)
CEO_ edu	—	0.157 9** (2.743 9)	0.161 3** (2.777 9)	—	0.654 9*** (4.939 0)	0.651 5*** (4.984 8)
finance	—	—	0.449 2*** (8.107 1)	—	—	0.984 1*** (6.724 8)
contract	—	—	0.318 8** (2.831 8)	—	—	0.857 1** (3.045 9)
_ cons	−0.050 8 (−0.698 0)	−1.783 1*** (−12.398 8)	−2.065 9*** (−11.992 3)	2.552 6*** (13.467 6)	−6.051 2*** (−19.290 6)	−6.810 9*** (−18.081 6)
地区固定效应	YES	YES	YES	YES	YES	YES
行业固定效应	YES	YES	YES	YES	YES	YES
R^2	—	—	—	0.112 0	0.315 0	0.329 0
pseudo R^2	0.080 0	0.135 0	0.154 0	—	—	—
Observation	3 307	3 307	3 307	3 307	3 307	3 307

注：括号内的数字为 t 值，***、**、*分别表示1%、5%、10%的显著水平。

对于其他控制变量而言，在表5.5第（1）列至第（6）列中，企业规模、CEO受教育程度、融资约束、契约环境的估计系数都显著为正，说明企业规模越大、CEO受教育程度越高、融资约束越小、契约环境越好，则企业的研发倾向越强、研发投资额越大。

5.3.3 不同子样本分析

5.3.3.1 不同地区分析

企业所在地区有着不同的人力资本、市场化竞争程度，使得企业具有不同的研发行为。因此，本书根据企业所在城市将总样本划分为中、西部地区和东部地区两个子样本，对企业进行分组回归。为了进一步检验国际垂直专业化组织模式选择对企业技术创新影响是否存在显著的地区差异，本书选用连玉君和廖俊平（2017）的做法，用费舍尔组合检验进行组间系数差异检验。

表5.6和表5.7给出了不同地区企业国际垂直专业化组织模式选择对研发二元边际影响的回归结果。我们比较中、西部地区和东部地区可知，表5.6的数据显示国际垂直专业化组织模式选择对研发倾向的影响系数分别是0.404 8

（$t>2.76$）和 0.671 9（$t>2.76$），表 5.7 的数据显示国际垂直专业化组织模式对研发投入的影响系数分别是 0.799 2（$t>2.76$）和 1.619 7（$t>2.76$）。组间差异检验结果显示，中、西部地区和东部地区国际垂直专业化组织模式选择的系数存在显著差异。综合分样本的回归结果和组间差异检验结果可知，中、西部地区和东部地区企业以离岸外包组织模式参与国际垂直专业化都对研发二元边际产生了显著正向影响，其影响程度在东部地区更大，这支持了研究假设二。从其他控制变量来看，东部地区回归结果与总样本一致，企业规模越大、CEO 受教育程度越高以及融资环境和契约环境的改善都有利于企业技术的创新；而对于中、西部地区企业而言，CEO 受教育程度和契约环境的改善并未对企业技术创新起到显著作用。不同地区研发倾向回归结果和组间系数差异检验结果见表 5.6；不同地区研发投资额回归结果和组间系数差异检验结果见表 5.7。

表 5.6　不同地区研发倾向回归结果和组间系数差异检验结果

	RD_ D			Fisher's Permutation test		
	总样本 （1）	中、西部 地区 （2）	东部 地区 （1）	$b0-b1$ （2）	Freq （3）	p-value － （4）
VSO	0.618 2 *** （11.799 2）	0.404 8 *** （3.618 8）	0.671 9 *** （11.204 8）	−0.267 1	980.000 0	0.020 0
firmsize	0.133 6 *** （10.134 2）	0.127 6 *** （5.079 0）	0.143 8 *** （9.420 1）	−0.016 2	872.000 0	0.128 0
CEO_ edu	0.161 3 ** （2.777 9）	0.117 0 （0.542 4）	0.235 1 * （2.219 1）	0.118 1	53.000 0	0.053 0
finance	0.449 2 *** （8.107 1）	0.516 7 *** （4.450 9）	0.419 4 *** （6.607 9）	0.101 8	235.000 0	0.235 0
contract	0.318 8 ** （2.831 8）	−0.050 0 （−0.167 7）	0.358 0 ** （2.904 3）	−0.308 0	958.000 0	0.042 0
_ cons	−2.065 9 *** （−11.992 3）	−1.658 9 *** （−3.985 7）	−2.428 0 *** （−12.157 3）	0.769 1	27.000 0	0.027 0

注：①括号内的数字为 t 值，***、**、* 分别表示 1%、5%、10%的显著水平；②括号内为估计系数考虑稳健标准差后计算的 t 值统计量。

表 5.7　不同地区研发投资额回归结果和组间系数差异检验结果

各变量	RD			Fisher's Permutation test		
	总样本 （1）	中、西部 地区 （2）	东部地区 （1）	$b0-b1$ （2）	Freq （3）	p-value — （4）
VSO	1.492 0 *** （11.974 9）	0.799 2 ** （3.207 8）	1.619 7 *** （11.244 7）	−0.820 5	999.000 0	0.001 0
firmsize	0.763 5 *** （24.102 1）	0.829 5 *** （15.945 6）	0.774 3 *** （20.179 8）	0.055 2	416.000 0	0.416 0
CEO_ edu	0.651 5 *** （4.984 8）	0.592 7 （1.363 1）	0.728 3 ** （3.152 0）	0.135 6	39.000 0	0.039 0
finance	0.984 1 *** （6.724 8）	0.929 3 *** （3.477 8）	0.963 2 *** （5.506 7）	−0.033 9	580.000 0	0.420 0
contract	0.857 1 ** （3.045 9）	0.383 3 （0.751 1）	0.920 5 ** （2.906 5）	−0.537 2	855.000 0	0.145 0
_ cons	−6.810 9 *** （−18.081 6）	−6.806 4 *** （−9.166 3）	−7.166 5 *** （−16.719 3）	0.360 1	312.000 0	0.312 0

注：①括号内的数字为 t 值，***、**、* 分别表示 1%、5%、10%的显著水平；②括号内为估计系数考虑稳健标准差后计算的 t 值统计量。

5.3.3.2　不同行业分析

企业所处的行业不同，行业的技术密集度也不同，这就导致企业具有不同的研发行为，因此本书根据企业所在行业将总样本划分为资本密集型行业和非资本密集型行业两个子样本。本书利用分组回归和费舍尔组合检验国际垂直专业化组织模式选择对企业研发倾向和不同行业研发投资额的行业差异，由此得到不同行业研发倾向和不同行业研发投资额的回归结果和组间系数差异检验结果（见表 5.8 和表 5.9）。

表 5.8　不同行业研发倾向回归结果和组间系数差异检验结果

各变量	RD_ D			Fisher's Permutation test		
	总样本 （1）	非资本 密集	资本密集 （1）	$b0-b1$ （2）	Freq （3）	p-value — （4）
VSO	0.618 2 *** （11.799 2）	0.407 2 *** （4.222 0）	0.688 4 *** （11.006 4）	−0.281 2	988.000 0	0.012 0
firmsize	0.133 6 *** （10.134 2）	0.174 4 *** （7.161 3）	0.126 9 *** （8.163 2）	0.047 5	80.000 0	0.080 0
CEO_ edu	0.161 3 ** （2.777 9）	0.144 6 （1.029 3）	0.252 9 * （2.009 1）	−0.108 3	592.000 0	0.408 0

表5.8(续)

各变量	RD_ D			Fisher's Permutation test		
	总样本（1）	非资本密集	资本密集（1）	b0-b1（2）	Freq（3）	p-value _（4）
finance	0.449 2 *** (8.107 1)	0.364 5 *** (3.366 6)	0.461 5 *** (7.132 4)	−0.097	793.000 0	0.207 0
contract	0.318 8 ** (2.831 8)	0.270 7 (1.320 3)	0.325 5 * (2.456 3)	−0.054 8	583.000 0	0.417 0
_ cons	−2.065 9 *** (−11.992 3)	−2.350 3 *** (−7.364 7)	−1.712 8 *** (−7.605 6)	−0.637 5	962.000 0	0.038 0

注：①括号内的数字为 t 值，***、**、*分别表示1%、5%、10%的显著水平；②括号内为估计系数考虑稳健标准差后计算的 t 值统计量。

表5.9 不同行业研发投资额回归结果和组间系数差异检验结果

各样本	RD			Fisher's Permutation test		
	总样本（1）	非资本密集（2）	资本密集（1）	b0-b1（2）	Freq（3）	p-value _（4）
VSO	1.492 0 *** (11.974 9)	1.093 7 *** (4.964 2)	1.565 4 *** (10.421 4)	−0.471 7	968.000 0	0.032 0
firmsize	0.763 5 *** (24.102 1)	0.779 8 *** (14.548 3)	0.790 5 *** (20.893 2)	−0.010 7	498.000 0	0.498 0
CEO_ edu	0.651 5 *** (4.984 8)	0.327 5 (1.105 7)	0.973 9 *** (3.521 6)	−0.646 4	944.000 0	0.056 0
finance	0.984 1 *** (6.724 8)	0.784 0 ** (3.271 6)	1.012 8 *** (5.675 9)	−0.228 8	755.000 0	0.245 0
contract	0.857 1 ** (3.045 9)	0.492 1 (1.177 1)	1.048 6 ** (2.875 2)	−0.556 5	779.000 0	0.221 0
_ cons	−6.810 9 *** (−18.081 6)	−6.274 2 *** (−10.328 1)	−6.259 0 *** (−12.010 0)	−0.015 2	655.000 0	0.345 0

注：①括号内的数字为 t 值，***、**、*分别表示1%、5%、10%的显著水平；②括号内为估计系数考虑稳健标准差后计算的 t 值统计量。

比较非资本密集型行业和资本密集型行业可知，表5.8的数据显示国际垂直专业化组织模式选择对研发倾向的影响系数分别是 0.407 2（$t>2.76$）和 0.688 4（$t>2.76$），表5.9的数据显示国际垂直专业化组织模式选择对研发投入的影响系数分别是 1.093 7（$t>2.76$）和 1.565 4（$t>2.76$）。组间差异检验结果显示，国际垂直专业化组织模式选择对研发二元边际的影响系数存在显著差异。综合分样本的回归结果和组间差异检验结果可知，无论企业是处于非资本密集型行业还是资本密集型行业，以企业间离岸外包组织模式参与国际垂直专业化都能增大企业的研发倾向并增加其研发投资额，其影响作用在资本密集型行业更大。相对于非资本密集型行业，资本密集型行业的企业对技术的要求更高，这也促进了企业的研发活动，进而增强了企业间离岸外包组织模式对企业技术创新的促进作用，这就支持了研究假设三。从其他控制变量来看，劳动密集型行业回归结果与总样本一致，企业规模越大、CEO 受教育程度越高以及融资环境和契约环境的改善都有利于企业技术的创新；而对于非资本密集型行业的企业而言，CEO 受教育程度并未对企业技术创新起到显著作用。

5.4 内生性检验与分析

虽然本书尽可能地控制了影响企业技术创新的重要变量，但仍可能会遗漏变量；且 Probit 模型和 OLS 模型都不能纠正承接国企业是选择离岸外包还是垂直一体化的"自选择"问题，以及企业技术创新与国际垂直专业化组织模式选择之间的双向因果关系。因此，可能存在的内生性问题会造成估计结果有偏，本书用倾向得分匹配（PSM）方法解决内生性问题。

5.4.1 倾向得分匹配法

本书考察企业以承接离岸外包或垂直一体化模式参与国际垂直专业化对企业研发决策的影响差异，即企业国际垂直专业化组织模式选择与研发决策之间是否存在因果关系。然而，事实是我们只能观测到承接离岸外包企业的研发决策和垂直一体化企业的研发决策，无法观测到承接离岸外包企业在没有选择这种组织模式时其研发决策是否不同。我们要如何确定与垂直一体化企业相比，企业间的研发决策差异是由组织模式的不同导致的。而倾向得分匹配方法能根据反事实思想，通过使用反事实推断模型探究承接企业间离岸外包的企业如果选择垂直一体化的组织模式，其研发决策会是怎样。即在控制其他变量保持一致的情况下，分析企业国际垂直专业化组织模式选择的差异是否会带来研发决策的不同。

倾向得分匹配方法分析步骤如下：首先，估计承接离岸外包企业选择垂直一体化组织模式的倾向得分值；其次，利用匹配方法根据倾向得分值的共同取值范围匹配处理组和控制组，并检验匹配后样本的平衡性；最后，根据匹配后的样本分别估计企业研发倾向和研发投资额的平均处理效应，即分别估计企业两种组织模式的研发倾向和研发投资额差异。

5.4.1.1 倾向得分估计

倾向得分是指在给定企业组织模式是承接离岸外包的情况下，用倾向得分函数估计该企业选择垂直一体化的概率。我们在对样本数据进行估计倾向得分时，可以使用参数估计（Probit 或 Logit）或非参数估计。Rosenbaum et al.（1985）认为，Logit 模型的形式更灵活，因此本书采用 Logit 进行回归计算样本中个体的倾向得分。即我们以企业规模、CEO 受教育程度、融资约束、契约环境、企业所处行业类型、所处区域为自变量，以承接企业间离岸外包为因变量，使用 Logit 回归计算样本中个体的倾向得分。

5.4.1.2 匹配方法选择

国内外学者使用最多的是最近邻匹配、半径匹配和核匹配方法。本书选择核匹配来筛选实验组和处理组的样本数据，并根据匹配后的质量设定匹配方法的参数，选择使用核匹配默认的带宽 0.06。本书使用最近邻匹配、半径匹配做稳健性检验，半径匹配的参数通过将估计的倾向得分的标准差乘以 0.05 得到，最终将半径定为 0.04，最近邻匹配用 1 对 1 匹配。

5.4.1.3 平均处理效应估计

本书将样本分为处理组（承接企业间离岸外包企业）和对照组（垂直一体化企业），由前文可知关键解释变量为 VSO = $\{0, 1\}$，当承接国企业以离岸外包模式参与国际垂直专业化时，VSO 取为 1；否则为 0。被解释变量为 RD_ $D = \{0, 1\}$ 和 Ln（RD+1），定义变量 RD_ D_{1i} 为承接离岸外包企业 i 的研发倾向，RD_ D_{0i} 为垂直一体化企业 i 的研发倾向。定义 Ln（RD+1）$_{1i}$ 为承接离岸外包企业 i 的研发投资额，RD_ D_{0i} 为垂直一体化企业 i 的研发投资额。根据 Heckman et al.（1997）的研究，承接离岸外包和垂直一体化企业的研发倾向差异 ATT 和研发投资额差异 ATT（处理组平均处理效应）分别表示为

$$\text{ATT} = E\{\text{RD}\_ D_{1i} - \text{RD}\_ D_{0i} \mid \text{VSO} = 1\} = E\{\text{RD}\_ D_{1i} \mid \text{VSO} = 1\} - E\{\text{RD}\_ D_{0i} \mid \text{VSO} = 1\} \tag{5.3}$$

$$\text{ATT} = E\{\text{Ln}(\text{RD} + 1)_{1i} - \text{Ln}(\text{RD} + 1)_{0i} \mid \text{VSO} = 1\}$$
$$= E\{\text{Ln}(\text{RD} + 1)_{1i} \mid \text{VSO} = 1\} - E\{\text{Ln}(\text{RD} + 1)_{0i} \mid \text{VSO} = 1\} \tag{5.4}$$

理想的状态是可以同时观测到式（5.3）和式（5.4）右侧的两部分，而实际上只能观测到承接离岸外包企业的研发倾向 $E\{\text{RD}\_ D_{1i} \mid \text{VSO} = 1\}$ 和研发投资额 $E\{\text{Ln}(\text{RD}+1)_{1i} \mid \text{VSO} = 1\}$，不能观测到承接离岸外包企业如果选择垂直一体化的研发倾向 $E\{\text{RD}\_ D_{0i} \mid \text{VSO} = 1\}$ 和研发投资额 $E\{\text{Ln}(\text{RD}+1)_{0i} \mid \text{VSO} = 1\}$。

5.4.2 协变量选择

本书的结果变量是企业研发决策（研发倾向和研发投资额），处理变量是国际垂直专业化组织模式选择（承接离岸外包货或垂直一体化）。而协变量的选择要满足独立性条件，即处理组和对照组的差异是可以用一系列协变量衡量的，在控制了这些共同影响因素后，处理变量与结果变量相互独立。为满足独立性条件，在选择协变量时，我们尽量将可能同时影响国际垂直专业化组织模式选择和研发决策的相关变量都包括进来。本书参考 Du et al.（2012）、徐娜等（2015）、杨珍增（2012）和易振华（2010）的做法，将匹配变量中所包含的变量设置如下：企业规模、CEO 受教育程度、融资约束、契约环境、企业所处行业类型和所处区域。

行业分为劳动密集型行业和资本密集型行业，设置 $industry_1 = \{0, 1\}$，取值 1 代表资本密集型行业，0 代表非资本密集型行业。地区分为东、中、西部，设置 $east = \{0, 1\}$，取值 1 代表东部地区，0 代表中、西部地区。

5.4.3 匹配效果检验

本书选择核匹配来筛选处理组和对照组的样本数据，通过共同支持假设检验、独立性假设检验判断匹配后的样本是否满足共同支持条件和独立性条件。

5.4.3.1 共同支持假设检验

共同支持条件是指处理组和对照组的倾向得分取值范围有共同的部分。估计样本个体的倾向得分后，我们用核匹配根据倾向得分匹配样本，并检验样本匹配前后处理组和对照组的共同取值范围。图 5.1 的（a）、（b）显示了处理组和控制组个体在匹配前后倾向得分的核密度函数。从图 5.1 中可以看到，核匹配前，处理组和对照组的支撑域有很大差异；核匹配后，处理组和控制组的倾向得分的取值范围有很大的重合部分，即处理组和控制组存在较大的共同支撑域，满足共同支持假设。处理组与控制组倾向得分的核密度函数见图 5.1。

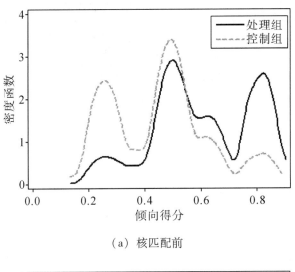

（a）核匹配前

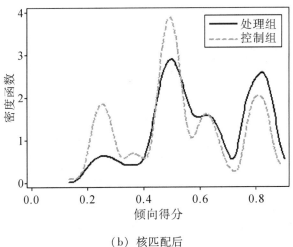

（b）核匹配后

图 5.1　处理组与控制组倾向得分的核密度函数

5.4.3.2　独立性假设检验

本章对协变量进行平衡性检验，匹配变量平衡检验结果见表 5.10。从表 5.10 的 t 检验中的 p 值来看，核匹配后，企业规模、CEO 受教育程度、融资约束、契约环境等匹配变量都在 10% 的显著水平下不显著，即匹配变量在承接企业间外包的企业与垂直一体化企业之间不存在显著差异。从标准偏差来看，核匹配后，所有匹配变量的标准偏差的绝对值均小于 10，进一步表明匹配后数据的平衡性好，选择的匹配变量和匹配方法是恰当的，其独立性假设得到满足。

表 5.10　匹配变量平衡检验结果

匹配变量	样本	均值		标准偏差 /%	误差消减 /%	t-test	
		处理组	对照组			t	P>t
firmsize	匹配前	10.890 00	10.601 00	13.6	64.7	3.90	0.000
	匹配后	10.875 00	10.773 00	4.8		1.46	0.145
CEO_ edu	匹配前	0.711 87	0.785 62	−17.1	−85.4	−4.87	0.000
	匹配后	0.720 8	0.731 58	−2.5		−0.72	0.474
finance	匹配前	0.811 48	0.596 08	48.5	90.1	14.03	0.000
	匹配后	0.809 12	0.830 35	−4.8		−1.64	0.102
contract	匹配前	0.971 86	0.933 99	17.9	91.3	5.22	0.000
	匹配后	0.971 51	0.974 79	−1.6		−0.60	0.548
east	匹配前	0.593 7	0.862 75	−63.4	93.7	−17.96	0.000
	匹配后	0.601 14	0.618 16	−4.0		−1.03	0.301
industry	匹配前	0.732 7	0.759 48	−6.2	60.1	−1.76	0.078
	匹配后	0.739 03	0.728 34	2.5		0.72	0.474

5.4.3.3　倾向得分匹配结果分析

表 5.11 列出了企业组织模式对企业研发倾向影响的 PSM 结果。表 5.11 第 (1) 行显示,全样本下核匹配估计系数的 t 检验值为 8.08,估计系数 (0.157 6) 在 1% 的水平上显著为正,说明承接离岸外包对企业的研发倾向有显著的正向作用。表 5.12 第 (2) 行至第 (5) 行是分样本的倾向得分匹配的估计结果,其 t 检验值分别为 9.54、2.90、7.47 和 3.32,估计系数 (0.189 5、0.109 0、0.166 1、0.129 0) 都在 1% 的水平上显著为正,这说明无论是在东部地区还是在中、西部地区,无论是在资本密集型行业还是在非资本密集型行业,承接离岸外包对企业的研发倾向都有显著的促进作用。表 5.12 列出了企业组织模式对企业研发投资额影响的 PSM 结果,结论与表 5.11 一致。以上结论与前文的实证结果一致,本书的研究结论稳健。

表 5.11　企业组织模式对企业研发倾向影响的 PSM 结果

方程	样本	处理效应	处理组	控制组	差距	标准误	t 检验值
(1)	全样本	ATT	0.816 5	0.658 9	0.157 6***	0.019 5	8.080 0
(2)	east = 1	ATT	0.805 3	0.615 8	0.189 5***	0.019 9	9.540 0

表5.11(续)

方程	样本	处理效应	处理组	控制组	差距	标准误	t检验值
(3)	east＝0	ATT	0.828 2	0.719 2	0.109 ***	0.037 6	2.900 0
(4)	industry＝1	ATT	0.866 7	0.700 6	0.166 1 ***	0.022 2	7.470 0
(5)	industry＝0	ATT	0.678 3	0.549 3	0.129 ***	0.038 8	3.320 0

注：***、**、*分别表示在1%、5%和10%的水平下显著。

表5.12　企业组织模式对企业研发投资额影响的 PSM 结果

方程	样本	处理效应	处理组	控制组	差距	标准误	t检验值
(1)	全样本	ATT	6.175 2	4.762 2	1.413 ***	0.169 6	8.330 0
(2)	east＝1	ATT	6.196 9	4.563 9	1.633 ***	0.177 1	9.220 0
(3)	east＝0	ATT	6.056 9	5.009 3	1.047 6 ***	0.306 3	3.420 0
(3)	industry＝1	ATT	6.807 6	5.272 0	1.535 6 ***	0.202 1	7.600 0
(5)	industry＝0	ATT	4.403 9	3.325 4	1.078 5 ***	0.274 1	3.930 0

注：***、**、*分别表示在1%、5%和10%的水平下显著。

5.4.3.4　变换匹配方法

本书用最近邻匹配、半径匹配、马氏匹配方法检验匹配结果的准确性。表5.13列出了三种匹配方法得到的平均处理效应。表5.13显示，在这三种匹配方法中，研发倾向和研发投资额的ATT估计值都在1%的显著水平下显著为正，说明企业间离岸外包企业组（处理组）的研发倾向和研发投资额都大于企业内部离岸外移企业组（控制组），即以企业间离岸外包组织模式参与国际垂直专业化对企业的研发倾向和研发投资额都具有正向影响。三种匹配方法的估计结果相似，说明倾向得分匹配结果可信。

表5.13　三种匹配方法得到的平均处理效应

结果变量	匹配方法		
	最近邻匹配	半径匹配	马氏匹配
研发参与 （R&D）	0.173 5 *** （6.75）	0.159 5 *** （8.18）	0.145 8 *** （7.67）
研发投资额 （Inno）	1.471 8 *** （6.60）	1.434 5 *** （8.46）	1.289 7 *** （8.75）

注：括号内的是ATT估计量的 t 值，***、**、*分别表示1%、5%、10%的水平下显著。

5.5 本章研究结论

本章利用世界银行 2005 年的中国企业调查数据，实证检验了国际垂直专业化组织模式选择对企业技术创新的影响。我们根据企业所在地区和企业所处行业将总样本划分为东部地区和中、西部地区，根据企业所处行业将总样本划分为资本密集型行业和非资本密集型行业，并分别就不同地区、不同行业的企业以离岸外包模式参与国际垂直专业对技术创新的影响及差异进行了实证检验。与此同时，本章使用倾向得分匹配方法弱化了内生性问题，对研究结论进行了稳健性检验，得出了以下研究结论：

（1）以承接企业间离岸外包模式参与国际垂直专业化能提升企业的研发倾向和研发投资额，进而促进企业的技术创新。

（2）无论是东部地区还是中、西部地区，以承接企业间离岸外包模式参与国际垂直专业化均对企业技术创新有促进作用，但对东部地区促进作用更大。

（3）无论是资本密集型行业还是非资本密集型行业，以承接企业间离岸外包模式参与国际垂直专业化都对企业技术创新有促进作用，但对资本密集型行业促进作用更大。

（4）企业规模、CEO 受教育程度、融资约束、契约环境的估计系数都显著为正，说明企业规模越大、CEO 受教育程度越高、融资约束越小、契约环境越好，则企业的研发倾向越强、研发投资额越大。

根据本章的研究结论我们得出如下启示：第一，以企业间离岸外包组织模式参与国际垂直专业化能提升企业的研发倾向和研发投资额，进而提升企业的技术创新，政府应加大对承接离岸外包企业的创新支持力度，增加其研发补贴，尤其是处于东部地区和资本密集型行业的离岸外包企业；第二，政府应成立全球价值链研发中心，整合各个行业的研发资源，发挥领导企业的主导作用以及高校和科研机构的基础作用，提高资源利用率和创新效率，突破全球价值链关键领域的核心技术，使得参与全球价值链的企业实现由低端制造向高端自有品牌的转变、中国由制造大国向制造强国的转变；第三，政府还应完善创新体制和知识产权保护制度，营造有利于创新的制度环境。

6 承接离岸外包企业升级案例研究
——以立讯精密为例

本章采用案例分析法，在第5章理论研究成果的基础上，结合调研中所了解的情况及切身感受，选择立讯精密为典型案例，通过对其发展历程的梳理，分析了立讯精密的企业升级过程和升级表现，以此来验证前文研究所提出的观点；同时，借鉴立讯精密升级成功的经验，给出了我国外包企业可能的转型升级和提高技术创新能力的路径。

6.1 立讯精密概况

立讯精密于2004年5月24日在深圳创立，是一家技术导向型的电子行业精密制造上市公司（股票代码：002475）。立讯精密由连接器的研发、生产和销售起家，通过纵向的垂直整合和横向的业务拓展不断扩张产业链，目前主要从事连接线、连接器、马达、无线充电、印刷电路（flexible printed circuit, FPC）、天线、声学和电子模块等产品的生产经营，产品广泛应用于电脑及周边、消费电子、通讯、汽车及医疗等领域，致力于为客户提供一站式采购服务，其主要客户包括海内外知名品牌与厂商。立讯精密主要客户见表6.1。

表6.1　立讯精密主要客户

产品类型	主要客户①
消费性电子	苹果、华为、索尼、谷歌、微软、三星
电脑互联产品及精密组件	苹果、联想、戴尔、惠普、华硕、微软、宏碁
通信互联产品及精密组件	华为、惠普、思科、浪潮、华三、戴尔

———————

① 主要客户均使用企业简称。

表6.1(续)

产品类型	主要客户①
汽车互联产品及精密组件	日产、英菲尼迪、蔚来、众泰、长城、博世
其他连接器及其他业务	美敦力、迈瑞、亚马逊、贝尔金、百思买

资料来源:根据华泰证券相关资料整理。

　　凭借不断加强的研发投入、管理变革、运营创新和不断的规模扩张、产能扩大,立讯精密上市以来营业收入年复合增长率达50%。年报显示,2018年该公司实现营收358.5亿元,同比增长57.06%,归母净利润27.23亿元,同比增长61.05%,扣非归母净利润25.54亿元,同比增长77.67%。基本每股收益0.66元,同比增长60.98%,各项指标表现良好,公司上升势头强劲。

　　业界普遍采用的国际连接器行业第三方研究机构Bishop and Associates发布的统计报告显示,按照市场份额进行的2016年全球连接器厂商排名中,立讯精密在Top10榜单中排名第八。立讯精密深度参与Type-C世界标准的制定,是全球第一家取得USB-C Connector认证和USB-C Cable Assembly产品认证的制造企业,获得TID认证的Cable与Connector产品达到20项。公司拥有自主产品的核心技术和知识产权,发明专利、实用新型专利及外观设计专利超过千项。公司实验室于2007年通过国家认可委认证,并获"深圳市测试平台"称号。

　　立讯精密从线束代工和组装起步,始终专注于连接器主业,深耕细作、锐意进取,不断通过纵向的垂直整合与横向的业务拓展实现了整体规模的持续快速扩张,从连接器的优势行业,进入3G和智能手机产业链条,进军FPC领域,切入可穿戴设备、声学、智能家居等领域。公司通过垂直整合,构建了连接器全产业链;通过产品研发和技术创新,加之合理有效的成本管控和对自动化模组等生产工艺的优化改善,以中国大陆为中心,在中国台湾、美国、德国、英国、荷兰、日本、韩国、越南等国家(地区)设立分支机构,逐步形成依托中心市场为辐射界点的全球格局。完善的市场战略布局,配合不断优化提升的垂直整合能力,以及经历市场锤炼的专业化、知识化和年轻化的稳定执行团队,从而稳固、扎实地立于市场前列。公司总部位于广东东莞,制造基地分布于境内外,中国大陆主要分布在广东、江西、江苏、安徽、浙江、山西、河北、四川等地,境外主要分布于德国、越南及中国台湾等国家(地区)。

　　电气和光学设备制造行业的生产工艺复杂、生产环节众多、精密性要求高,是国际垂直专业化分工的典型代表行业。WIOT数据显示,电气和光学设备制造行业是我国第一大出口行业，常年占我国总出口的20%以上。立讯精密是我国第一大、世界第八大连接器生产商，其产品广泛应用于手机、通信和电子行业。立讯精密年报数据显示，2018年公司境外营业收入占总营业收入的89.29%，这说明立讯精密采购商主要为境外客户。结合主营业务产品和制造基地可知，其出口了大量的中间产品给境外采购商，这说明立讯精密参与国际垂直专业化程度较高，是我国高度融入国际分工的典型代表企业。同时，立讯精密以承接富士康的离岸外包业务起步，然后不断地通过垂直一体化和横向整合布局实现产业链的扩张，最终在企业扩张和技术创新上都取得了一定的成绩，是我国承接离岸外包企业升级成功的典型企业。

因此，本书以立讯精密为研究对象，通过对其发展历程的梳理，分析其企业升级的过程，对前文所取得的研究成果进行应用与验证。本次研究的一手资料及数据来源于多个渠道，主要有：①二手数据收集，包括上市公司年报、报纸文章、期刊文章、企业文件、公司网站资料、相关新闻报道等；②对案例企业的副总经理、地区副总经理、销售部经理以及地区总经理秘书等进行了电话访谈，并根据研究需要进行了后期跟进调研，以获取立讯精密的最新资料。

6.2　企业升级研究

6.2.1　企业升级表现

Gereffi（1999）基于对亚洲纺织服装产业的研究，从全球价值链资源配置的角度将企业升级分为以下四个层面：第一，企业内部的升级，即生产从简单到复杂的产品，低价到高价的产品，从小量需求到大量订单；第二，企业间的升级，即从生产标准化的产品到个性化的产品；第三，本土或国家内部升级，即从简单的组装到更加复杂的委托加工制造（OEM）甚至是建立自主品牌制造（OBM），在当地或者国内有更多的前向或后向联系；第四，国际性区域升级——从双边的、非对称的、区域内的贸易到充分的区域间合作，在商品价值链上的各个环节都有充分的劳动合作。在此基础上，Humphrey et al.（2002）从微观的角度进一步明确了企业升级的四种类型：第一，工艺升级，即通过改造生产流程或采用新技术来提高投入产出的转化效率；第二，产品升级，即提高产品的质量，增加产品的种类；第三，功能升级，即获取新功能或放弃现存的功能，如从生产环节向设计和营销等利润丰厚的环节跨越；第四，跨产业升级，即将某一种产业的知识运用于另一种产业。Amsden（1989）认为，对新兴工业经济体的企业来讲，实现升级和自主创新的路径便是由简单的委托加工制造（OEM）到研发设计制造（ODM），并最终建立自主品牌制造（OBM）。朱海静、陈圻和蒋汨波（2006）认为，OEM 企业升级有以下三种途径：一是通过技术途径从 OEM 转型到 ODM 甚至是 DMS、EMS 等高级形态；二是通过品牌途径从 OEM 与 ODM 相结合转型到 OBM，或直接从 OEM 转型到 OBM；三是基于技术关联性的 OEM 多元化，进入更具增值潜力的行业。OEM 企业升级路径见图 6.1。

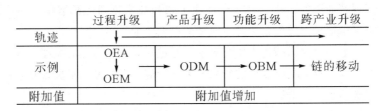

图 6.1　OEM 企业升级路径

资料来源：根据毛蕴诗（2017）的研究数据整理。

6.2.2　立讯精密升级路径研究

6.2.2.1　立讯精密升级路径总体研究

立讯精密在成立之初主要专注于传统连接器领域，通过 OEM 的方式，为富士康提供苹果 PC 连接线代工，并在此过程中不断吸收苹果的技术溢出，实现制造能力的提升和资源积累。在经过一段时间的积累和成长后，立讯精密将连接器业务横向扩展到了更多的 3C 领域，垂直嵌入更多大型跨国企业的垂直专业化分工，同时在为它们代工的过程中吸收技术溢出。与此同时，立讯精密通过上市在内的多种渠道融资，收购了国内外众多的相关上、下游企业，在实现产业链扩张的同时，也通过并购的方式获取了大量的相关技术。此外，立讯精密还在不断地增加其研发投入，研发费用由 2009 年的 984.96 万元增长到 2018 年的 25.14 亿元，增幅达 255.49 倍，研发费用占营业收入的比重由 2009 年的 1.69% 增长到 2018 年的 7.01%。总的来说，立讯精密在成立前期主要是通过富士康承接苹果 PC 连接线代工，有了一定的口碑和市场积累后，承接更多企业的连接器代工，从而从承接外包中获得技术溢出，实现技术升级。在有了一定的技术和资本积累后，立讯精密通过继续承接苹果及其他跨国公司外包获得技术溢出，并购其他企业的同时获得其技术，以及自主研发创新三条途径进一步实现了企业升级。立讯精密成长路径如图 6.2 所示。

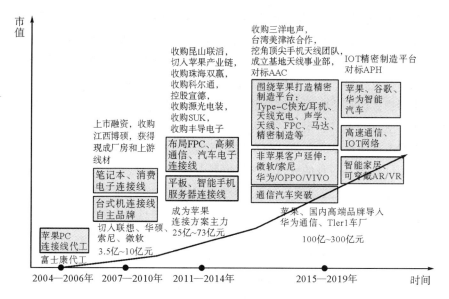

图 6.2　立讯精密成长路径

资料来源：根据华泰证券的相关资料整理。

6.2.2.2　立讯精密升级路径分阶段研究

纵观立讯精密的发展历程，我们可以将其升级路径分为以下几个阶段：

第一阶段：2004—2006 年。2004 年，富士康前课长（相当于部门主管）王来春与哥哥王来胜联手创办了立讯精密，主营和富士康一样的老本行业务，即代工各种电子连接线及连接器。得益于富士康的帮助，这家新成立的公司获得了大量的代工订单。2004 年公司成立后开始承接国际订单，并通过香港立讯委托国内来料加工生产，所生产的连接器产品通过富士康的加工组装应用于众多国际知名品牌的 3C 电子产品，富士康由此也成为王来春公司的第一大客户。通过富士康，立讯精密凭借劳动力成本优势承接了苹果公司的零部件外包，通过干中学效应获得了生产率的提升，也增加了企业利润。立讯精密通过承接离岸外包的方式嵌入全球价值链，使企业获得来自领导企业的知识转移和生产率的提高，为企业实现转型和升级提供物质资本和人力资本基础。

第二阶段：2007—2010 年。在经过前期的积累后，立讯精密不断扩大代工规模和代工对象，进一步嵌入全球价值链和国内价值链。同时由于受国际金融危机及外需不足的影响，立讯精密还嵌入了多家内资企业的价值链。2007 年，立讯精密嵌入联想供应链，承接笔记本连接线订单。2008 年 2 月，立讯精密与华硕集团共同出资注册的博硕科技（江西）有限公司落户吉安县，同年7月项目一期投产，立讯精密开始为华硕集团提供代工，嵌入华硕价值链。之后，立讯精密又为索尼PS4和微软Xbox提供连接器代工，嵌入这两家公司的生产价值链。在承保其他企业连接器外包的同时，富士康仍是立讯精密最主要的客户。2010年立讯精密招股说明书显示，2007—2009年，立讯精密向富士康销售产品的收入占当期营业收入的比例分别为47.73%、56.46%和45.38%，富士康高居公司第一大客户。在做大代工业务的同时，立讯精密也积极在资本市场融资，于2010年9月在深交所挂牌上市，同年12月并购了华硕在博硕（江西）科技的股份，产品类型由单一的连接线、连接器升级到机器人、车充、无线充电模组等电源智能转换产品，生产产值每年以30%的速度增长。总的来说，这一段时间内，立讯精密在维持通过富士康承接苹果连接器代工业务的同时，继续扩大代工规模和承接更多公司的外包业务。在国际金融危机及世界经济疲软的背景下，立讯精密双重嵌入内资企业价值链和外资企业价值链，参与国内和国际垂直专业化分工，获得企业技术溢出，进一步积累技术和资本。从升级表现来看，立讯精密在这一阶段通过建立新的生产线，同时为除苹果外的其他企业代工，实现了工艺升级。

第三阶段：2011—2014年。在经过数年的布局和积累后，立讯精密在这一阶段开始以连接器为中心，扩展上、下游业务，通过纵向的垂直整合与横向的业务拓展不断扩张产业链。同时在上市融资后，立讯精密大举横向并购产业链上、下游公司，在获得技术的同时，也嵌入了更多公司的产业链，并且加大研发投入力度，增强自主创新能力。立讯精密在2010年成功上市后，全球智能手机市场也迎来了爆发期，IDC数据显示，全球智能手机出货量由2010年的3.26亿部，增长到2016年的14.7亿部，增长了450%。立讯精密主打产品"连接器"正是智能手机里非常重要的器件之一，平均看来，一部手机需要的连接器数量可达8个左右。这也就意味着2010—2016年，仅手机市场的需求就带动连接器市场增长了48倍。得益于智能手机市场的快速增长，立讯精密也获得了更为飞速的发展。立讯精密专注于主业接连器的生产和代工的同时，通过收购进行纵向的垂直整合与横向的业务拓展，意图打造成为全球领先的全方位连接方案提供商，实现一站式的服务。2011年，立讯精密先后收购了昆山联滔60%股份和ICT-LANTO LIMITED 100%股份，首次直接成为苹果供应商从而进入苹果核心产业链，即极细同轴线（内部线）的生产。在此过程中，苹果公司通过提供生产图纸、产品规格标准等方式使立讯精密获得显性知识，通过派遣专业人员指导零部件生产等方式为立讯精密提供隐性知识。全球价值链领导企业通过多种机制向中国民营企业转移知识，提高了企业的技术水平，完成了人力资本的积累。随后，立讯精密收购了深圳市科尔通实业有限公司75%股权，进入通信领域；设立昆山立讯，扩产连接器生产项目；购买东莞展翊厂房及土地，设立东莞立讯布局华南基地。2012年，立讯精密又收购了福建源光电装有限公司55%股权，切入汽车电子领域；收购珠海双赢柔软电路有限公司，并进行增资，切入FPC领域。2013年，立讯精密收购了SuK Kunststofftechnik GmbH 100%股权，拓展汽车零件领域；收购科尔通实业和硕博科技的少数股东权益，进一步加强子公司权益。2014年，立讯精密收购了丰岛电子100%股权，加码FPC布局；投入5亿元增资ICT-LANTO LIMITED 100%股权，增资境外接单中心。立讯精密的营收和利润都大幅增长，市值由2011年的25亿元增长到2014年的73亿元。在对外扩张的同时，立讯精密也在不断加大研发投入力度，2011—2014年立讯精密的扩张路线如图6.3所示。其研发费用由2011年的6 155万元增长到40.04亿元，并且研发费用占营业收入的比重由2011年的2.41%增长到2014年的5.54%。研发人员由2011年的772人增长到2014年的1 685人。总的来说，立讯精密在这一阶段的升级路径主要有以下三条：一是继续通过承接各大跨国公司包括连接器在内的多项外包业务，获得技术溢出；二是通过国内或跨国并购，获得相关企业的技术，并且横向拓展经营领域；三是通过加大研发费用的投入力度，增加研发雇员，增强自主创新能力。从升级表现来看，立讯精密一是通过横向扩展跨入除PC外更多的连接器应用领域，丰富产品种类，同时通过各种途径升级技术提高产品质量，从而实现了产品升级；二是通过垂直整合，向利润更为丰富的产业链上、下游环节拓展，从而实现了功能升级。

第四阶段：2015年至今。经过四年的公司快速成长期以后，立讯精密从2015年开始，在保持原有的3C业务优势的基础上，大举横向扩展，进入连接器应用广泛的通信、汽车和物联网领域。2015年，立讯精密通过8亿元认购美律实业股权，10亿元设立东莞立讯，切入电声器件及音射频模组领域。2016年，立讯精密收购苏州美特51%股权，加码电声器件，进入苹果声学组件供应链；同时投入2 100万美元设立越南立讯，建立海外生产基地。2017年,立讯精密收购惠州美律51%股权和上海美律51%股权，加码切入电声器件及音射频模组领域。2015—2017年立讯精密的扩张路线如图6.4所示。

图 6.3 2011—2014 年立讯精密的扩张路线

资料来源：根据华泰证券相关资料整理。

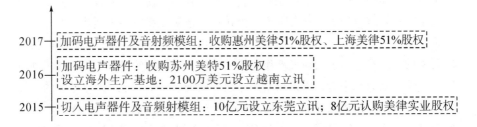

图 6.4 2015—2017 年立讯精密的扩张路线

资料来源：根据华泰证券相关资料整理。

2015—2018 年，立讯精密通过内生外延的方式，体外收购台股光电元件产业上市公司光宝 CCM，切入摄像头模组产业；同时，体外收购采埃孚车身控制系统事业部——采埃孚 TRW，获得销售渠道，国际化其生产销售汽车业务，与福特、通用等欧美车企合作多年，与公司未来协同发展。在这一阶段，立讯精密围绕苹果打造精密制造平台，为苹果供应的产品包括：AirPods、Type-C快充、FPC、无线充电模组、天线模组、声学器件和马达等，立讯主营的大部分产品都供应给了苹果。库克曾称赞立讯精密是"超一流的工厂"，其将了不起的精良工艺和细思融入 AirPods 的制造。立讯精密还挖角顶尖手机天线团队，成立基站天线事业部，同时扩展非苹果客户，加强与微软、索尼、华为、OPPO、vivo 等的合作，为 3C 核心大客户提供整体精密制造方案。立讯精密在包括 5G 在内的通信领域全面发展，主要包括射频产品（基站天线、滤波器等）、互联产品（高速连接器、高速电缆组件等）和光电产品（有源光缆、光模块等），能够在第一时间为客户提供完整的信号、能源传输解决方案，在通信业务领域形成"云""管""端"的全链路产品及方案布局，且公司射频产品不再是单纯地做 OEM，而是将 ODM 和 JDM 相结合。随后，立讯精密还加大汽车产业的布局力度，目前其旗下与汽车业务相关的子公司包括昆山立讯工业、福建源光电装（控股 55%，与住友合资）、德国 SUK 和晋江立讯智联等。另外，主力做 3C 产品的昆山联滔、立讯电子科技（原丰岛电子）、江西和深圳工厂亦有参与做一些汽车电子跨界产品。除了手机和汽车业务外，该公司物联网业务多点开花，近年来进军 PC+（USB3.0）、智能家居和新工业领域，多元化布局，通过 PC+ 和智能家居进一步发展连接器业务。立讯精密主要产品布局如图 6.5 所示。这一阶段，立讯精密还在美国等地设立海外研发中心，利用美国先进的科研环境和人力资本进行研发；同时通过设立海外研发中心的方式获得逆向知识溢出，提高自身创新水平。总体来说，立讯精密在这一期间不仅只做 OEM，还在通过承接更多高技术环节，并购获取技术和加大研发力度，逐步转型到 ODM 甚至是 DMS、EMS 等高级形态，这一升级路径也与 Amsden（1989）提出的 OEM 企业升级路径基本相同。从升级表现来看，立讯精密通过涉足其他连接器广泛应用的行业，如汽车、物联网和通信领域等，通过价值链的移动，从而最终实现了跨产业升级。

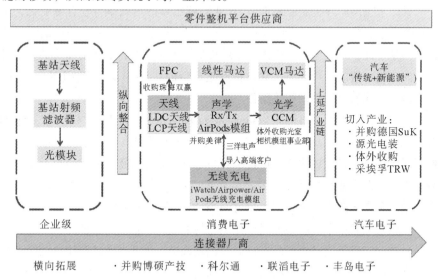

图 6.5　立讯精密主要产品布局

资料来源：根据西南证券相关资料整理。

从以上分析可以看出，立讯精密的升级路径是由 OEM 到 ODM，以连接器为中心业务，不断地向价值链上、下游扩展；再由 ODM 到 OBM，在为苹果代工的同时，立讯精密也积累了口碑，得到了更多知名企业的认可，建立了品牌知名度和认可度；同时通过获得技术溢出和自主创新，增强了自主品牌制造能力。立讯精密的升级表现，由低层次到高层次主要有以下四个方面：第一，通过收购生产线和提高技术实现工艺升级；第二，通过增加关联产品、种类产品和提升产品质量实现产品升级；第三，通过产业链的垂直延伸实现功能升级；第四，通过涉足其他连接器广泛应用的行业，实现跨产业升级。

6.3　本章研究结论

立讯精密通过承接离岸外包获得技术溢出，同时横向并购通过技术和进一步嵌入更多企业的垂直专业化分工获得技术溢出，并且加大研发投入力度、扩大规模，提升自主创新能力，促进了企业升级，由此案例我们可以得到关于承接离岸外包企业转型升级路径和合理选择 OFDI 方式的两点启示。

6.3.1　承接离岸外包企业转型升级路径

我国承接离岸外包企业通常以 OEM 贴牌出口的形式参与垂直专业化，从事价值链上游产品的加工制造环节，处于"微笑曲线"底部，获取的附加值较少。基于此，外包型企业应该向全球价值链上游攀升，从低附加值的生产环节转向高附加值的生产环节。立讯精密是典型的从 OEM 升级到 OBM 的企业，从案例中，我们可以得知相关路径。

首先，从 OEM（original equipment manufacture）转型到 ODM（original design manufacture）。ODM 即委托设计，是指国内承接离岸外包企业按照外方要求对产品进行设计或改良。得益于参与垂直专业化获得的技术溢出及企业自身在生产实践中所积累的技术及经营经验，部分承接离岸外包企业在产品研发、生产和工艺改良等环节已经有了一定的积累。在获得跨国公司订单的同时，这些企业具备了对跨国公司委托生产的相关产品进行模仿的能力，甚至能够通过逆向工程等途径对产品进行局部创新改进。因此，承接离岸外包企业应从自身实力出发，承担更多的价值链上游环节生产活动，在接受订单的同时，按照外方的技术要求，承接部分产品设计与改良任务，实现从 OEM 到 ODM 的转型。其次，同步发展 DMS（design、manufacture 和 service）。DMS 是指产品的设计、制造和售后服务的组合，与 ODM 的价值链单向前向扩展不同，DMS 是价值链两端的前后向扩展，包含了售后服务。电子设备制成品、汽车和机器设备等耐用消费品是我国承接离岸外包企业的主要出口产品，由于该类产品使用年限较长、精密程度高且容易损坏，售后服务环节就显得尤为重要。而产品本身的复杂性和多环节生产又使得其售后服务环节的技术含量很高，大型跨国公司通过把控这一环节通常能获得丰厚的利润。我国承接离岸外包企业在经过近二十年的技术沉淀与经验积累后，应该充分发挥自身优势，积极向售后服务环节渗透，通过承接产品或者产品零部件的售后服务实现价值链的右端攀升。再次，综合发展 EMS（engineering、manufacture 和 service）。EMS 是指承担工程、制造与售后服务组合的服务，比 DMS 的内涵更为丰富。在 EMS 中，委托商仅提供"想法"，而 EMS 企业则负责将想法变成产品的具体方案。EMS 的技术含量较高，企业有自主权选择承担哪些生产环节，可以将附加值较低的部分外包给其他企业。我国大型承接离岸外包企业可以充分利用自身所积累的生产网络，同时在前期与科研机构合作，承担 EMS；甚至可以通过与国外委托商成立合资企业等方式，获得更高利润。最后，培育自有品牌实现 OBM（original brand manufacture）。OBM 是指自有品牌制造，OBM 企业可以控制产品价值链。在经历了二十多年的国际产业承接后，我国部分承接离岸外包企业已经在国内外市场具备了一定的知名度，与国内外多家企业建立了稳定的合作关系，具备了 OBM 的需求和能力。在具体操作时，企业有以下两种选择：一是在创建和培育自有品牌的同时，在不放弃原有的生产制造环节的基础上，扩大企业边界，将该项产品的其他价值链环节纳入企业内部，形成纵向一体化生产；二是在创建和培育自有品牌的同时，逐步将附加值较低的环节外包给其他企业生产，自身专注于产品研发、市场营销和售后服务等高附加值环节。企业应该根据自身条件和所处行业环境合理选择培育 OBM 的方式，从而实现主导产品价值链，彻底实现企业的转型升级。

6.3.2　合理选择 OFDI 方式

随着我国"走出去"战略的实施，在一系列相关政策的推动下，国内大型企业纷纷走出国门投资海外。OFDI 是企业融入和布局全球价值链的重要一环，它使得跨国公司可以在全球范围内分解和分配生产链。OFDI 为全球价值链带来了新的治理模式，进行 OFDI 的企业往往可以主导价值链。因此，企业要获得效益最大化，就应该根据自身的情况合理选择 OFDI 方式。立讯精密通过海外收购，不仅获得了相关企业的生产线，嵌入了高科技企业价值链，更获得了技术和人才。

OFDI 通常包括绿地投资和跨国并购两种方式：绿地投资是指跨国公司等投资主体在东道国境内依照东道国法律设置的部分或全部资产所有权归外国投资者所有的企业；跨国并购是指一国企业将另一国企业的所有资产或部分股份收买下来，从而对另一国企业的经营管理实施实际的或完全的控制行为。两种模式各有优劣，从国际垂直专业化的角度来说，企业应该重点从自身技术水平的高低出发，考虑选择哪种 OFDI 模式。对于技术水平不高，但是有一定资金实力的公司来说，可以选择通过跨国并购的方式获取国外相关公司技术和人才，增强企业的创新研发能力，从而承担更多的价值链上游生产环节，获得更高的附加值。对于技术水平较高的企业，则可以根据企业自身状况灵活选择，既可以通过绿地投资的方式将某些附加值较低的生产环节合理转移，或者在海外设立研发中心，也可以按照国际规则并购、合资或参股国外创新型企业和研发机构，提高海外知识产权运营能力。

7 国际垂直专业化组织模式选择
对供应商融资约束影响的实证研究

通过第 5 章的研究结论可知，我们以企业间离岸外包组织模式参与国际垂直专业化能提升企业的研发倾向和研发投资额，进而提升企业技术创新。但是企业的技术创新离不开资金支持，融资约束将在很大程度上影响企业的研发投入，继而制约企业的技术创新。本章将继续从组织模式的角度，研究国际垂直专业化组织模式选择对供应商融资约束的影响。

国务院发展研究中心发布的《2017 中国企业经营者问卷跟踪调查报告》显示，"资金紧张"在企业经营发展的 19 个困难中排在第六位，在融资约束的影响下，企业平均融资成本高达 8.15%，其中中部地区企业、中小企业和民营企业资金"紧张"的比重相对较高。2017 年，外资企业平均融资成本（折算成年利率）6% 以下的占 54.8%，国有及国有控股企业平均融资成本（折算成年利率）6% 以下的占 57.6%，民营企业比重只占 35.8%。这说明，我国企业特别是民营企业面临着严重的融资约束，而外资企业的融资约束相对较小。那么，是什么原因缓解了外资企业的融资约束呢？在国际垂直专业化参与过程中垂直一体化的模式是否缓解了外资企业的融资约束呢？从组织模式的角度合理回答这些问题具有重要的理论和现实意义。

近年来，越来越多的研究开始关注影响企业融资约束的因素。从国际贸易角度来看，现有文献研究认为出口（韩剑 等，2012；罗长远 等，2014；杨晶晶 等，2018）、FDI（Huang，2003；Guariglia，2008；Hericourt et al.，2009；张军 等，2004；贾高清，2019）、嵌入全球价值链（李红阳 等，2016；吕越 等，2018）等因素可以缓解企业的融资约束。关于融资约束与国际贸易的研究中，国外文献大多是从发达国家的分工体系和立场出发，而对承接国企业融资约束影响研究得较少。国内文献大多关注出口、FDI 或嵌入全球价值链对企业融资约束的影响，但是并未区分企业以不同组织模式参与国际垂直专业化对供应商融资约束的影响，特别是垂直一体化和离岸外包两种模式下对供应商融资约束的影响程度是不同的。本章将探究垂直一体化和离岸外包两种组织模式对承接国企业融资约束缓解的差异。

7.1 理论分析与研究假设

7.1.1 国际垂直专业化组织模式选择对融资约束的影响

企业的融资渠道主要分为外源融资和内源融资，根据融资顺序理论，造成企业融资困境的主要原因是内源资金不足，而现金流量可以直接反映企业生产经营活动面临的融资约束程度（Fazzari et al.，1988；Campa et al.，2002；Manole et al.，2010；周世民 等，2013；杨晶晶 等，2018）。中国大多数企业的外源融资方式是商业信用和机构借贷（Li et al.，2009；孙灵燕 等，2012；李志远 等，2013；符大海 等，2016；张璇 等，2017；曹珂，2018）。

不同所有制的企业面对不同程度的融资约束。由于中国银行信贷的"所有制歧视"，融资约束可能不是国有企业的重要约束（蒋冠宏，2016）。同时，Harrison et al.（2003，2004）认为，跨国企业或外资企业相比国内企业更容易在国际市场上筹集到外部资金，并认为是流入的外国资本缓解了企业融资约束。而 Desai et al.（2008）认为，来自母公司的资金代替了企业 3/4 的外源融资，跨国公司的内部融资为子公司在东道国的扩张提供了资金支持。Görg et al.（2017）认为，通过与跨国公司的整合，东道国企业的财务状况有所改善，因为一体化的模式扩宽了企业的融资渠道，同时也扩展了其业务活动。Huang（2016）提出了一个"甩卖"假设，即面对严重的金融约束，中国民营企业放弃股权，与外国公司结成合资企业，以获得融资。以服装业为例，在国内企业中，民营企业的融资约束指数最高，国有企业最低，研究结果表明，那些面临融资约束的民营企业更可能通过一体化的组织模式从母公司获得融资。曹珂（2018）也认为，由于来自母公司的资金支持会缓解企业可能出现的流动性约束，外资企业受外部融资环境的影响不大。

基于以上分析，我们提出假设一，即承接国企业以垂直一体化模式参与国际垂直专业化分工缓解了融资约束。

7.1.2 地区差异与企业融资约束缓解的作用

虽然我国的金融市场发展已经得到长足的进步，但各地区金融发展水平仍存在较大差异，特别是我国东部地区和中、西部地区。近几年来，我国东部地区构建起多层次、多维度的金融市场，成为全国经济增长的主要拉动力；而我国中部和西部地区的情况截然相反，其金融发展水平较低，并且由于匮乏的金融资源和单一的融资渠道，大多数企业面临较为严重的资金支持短缺问题。

关于东、中、西部地区的企业的融资渠道，东部地区的企业融资途径更加多样化，更容易获得金融机构贷款（慕绣如 等，2016）；而处于中、西部经济欠发达地区的企业获取外部市场融资的总量受到很大限制，使得融资壁垒较高的企业只有选择其他的替代方式进行融资（慕刘伟，2004；王彦超，2009），如内源融资和商业信用融资的增加对银行贷款比较低和自由现金流比较少的中、西部地区这部分企业可以起到缓解融资约束的作用（Li et al.，2014；王展祥 等，2017）。黄蕙萍和袁野（2017）认为，东部地区的企业能够较好地通过外源信贷缓解融资约束，而中、西部地区的企业则倾向于利用内源融资来缓解其融资约束，且主要的资金来源是企业留存收益。

综上所述，中、西部地区的企业融资渠道单一，且主要通过内源融资，而以垂直一体化模式参与国际垂直专业化分工，可以从母公司获得贷款，进而缓解融资约束。据此我们提出假设二，即东部地区和中、西部地区的企业以垂直一体化模式参与国际垂直专业化都能缓解融资约束，但是中、西部地区的企业垂直一体化对融资约束的缓解作用更大。

7.1.3 行业差异与企业融资约束缓解的作用

通常不同要素密集度的行业对资本的依赖程度不同。资本成本和技术成本所占比重很大的产业通常被视为资本密集型企业和技术密集型企业，在生产活动中主要承担附加值高的部件加工和高技术复杂度的工序；而价值链低端的零部件生产主要由劳动密集型企业完成（Manova et al.，2013；吕越 等，2017）。李宏、鲁晏辰和魏程秋（2018）认为，资本密集度较高的行业通常也是外部融资依赖度高的行业。曹珂（2018）认为，劳动力密集型行业的企业相对于对外部融资依赖度较高的资本密集型和技术密集型行业的企业，其资金需求数量更有限。对外部融资依赖程度高的行业而言，融资约束对企业生产运作的影响更加明显，企业在生产过程中相对于其他企业需要更多的资本投入，所以对资金的需求也更紧迫。因此，外部融资依赖度高的行业容易面临融资约束的问题，对金融资本的获得与否也更加敏感（Rajan et al.，1998；武力超 等，2018）。

综上所述，我们提出假设三，即相比于劳动密集型行业，承接国企业垂直一体化对融资约束的缓解作用在资本密集型行业更大。

7.2 模型设定、变量选取及数据说明

7.2.1 模型设定

本书主要考察国际垂直专业化不同组织模式（垂直一体化和离岸外包）对企业融资约束程度的影响。我们借鉴 Kersting et al.（2017）的做法，使用离散被解释变量模型进行研究，具体采用 Probit 模型进行实证研究。基于稳健性和一致性的考虑，我们也采用 Logit 模型进行稳健性分析。基本计量模型设定如下：

$$Prob(credit_i = 1 \mid X_i) = \beta_0 + \beta_1 VSO_i + \beta_2 firmsize_i + \beta_3 gover_i + \beta_4 GM\_ exp_i + \beta_5 overdraft_i + \beta_6 Dummy\_ east_i + \beta_7 industry_i + \varepsilon_i$$

$credit_i$ 表示企业 i 是否存在较大程度的融资约束，下标 i 表示企业，主要根据世界银行 2005 年的企业投资环境调查数据中 "企业获取金融资源的难易程度（Access to finance）"，等级变量值分别为 0、1、2、3 和 4，赋值越大表示企业融资约束程度越大。我们参考 Kersting et al.（2017）和邵敏等（2013）的做法，将这五个等级划分为两类：其中 0~2 为一个等级，表示融资的可获得性难度较小，3 和 4 为一个等级，表示融资的可获得性难度较大。如果企业融资可获得性难度大则为 1；反之则为 0。

VSO 表示国际垂直专业化组织模式，如果组织模式是垂直一体化，则取值为 1；否则为 0。firmsize 表示企业规模指标；gover 表示政企关系指标；GM_exp 表示高层管理人员从业经验指标；overdraft 表示透支账户指标。

β_0、Dummy_ east 和 industry 分别表示常数项、东部地区虚拟变量和行业固定效应。特别是由于城市地理位置、政府干预程度、制度因素的差异使得东、中、西部地区的企业融资约束程度不同，导致其估计结果偏差，因此我们在模型中控制了地区固定效应。此外，行业的差异对估计结果可能也存在影响，因此我们也控制了行业固定效应。ε_i 表示模型误差项，假设 $E(\varepsilon_i) = 0$。

7.2.2 数据来源说明及处理

本书的数据来源于世界银行 2005 年的中国企业投资环境调查数据，其涵盖了 120 个城市 12 400 家企业（分布在除西藏、港澳台以外的 30 个省份），提供了企业基本信息、投资环境企业财务指标、所有权结构和公司治理等情况，对企业经营过程中所面临的具体问题进行了具体的问卷调查。我们选择该

数据的原因在于：一是该数据可获得涉及企业以垂直一体化还是离岸外包模式参与国际垂直专业化分工的指标。问卷中包含了企业出口并进口中间产品的问题，也包含了融资可获得性难易度的问题，为我们的研究提供了有利契机。二是调研数据分布广泛且比较均匀。就地区性而言，既有东部地区的企业，也有中、西部地区的企业；就行业性质而言，既涉及制造业，也涉及服务业。三是世界银行2005年的企业调查数据更适合本书的研究。我们发现，世界银行2012年的企业调查数据中嵌入全球价值链的企业一共有163家，其中组织模式为一体化的企业一共有39家，外包的为124家，样本量较小，且缺失值较多；而2005年的调查数据中，参与国际垂直专业化的企业一共有4 648家。相比之下，结合本书研究的需求，世界2005年的银行企业调查数据样本量较大，且缺失值较少。

本书重点研究制造业企业的国际垂直专业化组织模式选择对融资约束的影响，因此去掉了相关服务业企业。我们根据问卷中企业向海外销售商品比例以及是否进口原材料，筛选出了既进口又出口的企业，同时还剔除了国有企业，具体有三点原因：一是国有企业不同于其他企业，不是在资金约束下运营并追求利润最大化的企业（Manova et al.，2015）；二是调查数据中国有企业的部分指标有缺失，如融资约束等；三是由于中国银行的"所有制歧视"问题，融资约束可能不是影响国有企业生产经营活动的重要因素（蒋冠宏，2016）。在进行实证分析之前，我们先对样本数据进行必要的处理：①剔除数据缺失的企业样本点；②剔除异常值，以避免异常值对分析的影响。经过上述处理之后，我们发现国有企业有230家，剔除国有企业后，参与国际垂直专业化的企业（同时进口中间产品和出口）一共3 076家，其中垂直一体化组织模式的企业有1 529家，离岸外包组织模式的企业有1 547家。

7.2.3 变量选取

7.2.3.1 被解释变量：融资约束（credit）

现有文献主要从七种方法衡量融资约束：①现金流量（内源融资）。根据融资顺序理论，企业融资困境的主要原因是内源资金不足。现金流量是内源融资约束的代表性指标，可直接反映企业经营活动所受的融资约束程度，企业现金流年均均值增幅越大，说明企业能够更快更多地获得现金流，其融资状况越好，面临的融资约束较小（Campa et al.，2002；Manole et al.，2010；周世民等，2013；杨晶晶 等，2018）。②企业利息支出度量（外源融资）。企业向机构融资的成本越低，其所受融资约束程度越低，越容易进行借贷，相应利息支出也越多。为了控制企业规模的影响，研究者往往采用利息支出与销售额或者固定资产的比值来衡量（Li et al.，2009；孙灵燕 等，2012；李志远 等，2013；符大海 等，2016；张璇 等，2017；曹珂，2018）。③负债资产比。债务负担较重的企业，其偿债能力下降，进一步融资的空间有限，更难从外部获得融资，因此企业将面临更严重的融资约束（Whited，1992；Harrision et al.，2003；Hericourt et al.，2009；罗长远 等，2011；吕越 等，2018）。④投资—现金敏感度变化衡量。单位现金流的变化引起的投资规模的变化即为投资—现金流敏感度。从本质上讲，投资—现金流敏感度衡量的是公司投资水平对其内部自有资金的依赖程度，当外界融资环境恶化，不确定性加剧（融资约束程度加深）势必导致公司对其内部资金的依赖加强，即受融资约束企业的投资对现金流量的敏感度更高（Fazzari et al.，1988；Hoshi et al.，1991；Poncet et al.，2010；罗琦 等，2007；郭丽虹 等，2009；战明华 等，2013；谢军 等，2014；喻坤 等，2014；茅锐，2015；晏艳阳 等，2015）。⑤银行授信（银行对企业授予的信用额度）。在信用额度内，企业凭信用就可以从银行获得资金支持，不需要抵押和担保。如果能获得银行授信，企业就能获得稳定的外部资金，因此企业的融资约束也会更小（马光荣 等，2014；张璇 等，2017）。⑥融资约束综合指标，其中包括企业规模、现金存量占比、偿债能力等 11 个分指标。我们将 11 个分指标分别按照从大到小排序后分段进行打分赋值，然后将每个企业的每个指标的赋值进行加总（标准化处理）得到企业的融资约束综合指标。融资约束综合指标的值越大，表明企业所受到的融资约束越严重（Cleary，1999；Musso et al.，2008；吕越 等，2017）。⑦企业对融资约束的自我感知度。如果一个企业感知的融资难度大，说明该企业的融资交易成本高，企业进行外部融资则比较困难（Beck et al.，2009；Ayyagari et al.，2010；Chong et al.，2013；Love et al.，2015；Kersting et al.，2017；盛丹 等，2013；邵敏 等，2013；张三峰 等，2016）。

各种度量方式都有其优缺点，其中利息支出受两方面的影响：一是利率水平；二是贷款规模，从而利息支出比重较高。这一方面可能是因为利率水平较高（代表了较高程度的融资约束），另一方面也可能是因为贷款规模较大（代表了较低程度的融资约束）。因此，利息支出比重并不能很好地度量企业的融资约束。而投资—现金流敏感性这一指标并不直接计算企业的融资约束，而是采用回归的方式近似刻画"企业是否存在融资约束"这一状态。其估计结果受到估计方法、变量选取等主观因素的影响（邵敏 等，2013）。

根据相关数据的可获得性，本书采用第七种衡量方法，企业对其融资约束的自我感知度。世界银行 2005 年的企业投资环境调查问卷中，有一个问题是"企业获取金融资源的难易程度（Access to finance）"，赋值分别为 0、1、2、3 和 4，其中 0 表示没有难度，1 表示有一点难度，赋值越大表示企业融资难度越大。本书参照 Kersting et al.（2017）和邵敏 等（2013）的做法将这五个等级划分为两类，其中 0~2 为一个等级，表示融资的可获得性难度较小，3 和 4 为一个等级，表示融资的可获得性难度较大。如果一个企业对其融资约束的自我感知难度较大，表明该企业获得担保进行外部融资比较困难。虽然该问题是企业在受访时的融资难易程度，但企业的经营是持续的状态，因此企业感受到的融资难易度也能反映企业生产经营活动中对于外部融资的难易度（张三峰 等，2016）。因此，该指标能够准确反映企业的外部融资的成本和难易程度。

7.2.3.2 核心解释变量：国际垂直专业化组织模式选择（VSO）

此变量与第 4 章的被解释变量——国际垂直专业化组织模式相同，前文已做说明，此处不再赘述。

7.2.3.3 其他控制变量

企业规模（firmsize）。本书采用企业员工人数的对数表示。已有研究表明，规模较大的企业更容易获得信贷，即企业规模越大，其所受的融资约束更小（Manova，2015；周世民 等，2013；李洪亚，2013；李红阳 等，2016）。

政企关系（gover）。该变量参考世界银行 2005 年的"中国投资环境调查"问卷中"企业近三年与政府机构间是否存在争吵"这一问题，企业与政府不存在争吵则取值为 1；否则为 0。通常政府和企业的关系越好，越有利于企业从银行获得稳定持续的贷款（Serdar Dinc，2005；Khwaja et al.，2005；Faccio，2006；余明桂 等，2008；罗党论 等，2008；唐建新 等，2009；曹珂，2018）。

高层管理人员从业经验（GM_ exp）。本书用总经理从事本职业的年限表示。企业生产经营活动需要领导者的管理，总经理从事本职业的时间越久、经验越丰富，对于企业的扩张就越有更多的想法和能力，具体表现在当企业在国内发展受限的时候选择进军国际市场，因此企业面临的融资约束更小（邓建平 等，2011；李红阳 等，2016）。

透支账户（overdraft）。此变量为二元虚拟变量，根据世界银行 2005 年的企业调查问卷中"企业是否在透支账户和贷款限额上有优惠"这一问题，如果企业在透支账户和贷款限额上可以获得优惠，赋值为 1；反之为 0。企业在获得银行授信以后，银行为其提供获得这种灵活、便捷的资金，融资渠道比较畅通，因而更容易获得银行贷款，企业的融资约束较小（李红阳 等，2016；马光荣 等，2014；张璇 等，2017）。

本书还引入企业所在地区的虚拟变量。本书将样本分为东部地区和中、西部地区，将东部地区的企业赋值为 1，中、西部地区的企业赋值为 0。地区虚拟变量主要是为了控制城市地理位置、政府干预程度、制度因素的差异对估计结果的影响。本书还设定了企业所在行业的虚拟变量，将样本分为劳动密集型行业的企业和资本密集型行业的企业：如果样本是劳动密集型行业的企业，则取值为 1；如果样本是资本密集型行业的企业，则取值为 0。行业虚拟变量主要是为了控制垄断程度、要素密集度等对行业内企业发展的影响。

7.2.4 数据描述性统计及分析

7.2.4.1 变量描述性统计

表 7.1 列出了主要变量的基本统计信息。我们发现在全部参与国际垂直专业化的企业中，融资约束变量的平均值为 0.191，这意味着仍有 19.1%的企业对其融资约束的自我感知难度较大。关于国际垂直专业化组织模式选择的变量，平均值为 0.497，这说明样本中垂直一体化和离岸外包的企业数量相当。透支账户指标的均值为 0.434，这表示样本企业获得银行账户优惠的占比平均只有 43.4%。

表 7.1 主要变量的基本统计信息

变量名	名称	度量方法	样本数	均值	标准差
credit	企业融资约束	二元虚拟变量＝｛0，1｝。企业融资约束大，赋值为 1；融资约束小，赋值为 0	3 076	0.191	0.393
VSO	国际垂直专业化组织模式选择	二元虚拟变量＝｛0，1｝。承接国企业以垂直一体化参与国际垂直专业化，赋值为 1；承接国企业以离岸外包参与国际垂直专业化，赋值为 0	3 076	0.497	0.500
firmsize	企业规模	企业员工人数，取对数	3 076	6.47	1.396
gover	政企关系	根据问卷中"企业近三年是否与政府存在争吵"，二元虚拟变量＝｛0，1｝。企业与政府不存在争吵，赋值为 1；否则为 0	3 076	0.929	0.257
GM_exp	高层管理人员从业经验	高层管理人员从事该职业的年限	3 076	6.530	4.926
overdraft	透支账户	二元虚拟变量＝｛0，1｝。企业在透支账户上有优惠，则赋值为 1；否则赋值为 0	3 076	0.434	0.496

7.2.4.2 垂直一体化和承接离岸外包企业的融资约束描述性统计

表 7.2 为垂直一体化和承接离岸外包企业的融资约束描述性统计，可以看

出，以垂直一体化参与国际垂直专业化分工的企业面临的融资约束更小。

表 7.2　垂直一体化和承接离岸外包企业的融资约束描述性统计

变量	名称	承接离岸外包企业				垂直一体化企业			
		均值	标准差	最小值	最大值	均值	标准差	最小值	最大值
Credit	融资约束	1.589	1.215	0.000	4.000	0.880	1.050	0.000	4.000

7.2.4.3　企业的行业分布

表 7.3 为全部样本企业和参与国际垂直专业化企业的行业分布。因为 2003 年我国采用了新的行业分类代码，本书将行业代码按照 2003 年后的标准进行重新统一（Brandt et al.，2012；盛丹 等，2013；毛毅，2013）。由表 7.3 的数据可知，样本中纺织业、化学原料及化学制品制造业、电器机械及器材制造业、通信设备及电子设备制造业的企业数较多，上述四种行业的企业占参与国际垂直专业化的企业总数比重也较高，分别占全部参与国际垂直专业化的企业总数的 10.44%、10.34%、9.98% 和 13.26%。

表 7.3　全部样本企业和参与国际垂直专业化企业的行业分布

行业	企业数/家	比重/%	参与国际垂直专业化的企业数/家	比重/%
农副食品加工业	902	8.01	156	5.07
食品加工业	228	2.02	40	1.30
饮料制造业	161	1.43	17	0.55
烟草制造业	16	0.14	1	0.03
纺织业	896	7.96	321	10.44
纺织服装、鞋、帽制造业	204	1.81	102	3.32
皮革、毛皮、羽毛及制品业	137	1.22	79	2.57
木材加工及木竹藤草制品业	137	1.22	24	0.78
家具制造业	53	0.47	17	0.55
造纸及纸制品业	227	2.02	23	0.75

表7.3(续)

行业	企业数/家	比重/%	参与国际垂直专业化的企业数/家	比重/%
印刷业和记录媒介的复制业	48	0.43	2	0.07
文教体育用品制造业	41	0.36	20	0.65
石油加工炼焦及燃料加工业	164	1.46	17	0.55
化学原料及化学制品制造业	1 311	11.64	318	10.34
医药制造业	391	3.47	68	2.21
化学纤维制造业	45	0.40	16	0.52
橡胶制品业	17	0.15	6	0.20
塑料制品业	320	2.84	90	2.93
非金属矿物制品业	1 192	10.58	141	4.58
黑色金属冶炼及压延加工业	440	3.91	67	2.18
有色金属冶炼及压延加工业	319	2.83	86	2.80
金属制品业	339	3.01	122	3.97
通用设备制造业	926	8.22	238	7.74
专用设备制造业	398	3.53	114	3.71
交通运输设备制造业	816	7.25	186	6.05
电器机械及器材制造业	808	7.17	303	9.98
通信设备及电子设备制造业	568	5.04	408	13.26
仪器仪表及文化办公机械制造业	52	0.46	31	1.01
工艺品及其他制造业	103	0.91	60	1.95
废弃资源和废旧材料回收业	3	0.03	3	0.10
总计	11 262	100.00	3 076	100.00

7.3 实证结果分析

7.3.1 基本回归结果

本书先用 Probit 方法进行估计，为尽可能消除截面数据带来的异方差问题，回归过程计算了稳健标准误，基本回归结果汇报在表 7.4（融资约束与垂直一体化的关系回归结果）中。表 7.4 中，第（1）列只加入关键变量国际垂直专业化组织模式选择（垂直一体化或离岸外包）；第（2）列则加入企业基本特征变量，分别是企业规模、政企关系、高层管理人员从业经验和透支账户；第（3）列为控制地区固定效应；第（4）列为同时控制地区和行业因素对回归结果的影响。

表 7.4　融资约束与垂直一体化的关系回归结果

各变量	（1） credit	（2） credit	（3） credit	（4） credit	（5） Logit
VSO	−0.734 1*** (−13.19)	−0.745 7*** (−13.19)	−0.690 9*** (−11.76)	−0.691 5*** (−11.76)	−1.246 2*** (−11.42)
firmsize		−0.020 5 (−1.06)	−0.016 2 (−0.84)	−0.016 4 (−0.85)	−0.026 3 (−0.77)
gover		−0.306 3*** (−3.16)	−0.277 4*** (−2.84)	−0.277 8*** (−2.84)	−0.467 2*** (−2.80)
GM_ exp		−0.010 6* (−1.89)	−0.008 8 (−1.55)	−0.008 6 (−1.52)	−0.016 8* (−1.66)
overdraft		−0.111 1** (−1.99)	−0.113 4** (−2.02)	−0.113 5** (−2.02)	−0.209 9** (−2.12)
地区固定效应	否	否	控制	控制	控制
行业固定效应	否	否	否	控制	控制
constant	−0.569 8***	−0.035 5	0.031 2	0.036 0	0.101 8
N	3 076	3 076	3 076	3 076	3 076
pseudo R^2	0.061 0	0.068 0	0.072 0	0.072 0	0.073 0

注：括号中的数值为 t 值，***、**、*分别表示在1%、5%和10%的水平下显著。

我们主要分析了关键变量的估计结果。回归结果显示，承接国企业是否以垂直一体化或离岸外包组织模式参与国际垂直专业化变量（VSO）的估计系数均显著为负。这说明在其他条件相同的情况下，承接国企业以垂直一体化的形式参与国际垂直专业化分工会缓解企业的融资约束，垂直一体化对融资约束的缓解作用大于离岸外包模式。由第（4）列可以看出，在加入企业特征（企业规模、政企关系、高层管理人员从业经验和透支账户）并控制了地区和行业效应后，国际垂直专业化组织模式选择对企业融资约束的影响在1%的水平上显著为负。下面我们主要以表7.4中第（4）列的结果进行分析。

由前文所述，我国区域发展不平衡，城市地理位置、政府干预程度、制度因素的差异可能会影响不同地区企业的融资约束程度。例如，东部沿海城市的企业由于地理位置的优越、发展程度较高可能所受的融资约束程度更低，而内陆城市由于发展程度相对较低等所受的融资约束程度更高。因此，我们控制了地区固定效应的影响。具体见表7.4的第（3）列。我们在控制了地区固定效应后，国际垂直专业化组织模式选择（VSO）系数仍然显著为负，这说明即使控制了地区差异，以垂直一体化模式参与国际垂直专业化的企业受到资金限制的程度仍然很低。此外，行业上的差异（如垄断程度、要素密集度等）也可能是影响企业融资约束程度的因素，因此我们也控制了行业因素对估计结果的影响。具体见表7.4的第（4）列。我们在控制了行业固定效应后，VSO系数依然显著为负，这说明行业的差异并不影响结论的成立。根据以上分析可以得出，相比离岸外包模式，企业以垂直一体化模式参与国际垂直专业化分工更能缓解其融资约束，因为一体化的企业可以从母公司获取资金，这验证了本章的假设一。

其他控制变量对企业融资约束程度（credit）的影响与前文的假设以及其他文献的结论大体一致。在控制地区和行业效应前后，企业规模（firmsize）的系数为负，但是均不显著，这说明企业规模可能不是影响企业融资约束程度的重要因素。政企关系（gover）的系数显著为负，在我们控制了地区和行业因素对估计的影响后，结果仍然稳健，这说明企业与政府的关系越好，越有可能获得资金，因此融资并不会在很大程度上影响其运营。企业总经理的本职业年限（GM_ exp）的系数说明，如果企业高管经验越丰富，该企业发展越好，企业面临的融资约束程度越小，但是控制地区和行业因素后不显著。企业在透支账户上是否享有优惠（overdraft）的系数显著为正，且控制了地区和行业固定效应后依然显著，这说明企业在透支账户上享有优惠，其企业信用越好，融资约束程度越低。

基于检验结果的稳健性考虑，我们在表7.4的第（5）列又采用了Logit模型进行实证检验，发现与上述结论基本一致，说明我们的结论具有稳健性的。

7.3.2　进一步研究

近年来，我国金融发展得到了很大进步，但由于地区发展水平不平衡（特别是我国东、西部地区），各地区的金融发展水平相差较大。考虑到不同地区企业的融资能力的差异，本章根据国家统计局对三大经济区的统计口径①并按照世界银行调查问卷中企业注册地的地理位置，将企业按地区划分为东部地区企业和中、西部地区企业。根据世界银行调查问卷数据，我们发现中、西部地区企业参与国际垂直专业化的数目相较东部地区明显偏少，所以我们将中、西部地区的企业进行合并分析。其中东部地区的企业一共有 2 277 家，中、西部地区的企业有 799 家。

离散回归模型得出的回归系数只能反映自变量对因变量的影响方向其数值大小，无法直接反映影响力度，因此在分样本分析中我们报告了自变量的边际效应，以此反映连续型自变量每变化 1% 或者离散型变量从 0 变为 1 时，企业融资约束严重的概率变化（Borooah，2002；苟琴 等，2014；胡金焱 等，2014）。表 7.4 的第（1）列是东部地区企业融资约束的回归结果。我们首要分析关键变量的估计结果。国际垂直专业化组织模式选择的系数估计值在 1% 的水平下显著为负，意味着承接国企业以垂直一体化模式参与国际垂直专业化能显著缓解东部地区的企业融资约束，且平均边际效应为-0.160 6，表明承接国以垂直一体化模式参与国际垂直专业化的企业相对于离岸外包的企业，其融资约束严重的概率降低了 16.06%。表 7.4 的第（2）列是中、西部地区企业融资约束的回归结果。国际垂直专业化组织模式选择的系数估计值在 1% 的水平下显著为负，意味着垂直一体化也能显著缓解中、西部地区企业的融资约束，且平均边际效应为-0.202 1，表明垂直一体化的企业相对于承接离岸外包的企业，其融资约束严重的概率降低了 20.21%。

从程度来看，中、西部地区国际垂直专业化组织模式的边际效应系数绝对值大于东部地区，说明相较于东部地区的企业，中、西部地区的企业以垂直一体化模式参与国际垂直专业化对融资约束的缓解作用更大，可能位于中、西部地区的企业更多通过垂直一体化模式获取资金。这可能是因为改革开放的早期

---

①　按照国家统计局对三大经济区域的统计口径，东部地区主要包括北京、天津、河北、辽宁、上海、江苏、浙江、福建、山东、广东、海南 11 个省份；中部地区主要包括山西、吉林、黑龙江、安徽、江西、河南、湖北、湖南 8 个省份；西部地区主要包括四川、重庆、广西、内蒙古、贵州、云南、陕西、甘肃、青海、宁夏、新疆、西藏 12 个省份。

试点和相对完善的金融服务设施，以及中、西部地区商业银行的东部"输血"，导致东部地区企业获取银行融资的渠道更宽敞，能够从银行获得融资的企业也更多，而中、西部地区则倾向于利用内源融资缓解其约束，因此中、西部地区企业的组织模式对企业融资约束程度的影响大（项松林 等，2013；黄蕙萍 等，2017）。

接下来看其他变量，首先，东部地区企业和中、西部地区企业的企业规模（firmsize）系数都为负，但都不显著，这说明企业规模变量可能不是影响企业融资约束程度的重要因素。政企关系（gover）的系数在分样本回归中均为负，只有东部地区的企业通过了显著性检验，达到 1% 的显著性水平，这说明相较于西部地区，对于东部地区的企业来说，政府与企业之间的关系越好，对于企业取得资金更有帮助。西部地区企业高管经验（GM_ exp）的系数在 5% 上显著为负，这说明对于西部地区的企业来说，高管经验对于企业融资影响较为突出，高管经验越丰富更有利于西部企业取得资金。其次，仅中、西部地区企业的透支账户（overdraft）变量的系数分别在 5% 上显著为负，这说明中、西部地区的企业因透支账户享受优惠使得企业融资约束程度越低。

同时，行业也是影响企业融资约束的因素。由于在不同的行业，企业的融资能力也存在很大的差异。本章参照冼国明和崔喜君（2010）以及鲁桐和党印（2014）的做法，根据行业的要素密集度将所有制造业行业进行区分，主要分为劳动密集型和资本密集型，并按企业所属不同行业分样本进行了回归。生产中大量使用劳动力且对设备和技术的依赖程度较小的行业，通常被视为劳动密集型行业。而生产活动中，资本成本所占比重很大的行业通常被视为资本密集型行业。这里我们把技术密集型行业的企业和资本密集型行业的企业都看作资本密集型行业的企业。分地区和企业的样本回归结果见表 7.5。

表 7.5　分地区和企业的样本回归结果

变量	(1) credit 东部地区 样本	(2) credit 中、西部地区 样本	(3) credit 劳动密集型 行业的 企业样本	(4) credit 资本密集型 行业的 企业样本
VSO	−0.160 6 *** (−11.01)	−0.202 1 *** (−5.29)	−0.169 6 *** (−5.99)	−0.175 7 *** (−10.74)
firmsize	−0.005 3 (−0.99)	−0.001 6 (−0.14)	0.004 8 (0.48)	−0.006 9 (−1.23)

表7.5(续)

变量	（1） credit 东部地区 样本	（2） credit 中、西部地区 样本	（3） credit 劳动密集型 行业的 企业样本	（4） credit 资本密集型 行业的 企业样本
gover	−0.074 9*** （−2.61）	−0.068 9 （−1.41）	−0.068 6 （−1.39）	−0.070 3** （−2.49）
GM_ exp	−0.000 7 （−0.44）	−0.007 8** （−2.30）	−0.002 5 （−0.85）	−0.002 2 （−1.33）
overdraft	−0.016 2 （−1.06）	−0.064 2** （−2.01）	−0.014 9 （−0.54）	−0.032 8** （−2.01）
industry	YES	YES		
region	—	—	YES	YES
−cons	−0.192 8 （−0.90）	−0.211 9 （−0.73）	−0.195 7 （−0.59）	−0.042 9 （−0.22）
N	2 277	799	802	2 274

注：括号中的数值为 t 值，***、**、*分别表示在1%、5%和10%的水平下显著。

表7.5中第（3）列和第（4）列给出了劳动密集型行业和资本密集型行业里，承接国企业以垂直一体化模式参与国际垂直专业化对融资约束影响的回归结果。表7.5的第（1）列是劳动密集型行业融资约束的回归结果。垂直一体化的系数估计值在1%的水平下显著为负，意味着垂直一体化能显著缓解劳动密集型行业融资约束，且平均边际效应为−0.170，这表明垂直一体化的企业相对于承接离岸外包的企业，融资约束严重的概率降低了17.0%。而表7.5第（4）列是资本密集型行业融资约束的回归结果。垂直一体化的系数估计值也在1%的水平下显著为负，但平均边际效应为−0.176，这表明垂直一体化的企业相对于承接离岸外包的企业，融资约束严重的概率降低了17.6%。这说明，不管是劳动密集型行业的企业还是资本密集型行业的企业，均可通过一体化的方式来解决融资困难的问题。就影响程度来看，相较劳动密集行业的企业，资本密集型行业的企业以垂直一体化模式参与国际垂直专业化对其融资约束缓解作用更大。这可能是因为资本密集度较高的行业通常也是外部融资依赖度高的行业（李宏 等，2018），而对外部融资依赖程度高的行业而言，信贷的限制作用表现得更为明显，对信贷的获得与否也更为敏感（Rajan et al.，1998）。

从其他控制变量来看，劳动密集型行业的企业的规模系数为正，资本密集型行业的企业的规模系数为负，但均不显著，说明不同的行业下，企业规模并非是影响企业是否能顺利融资的重要变量。资本密集型行业的政企关系系数在5%水平下显著为负，而对劳动密集型行业，其政企关系并非是影响企业融资的重要变量。这说明，对于资本密集型行业来说，政府与企业间的关系越好，更有利于企业融资。高层管理人员经验系数不显著为负，这说明在不同行业环境里，高管经验并不是影响企业融资约束程度的重要变量。资本密集型行业的企业的透支账户系数在5%水平下显著为正，而劳动密集型企业的透支账户系数不显著，说明对于资本密集型行业的企业的透支账户有优惠，其融资约束程度越低。

7.3.3　内生性检验

虽然本书已经尽量控制了与我国企业融资约束有关的其他重要变量，但模型仍然存在遗漏变量的问题，而且 Probit 模型不能纠正承接国企业是以垂直一体化还是企业间离岸外包模式参与国际垂直专业化的"自选择"问题，以及与融资约束之间的双向因果关系（胡昭玲 等，2016）。垂直一体化企业和承接企业间离岸外包企业所面临的融资约束大小的差异，应当考虑垂直一体化企业的自选择问题（Self-Selection）。企业选择以垂直一体化模式参与国际垂直专业化是由于多个原因导致的，不能简单地对两类进行比较，因为两类企业的企业特征、行业特征和地区特征可能存在明显差异，如果不考虑样本企业因自选择问题造成不同的特征分布，可能存在内生性问题会导致估计结果有偏（史青 等，2017；李锴 等，2018）。

本书的研究目的是考察承接国企业以垂直一体化或离岸外包的形式参与国际垂直专业化对融资约束的影响效应，即企业国际垂直专业化组织模式与融资约束之间是否存在因果关系。完全控制协变量的随机试验方法是推断两个变量之间实际因果关系的最理想检验方法。但是根据本书所选的样本企业（同时进出口的企业），企业在现实中同一段时间段内组织模式只能有一种状态，即垂直一体化或者承接企业间离岸外包，我们无法观测到企业在没有选择垂直一体化时是否存在融资约束问题，并且所观察的对象并非是随机发生的，这是一种"反事实假设"。我们如何才能确定与承接企业间离岸外包企业相比，企业间的融资约束程度的差异的确是的企业不同的垂直专业化组织模式导致的。如果承接离岸外包企业改变其组织模式，这是否会缓解其融资约束。鉴于可能存在的问题，本书采用倾向得分匹配法（propensity score matching，PSM）进行稳健性检验（蒋冠宏 等，2013；席艳乐 等，2015；邵帅 等，2015；杜威剑 等，2015）。

倾向得分匹配方法的基本思想是：构建与企业（处理组）在选择垂直一体化之前的主要特征相似的企业（对照组），然后选择合适的匹配方法将处理组与对照组进行匹配，匹配后的配对企业仅是在国际垂直专业化组织模式上有区别，而在其他方面相同或者非常相似，进而用匹配后的对照组来近似替代处理组的"反事实假设"，最后通过比较处理组企业以垂直一体化模式参与国际垂直专业化后两组企业之间融资约束程度的差异，来确定国际垂直专业化组织模式与企业融资约束之间的因果关系。

7.3.3.1 倾向得分匹配法

Cameron et al.（2005）阐述的倾向得分匹配模型，要求这种匹配方法的有效性是基于独立性条件和共同支撑条件是否被满足，即给定条件后干预状态的潜在结果是独立的和给定条件存在于处理组及对照组中的概率都为正。前者保证了控制共同影响因素后，企业融资约束程度的变化与企业是否以垂直一体化模式参与国际垂直专业化的决定相互独立的，而后者保证每个处理组的企业都能找到相应的对照组企业与其配对。

倾向得分匹配方法的具体思路如下：先估计承接离岸外包企业成为垂直一体化企业的 PS 值，并根据 PS 值的共同取值范围匹配处理组和对照组，最后估计平均处理效应（ATT），即企业在两种状态下的融资约束差异。

（1）倾向得分值估计（PS）

PS 值是处理前的协变量或特征变量 X，通过倾向得分函数的估计而得到的概率，建立基于虚拟变量 $VSO_i = \{0, 1\}$ 的 Logit 回归模型 $P = P（VSO_i = 1）= \Phi（Xi）$ 的倾向得分值，得分表示基于匹配变量的企业国际垂直专业化组织模式为垂直一体化的概率，则倾向得分匹配方法将垂直一体化企业与承接离岸外包企业的 P 值相近度进行配对（杨平丽 等，2016）。

（2）匹配方法

估计倾向得分值以后需要选择合适的匹配方法对处理组和对照组的企业进行匹配。匹配以后，如果处理组和对照组的匹配协变量的分布相同，数据才被认为是平衡的，匹配是成功的（Heckman，1998；Morgan et al.，2015；李锴 等，2018）。学者们普遍运用双变量的均值差的 t 检验来对上述问题进行平衡性检验，我们也会在实证分析中进行该检验。

而最常用的匹配方法就是近邻匹配法，匹配结果为最接近的部分个体。近邻匹配法具体包括：K 近邻匹配、卡尺匹配（半径匹配）和卡尺内近邻匹配。

近邻匹配有 1 对 1 匹配或 1 对 n 匹配（这里 n 是个固定的数字）。另外，除了近邻匹配法，还有整体匹配方法，每个个体匹配为不同组的全部个体，具体包括：局部线性回归匹配、样条匹配和核匹配。

Rubin（2001）建议卡尺设定为倾向指数标准差的 0.25 倍（0.25σ），因此本书匹配时主要采用卡尺内最近邻匹配（$k=1$，卡尺范围 0.026），同时采用卡尺内最近邻匹配（$k=2$，$k=3$）、K 近邻匹配、卡尺匹配、核匹配、局部线性回归匹配等匹配方法再次检验匹配结果的稳健性。

（3）估计平均处理效应

我们将样本分为处理组（垂直一体化企业）和对照组（承接离岸外包企业）。前文设定关键变量 $VSO_i = \{0, 1\}$，当企业 i 以垂直一体化模式参与国际垂直专业化时，VSO_i 取值为 1，当企业以离岸外包模式参与国际垂直专业化时，VSO_i 取值为 0。我们设定被解释变量 $credit_i = \{0, 1\}$，企业 i 面临严重融资约束取值为 1；否则取值为 0。此时，定义变量 $credit_{i1}$ 为垂直一体化企业 i 的融资约束情况，$credit_{i0}$ 为承接离岸外包企业 i 的融资约束情况。

企业在两种状态下的融资约束差异（处理组企业的平均处理效应）可表示为

$$ATT = E \{credit_{i1} - credit_{i0} \mid VSO_i = 1\} = E \{credit_{i1} \mid VSO_i = 1\} - E \{credit_{i0} \mid VSO_i = 1\}$$

其中，最理想的情况是可以同时观测到上式右边两部分，但是实际上只能观测到企业以垂直一体化模式参与国际垂直专业化的融资约束情况，即 $E \{credit_{i1} \mid VSO_i = 1\}$，而不能观测到垂直一体化以前的企业融资约束情况 $E \{credit_{i0} \mid i = 1\}$。

7.3.3.2 选取协变量

根据独立性条件，配对变量应为同时影响国际垂直专业化组织模式选择和企业融资约束程度的变量。本书参考国内外学者文献，将匹配变量中所包含的变量设置为：企业规模、政企关系、高管经验、企业透支账户优惠、企业所处行业类型和所处区域。（Faccio，2006；Acemoglu et al.，2010；Kersting et al.，2017；唐建新 等，2009；邓建平 等，2011；马光荣 等，2014）。

行业分为劳动密集型行业和资本密集型行业，设置 $industry_1 = \{0, 1\}$，取值 1 代表劳动密集型行业，取值 0 代表资本密集型行业。地区分为东部地区和中、西部地区，设置 $region = \{0, 1\}$，取值 1 代表东部地区，0 代表中、西部地区。

7.3.3.3 检验匹配结果

为保证匹配的结果，我们需要对匹配结果进行平衡性检验，即共同支持检验和独立性检验。图7.1是卡尺内最近邻匹配下两组倾向得分值在匹配前后的核密度分布。匹配前，处理组和对照组倾向得分值的概率分布存在很大差异，如果直接比较这两组样本之间的差异，所得到的统计推断结果必然是有偏差的。Heckman（1998）认为，仅在有共同支持领域时匹配才算是有效的。从图7.1中可以看出，匹配后，处理组和对照组的倾向得分值的概率分布差异明显减小，有足够多的重叠区域，即共同支持领域，说明通过最近邻匹配修正了两组倾向得分值的分布偏差，匹配的过程是有效的。

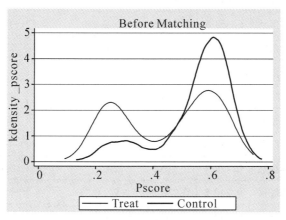

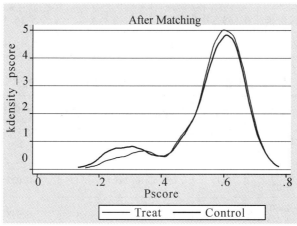

图7.1　卡尺内最近邻匹配下两组倾向得分值在匹配前后的核密度分布

表7.6列出了所有配对变量在进行倾向匹配得分后的处理组和对照组的情况。表7.7为国际垂直专业化组织模式选择对企业融资约束影响的PSM结果。从表7.6中可以看出，配对后各匹配变量的标准化偏差绝对值均小于20，而且t检验的结果不拒绝处理组与对照组无系统差异的原假设，即在配对之后，垂

直一体化和承接企业间离岸外包企业的企业规模、政企关系、高管经验、企业的透支账户、企业所在行业和地区类型均不存在明显差异。因此，可以认为，本书选择的配对方法可行。

表7.6 所有配对变量在进行倾向匹配得分后的处理值和对照组的情况

匹配变量	样本	均值		标准偏差/%	误差消减/%	t-test	
		处理组	对照组			t	$p>\|t\|$
firmsize	匹配前	6.344 8	6.593 2	-17.9	99.1	-4.95	0.000
	匹配后	6.363 5	6.365 6	-0.2		-0.04	0.964
gover	匹配前	0.939 8	0.917 9	8.5	85.0	2.37	0.018
	匹配后	0.939 5	0.936 2	1.3		0.38	0.707
GM_ exp	匹配前	6.096 7	6.958 3	-17.6	93.0	-4.87	0.000
	匹配后	6.118 3	6.178 6	-1.2		-0.37	0.708
overdraft	匹配前	0.427 1	0.441 5	-2.9	17.9	-0.81	0.420
	匹配后	0.428 3	0.416 5	2.4		0.66	0.509
industry$_3$	匹配前	0.240 7	0.280 5	-9.1	48.8	-2.52	0.012
	匹配后	0.242 1	0.262 5	-4.6		-1.29	0.196
region	匹配前	0.863 3	0.618 6	58.1	97.6	16.11	0.000
	匹配后	0.862 5	0.868 4	-1.4		-0.48	0.633

表7.7 国际垂直专业化组织模式选择对企业融资约束影响的PSM结果

方程	样本	处理效应	处理组	对照组	差距	标准误 S. E.	t检验值
(1)	全样本 ($k=1$, 0.026 0)	ATT	0.096 7	0.271 7	-0.175 0 ***	0.021 0	-8.33
(2)	region = 1 ($k=1$, 0.022 0)	ATT	0.088 6	0.265 1	-0.176 5 ***	0.022 0	-7.69
(3)	region = 0 ($k=1$, 0.025 0)	ATT	0.148 3	0.346 9	-0.198 6 ***	0.048 7	-4.07
(4)	industry$_3$ = 1 ($k=1$, 0.027 0)	ATT	0.090 9	0.245 2	-0.154 3 ***	0.042 7	-3.61
(5)	industry$_3$ = 0 ($k=1$, 0.026 0)	ATT	0.098 1	0.282 8	-0.184 6 ***	0.024 2	-7.62

注：***、**、*分别表示在1%、5%和10%的水平下显著，$1.640<\|t\|<1.960$在10%的水平下显著；$1.960<\|t\|<2.576$在5%的水平上显著；$\|t\|>2.576$在1%的水平下显著。

此外，国际垂直专业化组织模式选择对企业融资约束影响效应的估计结果见表7.7第一行。卡尺内最近邻倾向得分匹配估计系数的t检验值为-8.33，估计系数在1%的显著性水平上显著为负（-0.175），说明垂直一体化模式能缓解企业的融资约束。

表7.7第（2）行至第（5）行列出了分样本的倾向得分匹配的回归结果。在我国东部地区，倾向得分匹配系数的t检验值为-9.00，估计系数在1%的显著水平上为负（-0.1820）。在我国中、西部地区，倾向得分匹配系数的t检验值为-5.48，估计系数在10%的显著水平上为负（-0.2141）。这说明在中、西部地区，企业以垂直一体化模式参与国际垂直专业化分工对资金的缓解作用更大。

7.3.3.4 变换匹配方法

我们还变换了其他匹配方法检验匹配结果的准确性（见表7.8）。我们先在卡尺内最近邻匹配法内改变匹配的比例（一对k），即寻找卡尺内倾向得分最近的k个不同组个体，把一对一匹配换为一对二匹配和一对三匹配，再使用近邻匹配法的另外两种方法（K近邻匹配和卡尺匹配）和整体匹配法（核匹配、局部线性回归匹配等多种方法）分别重新进行匹配。近邻匹配方法的思想是匹配结果为最近的部分个体，然后简单算数平均。不同于近邻匹配，整体匹配方法主要是基于个体距离不同给予不同的权重，近者权重大，远者权重小的方法。但从表7.8可以看出，使用不同的匹配方法所得到的平均处理效应估计结果相近且非常显著，这说明之前使用的倾向得分匹配方法得到的结论是可信的。综合以上结果发现，与前文的研究结果一致，本书的研究结论稳健。变换匹配方法后的处理效应见表7.8。

表7.8　变换匹配方法后的处理效应

方法	处理效应	处理组	对照组	差距	标准误
卡尺内最近邻匹配法（$k=1$）	ATT	0.096 7	0.271 7	$-0.175\ 0^{***}$	0.021 0
卡尺内最近邻匹配法（$k=2$）	ATT	0.096 7	0.268 3	$-0.171\ 6^{***}$	0.018 3
卡尺内最近邻匹配法（$k=3$）	ATT	0.096 7	0.255 6	$-0.158\ 9^{***}$	0.017 4
K近邻匹配（$k=1$）	ATT	0.096 7	0.271 1	$-0.174\ 3^{***}$	0.021 0

表7.8(续)

方法	处理效应	处理组	对照组	差距	标准误
卡尺匹配（0.25σ）	ATT	0.096 7	0.270 4	-0.173 7 ***	0.015 4
核匹配	ATT	0.096 7	0.272 5	-0.175 8 ***	0.015 4
局部线性回归匹配	ATT	0.096 7	0.269 5	-0.172 8 ***	0.015 0

7.4　本章研究结论

本章基于东道国企业的角度，运用世界银行2005年的企业调查数据，借助 Probit 模型、Logit 模型与倾向得分匹配的方法，研究了国际垂直专业化组织模式选择对供应商融资约束的影响，主要结论如下：

（1）相比离岸外包模式，以垂直一体化模式参与国际垂直专业化分工更能缓解企业融资约束，因为一体化的企业可以从母公司获取资金。

（2）位于我国不同地区的企业，其融资约束缓解效应也不同。相较于东部地区的企业，中、西部地区的企业以垂直一体化模式参与国际垂直专业化对融资约束缓解作用更大。

（3）由于不同的行业对资金的依赖程度不同，融资约束的缓解效应也不同。相比对外部融资依赖度程度小的行业（劳动密集型行业），融资约束的作用对外部融资依赖程度高的行业（资本密集型、技术密集型行业）更明显。因为资本密集度较高的行业往往对资金的需求量较大，需要更多的资本投入，以及大量的前期成本和固定成本。

（4）政企关系（gover）的系数显著为负，这说明企业与政府的关系越好，越有可能获得资金。企业在透支账户上是否享有优惠（overdraft）的系数显著为正，这说明企业在透支账户上享有优惠，其企业信用越好，融资约束程度越低。企业规模和总经理的职业年限影响系数均不显著。

根据研究结论，本书得出如下启示：第一，完善金融体系。政府应该通过完善金融体系，放宽对民营企业的贷款限制，特别是加大对某些对信贷约束特别敏感的行业的支持力度，如资本密集型行业，营造良好的企业融资环境。第二，加大力度缓解中、西部地区企业融资约束。制度因素和政府干预可能是导致我国西部地区通过一体化模式缓解融资约束的障碍。大力发展中小金融机构、民营金融、合作金融机构，完善资本市场的体系建设，以减少因信息不对称和契约不完备所导致的市场不完善，提高资源的配置效率。第三，多渠道获得战略资源。政府应当鼓励企业参与跨国经营与竞争，从多个渠道获取战略资源。同时推进贸易自由化进程，降低关税和非关税壁垒，优化法律法规实施的契约环境，推动制造业企业向全球价值链高端移动。

8 总结

基于前面几章的理论分析与实证研究内容，本章总结全书的主要结论，归纳本书的创新点和主要政策建议，找出其不足之处，并对需继续进行研究的内容提出进一步设想。

8.1 研究结论

本书综合前人的研究成果，系统地采用新新国际贸易理论、不完全契约理论、统计学和计量经济学相关理论知识，建立国际垂直专业化分工的分析框架，将国际垂直专业化的组织模式划分为企业内部垂直一体化或企业间离岸外包两类，利用翔实的统计数据与计量经济方法，对我国国际垂直专业化的度量、国际垂直专业化组织模式选择及影响因素、国际垂直专业化组织模式对企业技术创新和供应商的融资约束的影响进行了理论和实证研究，得出以下结论：

第一，本书利用 WIOT（2016）2000—2014 年的数据，运用 wang et al.（2013，2015）的总出口分解法，构建了 VSS（后向垂直专业化率）和 VSS1（前向垂直专业化率）两个指标，从出口总体和双边两个层面测度了我国垂直专业化程度及位置。研究结果显示，我国更多是以后向方式参与垂直专业化，在垂直专业化分工中主要参与的是产品加工和组装设计等附加值较低的生产环节。我国处于全球价值链低端位置，加工贸易在我国出口中占据重要地位。但是，从 VS 的构成成分和 VSS 与 VSS1 差值的变化来看，近年来我国又正在向全球价值链上游攀升，开始承担国际分工中更多的中间环节，加工贸易在出口中地位正在下降，贸易质量有所改善。与此同时，我国后向垂直专业化来源地和前向垂直专业化目的地更加分散，不再仅集中于美国、日本、韩国和中国台湾这四个经济体。

第二，本书以中国作为承接国，运用世界银行 2005 年的中国企业问卷调查微观数据，采用 Probit 回归方法研究了不完全契约视角下企业国际垂直专业化组织模式选择的影响因素和地区差异因素。研究结果显示，地区契约执行效率越高，地区契约制度越完善，跨国公司以离岸外包的形式转移生产环节的可能性更大。同时，东部地区契约执行效率对企业国际垂直专业化组织模式选择的影响显著为负，但对于中、西部地区企业来说，影响并不显著。相较于中国的中、西部地区，跨国公司倾向于在契约制度较好的东部地区以离岸外包的模式转移生产环节。另外，企业规模、企业研发投入、人力资本等因素也对企业国际垂直专业化组织模式选择有显著影响。

第三，本书利用世界银行 2005 年的中国企业调查数据，研究了国际垂直专业化组织模式对企业技术创新的影响，同时分别就不同地区、不同行业以企业间离岸外包组织模式参与国际垂直专业化分工对企业技术创新的影响及差异进行了实证检验。与此同时，本书使用倾向得分匹配方法弱化了内生性问题，对研究结论进行了稳健性检验。研究结果表明，企业以承接企业间离岸外包模式参与国际垂直专业化能提升其研发倾向和研发投资额，进而促进企业的技术创新，并且对东部地区和资本密集型行业促进作用更大。另外，企业规模越大、CEO 受教育程度越高、融资约束越小、契约环境越好，企业创业能力也就越强。

第四，本书站在中国企业的角度，借助 Probit 模型、Logit 模型与倾向得分匹配的方法，运用世界银行 2005 年的中国企业调查数据，研究了国际垂直专业化组织模式的选择对其融资的影响。研究结果表明，相比离岸外包模式，企业以垂直一体化模式参与国际垂直专业化分工更能缓解其融资约束。从地区层面来看，相较于东部地区的企业，中、西部地区的企业以垂直一体化模式参与国际垂直专业化对融资约束的缓解作用更大。从行业层面来看，相比于对外部融资依赖度程度小的行业（劳动密集型行业），融资约束的作用对外部融资依赖程度高的行业（资本密集型、技术密集型行业）更明显，且企业与政府的关系越好，越有可能获得资金。

8.2 对策建议

8.2.1 提高契约执行效率，改善契约制度环境

契约实施制度的完善有助于降低契约不完全程度，减少企业交易成本，从

而优化一国营商环境，促进技术应用，进一步提高劳动生产率，最终影响一国的比较优势和贸易模式。因此，优化契约执行环境对提升我国国际分工地位有重要意义。

第一，完善法律制度。无论是发包还是承接外包，都需要通过签订契约来完成，法律制度体系的不完善会影响企业的契约执行效率，造成因制度原因引起的契约摩擦，增加企业的交易成本。首先，政府要把握法制建设的契机，参照世界各国的贸易规则，对我国现有的市场经济法律体系进行修订，倡导契约精神，营造出诚实、守信的契约环境。其次，政府要建立专门的企业法制委员会，为企业的市场运作提供及时的法律咨询，帮助企业解决契约执行过程中遇到的法律难题，鼓励企业以契约形式开展市场活动，以逐步推动各工业行业的契约化、法制化运行（吕朝凤 等，2016）。最后，政府要进一步健全司法体系，保证司法程序公平公正、不偏不倚，充分保障企业双方的利益，以促进司法体系更好地发挥第三方契约执行的功能，逐步降低政府对经济运行的不恰当控制和干预，减少跨国公司与内资企业以及内资企业之间的贸易摩擦，为我国产品内贸易的发展提供一个良好的法制环境。

第二，加强监管机制建设。无论是选择垂直一体化还是离岸外包的组织模式，契约的不完全都会导致交易风险和交易成本的增加从而影响供应商的利润，最终影响企业的生产决策。因此，我们在完善法律制度的同时还要强化监管机制建设。一方面，政府监管部门要加强对企业运作规范的内外部监督，全方位、多角度监管企业契约执行过程，减少企业道德风险的发生。同时，企业也要加强自我管理与自我约束，严格监督产品生产过程，保证产品质量。另一方面，政府监管部门要加强对企业产品质量的监督，企业产品质量的提高有利于提高企业可契约化程度，营造品质至上的营商环境，有利于外包企业承接更多外包（何玉梅 等，2011）。

第三，逐步完善知识产权保护体系。知识产权保护水平对吸引发包具有较大的正向拉动作用。强有力的知识产权保护体系的建立，一方面为发包商提供了可靠的法律保障，另一方面也向外商传递了我国积极提倡创新、保护技术成果的信号。首先，相关部门应对不同行业实行与之发展程度和创新能力相适应的知识产权保护政策。例如，对于一些契约执行效率低的内资企业，相关部门前期可以通过实施宽度相对窄的知识产权保护政策便于企业通过模仿来学习和改进外资先进的技术，获得技术溢出。后期，随着内资企业创新能力的不断提高，相关部门可以逐步实施较为严格的知识产权保护政策，从而引导企业建立起自身的创新体制，大幅提高契约的执行效率（倪海青，2009）。其次，相关部门应建立起严格的产权惩罚机制，提高知识产权保护的执法水平，加重对侵犯他人成果的企业进行应有的惩罚，避免出现跨国公司研发中心在与中国的科研机构或企业合作的过程中，低成本地利用中国已经存在的研究成果的现象发生，增加其侵犯成本，保证进行技术开发研究的企业能够获得应有的报酬。此外，相关部门还可以设立国家知识产权战略实施专项经费，加大对知识产权的战略性投入力度，尤其是对高新技术企业专利的资金投入，同时建立知识产权战略实施考核评价机制，高规格监督、实时监测，强化战略实施相关部门的责任，及时将考核结果向主管副总理汇报，并作为各部门年度考核的重要依据，提高知识产权的战略地位（马虎兆，2012）。

8.2.2 提升企业创新能力，推动价值链提升

技术进步和创新是推动经济持续增长的动力，也是推动我国产业向全球价值链上游攀升的必由之路。只有提升自主创新能力，才能改变我国在国际分工的低端地位，成为全球价值链的"链主"和"发包者"。虽然国际垂直专业化分工也能使承接外包企业获得技术溢出，但是发包企业在选择承包企业时，同样重视企业的知识储备和服务创新能力。对于承包企业来说，其只有持续的提升自身学习和技术创新能力，丰富企业知识和人才库，才有可能承接到全球价值链高端生产环节，从而获取更大的技术溢出，实现企业转型升级（王永贵等，2018）。

第一，相关部门要强化创新体制机制。优化我国的科技创新环境，促进企业向全球价值链上游攀升，离不开政府的大力支持。首先，推进产学研深度融合。目前我国的"产、学、研"合作机制还是以政府主导为主，带有明显的计划经济痕迹，科技产出效率低，科研成果转化率低，科技创新和产业发展脱节严重。政府应该引导形成以市场为导向的"产、学、研"合作机制，推动高校和科研院所人才与企业科研人才的互动机制建设，打破人才流动壁垒，完善科技创新激励机制，鼓励企业在高校建立"产、学、研"基地，提高科技创新的产出率和科研成果的转化率。其次，推动科技金融政策的实施和完善。从我国技术创新产业化链条来看，资金供给环节仍然比较薄弱，金融机构对企业科技创新的支持力度不足，融资约束制约了企业研发能力的提升。政府应加快我国技术研发资金链建设，创新科技金融政策，积极引导银行等金融机构为企业科技创新提供资金支持，形成科技信贷与风险投资共同发展的联动机制（曾繁华 等，2015）。再次，相关部门应加大对基础科学研究的支持力度。强大的基础科学研究是建设世界科技强国的基石，向全球价值链上游攀升的核心

要义即掌握核心科技，而基础科学研究是核心科技研究的前提条件，虽然不能直接带来收益，但具有正外部性。与科技强国相比，我国数学等基础科学研究短板仍然突出，缺乏重大原创性成果，基础研究投入不足，结构不合理，顶尖人才和团队匮乏，科技型企业不够重视，评价激励制度有待完善，全社会支持基础科学研究的环境需要进一步优化。国家及省（自治区、直辖市）的自学科学基金应该增加基础科学科研立项比例，政府要建立高水平研究中心，布局建设国家级实验室，相关部门要加强基础研究创新基地建设，推进交叉学科研究中心建设。加强企业国家实验室建设，鼓励企业与高校及科研院所共建实验室开展行业共性问题的应用基础研究；同时，相关部门还要壮大基础科学研究人才队伍，加大对从事基础科学研究人才的补贴力度，支持研究型高校和科研院所选择优势基础学科建设国家青年英才培养基地。最后，相关部门要加大对创新型企业的支持力度。相关部门应减少科研管理中的一些繁文缛节，加快落实企业研发费用加计扣除，完善高新技术企业、科技企业孵化器等税收优惠政策，厚植创业沃土，充分激发企业的创新潜力。此外，政府应建设多个国家自主创新示范区、高新区，建设全面的创新改革试验区，为创新型企业提供全方位的帮助，也可以为普通制造业企业转型升级提供经验。

第二，相关部门要加大人力资本的投入力度，要重视对人才的引进与培养。人才是创新之本，企业自主创新需要科研人才和团队，外包企业技术升级同样需要相关技术人员吸收技术溢出。一方面，相关部门要加大海外人才的引进力度。我国拥有遍布全球的留学生和华人群体，在人才引进方面有天然优势。其中一些人在欧、美、日等发达国家受过高等教育，并在国外政府、高校或跨国公司有过从事科研工作的经验，他们是人才引进的主要对象。各级政府应该推动海外高层次人才引进战略的实施，围绕我国技术创新的发展需要，结合重点和薄弱学科或产业，积极探索技术移民制度，面向全球引进高端科研技术人才和团队。在国外设立科研中心或工厂的企业，要争取从国外科研中心或工厂引进技术人才到国内科研中心从事科研工作，以提高国内团队科研水平。另一方面，相关部门要重视对本土人才的培养。长期以来，我国高等院校以就业为导向，注重应用型人才的培养，已取得较大成就，但在创新型人才培养方面还有待加强。高校首先要明确创新型人才的培养目标，包括创新型人才所需的知识、能力和素质结构等；其次要制订科学的培养方案，改进教学制度，引导学生自主学习和思考，培养批判性思维，探索学分制的培养模式，重视小型讨论班的作用，重视通识课程的作用，引导学生发现自己的兴趣和长处，培养学生的创新创业思维和能力；最后要建设优秀教师队伍，要把营造发现、培养和扶植优秀学生视为天职的教师文化，引导优秀科研教师要承担一定量的教学任务等。企业要打造高水平的研发团队，首先要建立人才培养激励机制，研发人员报酬要与市场绩效挂钩，适当给予或奖励科研骨干股份，使人才的贡献与回报相匹配；其次可以设立专项基金鼓励尖端技术型人才出国深造，加大对普通员工的技术培训支出力度；最后还可以建立企业大学或者与高校联合培养人才，培养企业自己需要的合适人才。

第三，相关部门要推动技术产业化的商业模式创新。技术产业化是指对科技研发中具有商业或其他实用价值的科技成果进行应用推广，形成新工艺、新材料、新成品，最后发展成新产业的过程。科技创新对我国产业升级和全球价值链治理具有决定性作用，但技术产业化和商业化同样是科技创新的动力和源泉，我们只有通过技术产业化才能实现科技创新的内在经济价值。长期以来，我国高新技术产业化水平远远低于发达国家，技术产业化商业模式运作不成熟，渠道有待开发。相关部门应积极推动我国高新技术产业化的商业模式创新，加强"产、学、研"一体化结合，科技型企业打造专业团队推广技术产业化，鼓励高校和科研机构相关科研团队成员，转换科研成果，建立和运作相关高科技公司。

8.2.3 营造有利于承接离岸外包企业的金融环境

本书研究结论表明，垂直一体化可以缓解企业的融资约束，相比于垂直一体化企业可以从母公司获得内部贷款或联合融资缓解其融资约束，承接离岸外包的企业融资渠道少、融资门槛高，不利于企业发展。对此，政府应该出台相关政策来缓解承接离岸外包企业的融资约束。

金融市场的健全有利于扩大企业的融资渠道，为企业提供更多的资金支持，同时优化资源配置，不同程度地降低各个行业的外部融资成本，从而缓解企业的融资约束。此外，金融市场发达且融资成本低的国家会吸引和承接更多的高资金依赖和高附加值生产环节，有利于我国企业获得技术溢出。首先，相关部门应该进一步推进金融市场化改革、逐步降低金融行业准入门槛，激励和扶持中小金融机构和民营金融企业的有序发展，建立起层次丰富、覆盖广泛的金融体系，为融资难的小微企业提供更多的融资渠道和融资选择。其次，相关部门应建立汇率套保机制，降低贸易成本。随着人民币汇率的自由浮动区间加大，为避免汇率波动造成的损失，增加贸易成本，跨国公司会增加汇率套保产品的需求。再次，由于物理距离、语言文化差异等带来的交流和协调成本都会增加贸易成本，为促进跨国公司将更多的技术生产环节迁至中国，相关部门应加大软环境建设力度，降低贸易成本（张庆昌 等，2017）。最后，相关部门要加强政府与金融机构的合作交流，成立专项基金支持企业进行技术创新、转型升级，如昆山市"加工贸易企业风险资金池"的建立，其通过实行政府引导、市场运作原则，由市级财政出资5 000万元设立，合作银行放大5~10倍的融资授信，专项用于相关银行发放的以海关为受益人的加工贸易税款保付保函，极大地减轻了小微企业融资的压力。

8.2.4　完善国内价值链

全球价值链（GVC）和国内价值链（NVC）有机结合形成了一条完整产业链。在贸易保护主义抬头的背景下，要想真正实现"中国智造"，我国不仅要力争向全球价值链上游攀升，更要完善国内价值链，掌握核心技术，增强抵御外部风险的能力。具体来说，有以下几种途径完善国内价值链：

第一，从两端延长加工贸易国内价值链。目前我国的加工贸易企业主要从事价值链低端的加工制造环节，呈现两头在外、国内生产环节较短的局面。延长国内价值链，也就意味着留在国内的增值环节越多，对国民经济的发展越有利。相关政府应鼓励来料加工和进料加工的企业采购本国原材料，提供加工贸易中的本国原材料采购率；促进加工贸易企业的转型升级，使其由贴牌出口转变为自有品牌制造；支持加工贸易企业技术研发，实现生产环节的提升及价值链的优化（于倩，2008）。

第二，加强区域协调发展。我国区域发展水平不一，融入全球价值链程度的差距较大，要素禀赋不同。虽然自改革开放以来，由于承接与实施国际产业转移和开放度的水平不同，带来了东部沿海地区经济发展速度高于中、西部地区的结果，但是这也给区域协调发展要求下的国内价值链构建提供了条件。中、西部地区应该充分发挥自身劳动力成本低廉的比较优势，承接东部地区的劳动密集型行业和环节，同时完善配套建设，充分发挥产业上、下游的带动作用，提高全球价值链参与水平。东部地区在经过多年的积累后，应该利用自身区位、资本和技术优势，加强技术创新，实现转型升级，在更高层次上参与国际竞争合作，并且成为国内价值链的"发包者"和"链主"；同时要消除区域市场分割，减少地方保护主义，鼓励各省份推动要素市场一体化和公共服务一体化，促进要素流动，引导产业有序转移，加强区域经济合作（黎峰，2017；袁凯华 等，2019）。

第三，打造"世界级"城市群。城市群有利于城市间经济的紧密联系和产业的分工与合作，更容易形成产业集群，形成规模优势。要想打造"世界级"城市群,首先中心城市要发挥龙头作用,这类城市应该着力建设价值链高端环节,利用高校和科研机构资源,创造良好的科研环境,把创新成为城市群发展的核心动力;同时成为城市群的金融中心,缓解区域内企业的融资约束。其次中小城市要发挥区内优势,承接价值链低端生产环节,发展特色产业,增加就业岗位,融入国内和城市群价值链。最后相关部门应加强城市群内交通建设,同时打造物流中心城市,降低城市群之间和向外的运输成本。

8.2.5 加强区域价值链的构建

以中国为代表的发展中国家,通过参与由美、欧、日等发达经济体所主导的全球价值链,把握住了经济全球化的机遇,成功推动了经济的发展。但是,全球价值链的收益极为不平衡,发达经济体跨国公司仍把控着产品研发设计和营销的高附加值环节,仅把产品生产加工和部件组装等低附加值生产环节转移到发展中国家,长此以往会使发展中国家陷入"低端锁定"的困境。而目前在发达国家出台制造业回流政策和国内劳动力成本不断上升的背景下,我国正面临着发达国家的"高端分流"和其他发展中国家的"中低端分流"双重困境(孟祺,2016)。

在此背景下,我国应该转变国际分工嵌入模式,嵌入美、欧、日等发达经济体所主导的全球价值链变成嵌入由自我主导的区域价值链,利用"一带一路"倡议实现产业升级,给予高端制造业和高端环节充分的发展空间,推动企业走出去,占据价值链高端环节。已有的实证分析表明,中国与"一带一路"沿线国家在产业间和产业内部互补性强,竞争性弱,在互补产业中,我国占据了产业内的高附加值环节,具有控制整条价值链的核心能力(魏龙 等,2016)。具体来说有以下三个途径构建"一带一路"区域价值链:

第一,扩大制造业产能合作。从目的地来看,我国的对外直接投资主要集中在拉美和欧洲国家,对"一带一路"沿线国家投资较少。从行业来看,我国对一带一路沿线国家的外商直接投资主要集中于资源开采业和商贸服务业,对制造业的投资占比相对较低。随着我国劳动力成本的上升,部分制造业行业的比较优势也动态发生变化,对此我们可以逐渐将某些产业和生产环节合理转移到发展水平降低的"一带一路"沿线国家。这些国家可以利用垂直专业化分工和我国 OFDI 所带来的技术溢出效应,结合自身要素禀赋优势和区位特点,提高其制造业发展水平。

第二,根据沿线国家要素禀赋的不同,展开差异化合作。"一带一路"沿线国家较多,经济发展水平不均,不同国家有不同的要素禀赋和比较优势,它们在进行合作时也应该采取不同的方式。东南亚和南亚等国的劳动力资源丰富，我国应该在这些国家扩大劳动密集型行业和生产环节的投资；将食品烟草制造、纺织服装制造、木材家具制造和造纸印刷等低技术制造业转移到这些国家。越南、菲律宾、马来西亚和泰国加工制造业有一定的基础，我国可以将部分中、高技术制造业的加工制造生产环节转移到这四个国家；通过设立境外园区的方式带动当地相关产业发展，推动这些国家的工业化进程。非洲、中亚和中东等国的自然资源丰富，与我国互补优势明显，合作潜力巨大。在"一带一路"基础设施建设的过程中，对钢铁、铝、水泥和沙石等金属和非金属制品需求巨大，国内市场也需大量进口铁矿石、石油和煤炭等初级原材料，我国应该加大与这些国家的产能合作力度，加快资源密集型行业的企业走出去的步伐，在目的国扩大初级资源开采和深加工能力。欧洲国家科研综合实力强大，拥有众多高水平高校、科研机构和科研人才，研发环境优越。我国大型制造业企业可以在欧洲国家设立研发中心，形成全球范围内的立体研发布局。

第三，加快金融服务业"走出去"步伐。"一带一路"建设的发展需要金融支持，一方面，基础设施建设和企业 OFDI 需要资金支持；另一方面，承接我国产业和生产环节转移的国外外包企业也需要缓解融资约束。这不仅是我国金融业的挑战，更是机遇。政府职能部门应加快外债外汇管理方式改革，扩大支持金融机构"走出去"的外汇资金来源，落实各类专项对外投资和合作基金。加快人民币国际化进程，与"一带一路"沿线国家签订更多货币互换协议，推进外汇储备的多元化运用等。金融机构应在发展外汇存贷和结算等传统业务的基础上，大力发展国际银团贷款、国际信托、国际和人民币结算、涉外保险、资产证券化等业务，开发支持企业参与"一带一路"建设的金融产品等。

8.3 不足及展望

首先，本书的局限性在于基于承接国视角，母公司和子公司的交易数据缺乏，本书使用截面数据分析有一定局限性，未来我们可以从动态的视角进一步展开相关研究。其次，本书的计量模型构建主要是借鉴前人的理论模型推导，缺乏数理模型的构建。总的来说，本书还有待于从以下几个方面继续完善，做进一步研究：

（1）测度我国省级层面的国际垂直专业化参与度及位置。本书主要从总体上测度了我国国际垂直专业化的参与度及位置，省级层面的国际垂直专业化参与度及位置有待进一步研究。

（2）从发包国视角，研究我国企业参与国际垂直专业化的组织模式选择。本书从承接国视角研究了国际垂直专业化组织模式选择的影响因素与技术溢出效应，而近年来我国越来越多的企业将生产环节转移到其他国家，从发包国视角分析我国企业转移生产环节的组织模式选择及经济效应还有待进一步研究，这些研究有利于我国制定合理的国际垂直专业化政策。

（3）本书国际垂直专业化组织模式选择的计量模型是基于 GHM 模型框架的简约模型，缺乏数理模型的构建，进一步的研究可考虑建立更加易于操作的数理模型，并在此基础上推导出结构化的计量模型。

（4）以问卷调查的形式搜集参与国际垂直专业化企业的数据，详细分析东道国企业因素、市场因素和制度因素等对组织模式选择的影响，作为计量分析的相互印证。

参考文献

迈克尔·波特，1997. 竞争优势 [M]. 孙小悦，译. 北京：华夏出版社.

卢峰，姚洋，2004. 金融压抑下的法治、金融发展和经济增长 [J]. 中国社会科学（1）：42-55，206.

慕刘伟，2004. WTO 背景下西部中小企业融资问题研究 [J]. 理论与改革（2）：153-158.

张军，郭为，2004. 外商为什么不以订单而以 FDI 的方式进入中国 [J]. 财贸经济（1）：33-38，88.

白重恩，路江涌，陶志刚，2005. 中国私营企业银行贷款的经验研究 [J]. 经济学（季刊）（2）：605-622.

平新乔，2005. 产业内贸易理论与中美贸易关系 [J]. 国际经济评论（5）：12-14.

冼国明，严兵，2005. FDI 对中国创新能力的溢出效应 [J]. 世界经济（10）：18-25，80.

北京大学中国经济研究中心课题组，2006. 中国出口贸易中的垂直专门化与中美贸易 [J]. 世界经济（5）：3-11，95.

胡旭阳，2006. 民营企业家的政治身份与民营企业的融资便利：以浙江省民营百强企业为例 [J]. 管理世界（5）：107-113，141.

李斌，江伟，2006. 金融发展、融资约束与企业成长 [J]. 南开经济研究（3）：68-78.

朱海静，陈圻，蒋泅波，2006. 中国家电业 OEM 现状及发展对策 [J]. 商业研究（4）：96-98.

朱红军，何贤杰，陈信元，2006. 金融发展、预算软约束与企业投资 [J]. 会计研究（10）：64-71，96.

蔡昉，2007a. 破解农村剩余劳动力之谜 [J]. 中国人口科学（2）：2-7.

蔡昉，2007b. 中国劳动力市场发育与就业变化 [J]. 经济研究（7）：4-14.

胡昭玲, 2007. 产品内国际分工对中国工业生产率的影响分析 [J]. 中国工业经济 (6): 30-37.

罗琦, 肖文翀, 夏新平, 2007. 融资约束抑或过度投资: 中国上市企业投资—现金流敏感度的经验证据 [J]. 中国工业经济 (9): 103-110.

范承泽, 胡一帆, 郑红亮, 2008. FDI 对国内企业技术创新影响的理论与实证研究 [J]. 经济研究 (1): 89-102.

胡昭玲, 张蕊, 2008. 中国制造业参与产品内国际分工的影响因素分析 [J]. 世界经济研究 (3): 5-10, 89.

罗党论, 甄丽明, 2008. 民营控制、政治关系与企业融资约束: 基于中国民营上市公司的经验证据 [J]. 金融研究 (12): 164-178.

李晓钟, 张小蒂, 2008. 外商直接投资对我国技术创新能力影响及地区差异分析 [J]. 中国工业经济 (9): 77-87.

盛斌, 马涛, 2008. 中间产品贸易对中国劳动力需求变化的影响: 基于工业部门动态面板数据的分析 [J]. 世界经济 (3): 12-20.

徐康宁, 陈健, 2008. 跨国公司价值链的区位选择及其决定因素 [J]. 经济研究 (3): 138-149.

徐毅, 张二震, 2008. FDI、外包与技术创新: 基于投入产出表数据的经验研究 [J]. 世界经济 (9): 41-48.

赵红, 2008. 环境规制对企业技术创新影响的实证研究: 以中国 30 个省份大中型工业企业为例 [J]. 软科学 (6): 121-125.

张秋菊, 朱钟棣, 2008. 跨国外包的承接与我国技术进步关系的实证分析: 基于 VECM 的长、短期因果关系检验 [J]. 世界经济研究 (6): 74-79.

蔡伟雄, 2009. 发展中国家的金融发展对 FDI 引进的影响 [D]. 天津: 南开大学.

郭丽虹, 马文杰, 2009. 融资约束与企业投资-现金流量敏感度的再检验: 来自中国上市公司的证据 [J]. 世界经济, 32 (2): 77-87.

黄玖立, 冼国明, 2009. FDI、融资依赖与产业增长: 中国省区的证据 [J]. 世界经济文汇 (3): 60-74.

刘志彪, 张杰, 2009. 我国本土制造业企业出口决定因素的实证分析 [J]. 经济研究, 44 (8): 99-112, 159.

饶华春, 2009. 中国金融发展与企业融资约束的缓解: 基于系统广义矩估计的动态面板数据分析 [J]. 金融研究 (9): 156-164.

佟家栋，蔡伟雄，2009. 金融发展、中间产品市场厚度与 FDI 引进：中国行业层面数据的检验 [J]. 世界经济研究（5）：65-70, 89.

谭文柱，2009. 全球价值链理论研究述评 [J]. 商业研究（10）：56-59.

唐建新，陈冬，2009. 金融发展与融资约束：来自中小企业板的证据 [J]. 财贸经济（5）：5-11.

王中华，赵曙东，王雅琳，2009. 中国工业参与国际垂直专业化分工的技术进步效应分析 [J]. 中央财经大学学报（9）：67-72.

王彦超，2009. 融资约束、现金持有与过度投资 [J]. 金融研究（7）：121-133.

黄玖立，冼国明，2010. 金融发展、FDI 与中国地区的制造业出口 [J]. 管理世界（7）：8-17.

伍德里奇 M，2010. 计量经济学导论：第四版 [M]. 费剑平，译. 北京：中国人民出版社.

李平，田朔，2010. 出口贸易对技术创新影响的研究：水平溢出与垂直溢出：基于动态面板数据模型的实证分析 [J]. 世界经济研究（2）：44-48, 88.

李坤望，王永进，2010. 契约执行效率与地区出口绩效差异：基于行业特征的经验分析 [J]. 经济学（季刊），9（3）：1007-1028.

茹玉骢，金祥荣，张利风，2010. 合约实施效率、外资产业特征及其区位选择 [J]. 管理世界（08）：90-101.

盛丹，王永进，2010. 契约执行效率能够影响 FDI 的区位分布吗？[J]. 经济学季刊，9（4）：1239-1260.

王华，赖明勇，柒江艺，2010. 国际技术转移、异质性与中国企业技术创新研究 [J]. 管理世界（12）：131-142.

冼国明，崔喜君，2010. 外商直接投资、国内不完全金融市场与民营企业的融资约束：基于企业面板数据的经验分析 [J]. 世界经济研究（4）：54-59, 88-89.

易振华，2010. 垂直专业化生产所有权选择动因探析：基于产权理论视角的研究及其在中国的实证分析 [J]. 世界经济研究（5）：58-62, 81, 89.

余明桂，潘红波，2010. 所有权性质、商业信用与信贷资源配置效率 [J]. 经济管理，32（8）：106-117.

朱彤，漆鑫，张亮，2010. 金融扭曲导致 FDI 大量流入我国吗？：来自我国省级面板数据的证据 [J]. 南开经济研究（4）：33-47.

张少军，刘志彪，2010. 区域一体化是国内价值链的"垫脚石"还是"绊脚石"：以长三角为例的分析 [J]. 财贸经济（11）：118-124.

张杰，李勇，刘志彪，2010. 制度对中国地区间出口差异的影响：来自中国省际层面4分位行业的经验证据 [J]. 世界经济，33（2）：83-103.

张杰，新夫，2010. 中国纺织业企业的出口与生产率变化趋势研究 [J]. 财贸经济（3）：91-98.

陈爱贞，刘志彪，2011. 决定我国装备制造业在全球价值链中地位的因素：基于各细分行业投入产出实证分析 [J]. 国际贸易问题（4）：115-125.

邓建平，曾勇，2011. 金融关联能否缓解民营企业的融资约束 [J]. 金融研究（8）：78-92.

郭炳南，段芳，2011. 国际生产分割、要素禀赋与工业集聚：基于省际动态面板模型的 GMM 检验 [J]. 山西财经大学学报，33（4）：34-43.

何玉梅，孙艳青，2011. 不完全契约、代理成本与国际外包水平：基于中国工业数据的实证分析 [J]. 中国工业经济（12）：57-66.

黄烨菁，张纪，2011. 跨国外包对接包方技术创新能力的影响研究 [J]. 国际贸易问题（12）：90-102.

陆建明，李宏，朱学彬，2011. 金融市场发展与全球失衡：基于创新与生产的垂直分工视角 [J]. 当代财经（1）：49-63.

李磊，刘斌，郑妍妍，2011. 契约执行效率与垂直化结构 [J]. 产业经济研究（5）：7-17.

罗长远，陈琳，2011. FDI 是否能够缓解中国企业的融资约束 [J]. 世界经济，34（4）：42-61.

茹玉骢，张利风，2011. 合约实施效率与中国地区产业比较优势 [J]. 国际贸易问题（2）：21-34.

于洪霞，龚六堂，陈玉宇，2011. 出口固定成本融资约束与企业出口行为 [J]. 经济研究，46（4）：55-67.

于明超，陈柳，2011. 垂直专业化与中国企业技术创新 [J]. 当代经济科学，33（1）：62-68，126.

曹玉平，2012. 出口贸易、产业空间集聚与技术创新：基于20个细分制造行业面板数据的实证研究 [J]. 经济与管理研究（9）：73-82.

郭丽虹，徐晓萍，2012. 中小企业融资约束的影响因素分析 [J]. 南方经济（12）：36-48.

韩剑，王静，2012. 中国本土企业为何舍近求远：基于金融信贷约束的解

释 [J]. 世界经济, 35 (1)：98-113.

罗思平, 于永达, 2012. 技术转移、"海归"与企业技术创新：基于中国光伏产业的实证研究 [J]. 管理世界 (11)：124-132.

李昕, 2012. 贸易总额与贸易差额的增加值统计研究 [J]. 统计研究 (10)：15-22.

刘志彪, 2012. 战略性新兴产业的高端化：基于"链"的经济分析 [J]. 产业经济研究 (3)：9-17.

孟夏, 陈磊, 2012. 金融发展、FDI 与中国制造业出口绩效：基于新新贸易理论的实证分析 [J]. 经济评论 (1)：108-115.

任志成, 张二震, 2012. 承接国际服务外包、技术溢出与本土企业创新能力提升 [J]. 南京社会科学 (2)：26-33.

孙灵燕, 李荣林, 2012. 融资约束限制中国企业出口参与吗？[J]. 经济学 (季刊), 11 (1)：231-252.

孙婷, 温军, 2012. 金融中介发展、企业异质性与技术创新 [J]. 西安交通大学学报 (社会科学版), 32 (1)：23-28.

徐娜, 2012. 中国制造企业全球价值链分工下的国际生产决策研究 [D]. 天津：天津财经大学.

于蔚, 汪淼军, 金祥荣, 2012. 政治关联和融资约束：信息效应与资源效应 [J]. 经济研究, 47 (9)：125-139.

杨珍增, 2012. 外包还是垂直一体化：供应商融资约束对跨国公司在华采购形式的影响 [J]. 世界经济研究 (8)：68-74, 89.

阳佳余, 2012. 融资约束与企业出口行为：基于工业企业数据的经验研究 [J]. 经济学 (季刊), 11 (4)：1503-1524.

崔萍, 邓可斌, 2013. 服务外包与区域技术创新的互动机制研究：基于接包方的视角 [J]. 国际贸易问题 (1)：96-105.

戴魁早, 2013. 垂直专业化对创新绩效的影响及行业差异：来自中国高技术产业的经验证据 [J]. 科研管理, 34 (10)：42-49.

高敬峰, 2013. 进口贸易提高了中国制造行业出口技术含量吗？[J]. 世界经济研究 (3)：29-34, 88.

江静, 2013. 中国企业储蓄率：来自企业的微观证据 [J]. 经济理论与经济管理 (10)：83-92.

金三林, 朱贤强, 2013. 我国劳动力成本上升的成因及趋势 [J]. 经济纵

横 (2)：37-42.

蒋冠宏，蒋殿春，蒋昕桐，2013. 我国技术研发型外向 FDI 的"生产率效应"：来自工业企业的证据 [J]. 管理世界 (9)：44-54.

蒋冠宏，蒋殿春，王晓娆，2013. 契约执行效率与省区产业增长：来自中国的证据 [J]. 世界经济 (9)：49-68.

李慧，2013. 战略性新兴产业全球价值链及我国升级路径研究 [J]. 国际贸易 (5)：33-37.

李德震，2013. 契约实施效率与国际外包区位分布：基于我国省际面板数据的实证分析 [J]. 中国物价 (5)：78-81.

李洪亚，2013. 融资约束、企业规模与成长动态 [J]. 财经理论与实践，34 (4)：11-17.

李志远，余淼杰，2013. 生产率、信贷约束与企业出口：基于中国企业层面的分析 [J]. 经济研究，48 (6)：85-99.

梁超，2013. 垂直专业化、人力资本与我国的技术创新能力：基于工业行业动态面板的实证研究 [J]. 产业经济研究 (2)：65-73.

毛毅，2013. 融资约束、金融发展与企业出口行为 [J]. 山西财经大学学报，35 (4)：9-19.

沙文兵，2013. 吸收能力、FDI 知识溢出与内资企业创新能力：基于我国高技术产业的实证检验 [J]. 国际商务（对外经济贸易大学学报）(1)：104-112.

邵敏，包群，叶宁华，2013. 信贷融资约束对员工收入的影响：来自我国企业微观层面的经验证据 [J]. 经济学（季刊），12 (3)：895-912.

盛丹，王永进，2013. 产业集聚、信贷资源配置效率与企业的融资成本：来自世界银行调查数据和中国工业企业数据的证据 [J]. 管理世界 (6)：85-98.

王海杰，2013. 全球价值链分工中我国产业升级问题研究述评 [J]. 经济纵横 (6)：113-116.

王俊，2013. 跨国外包体系中的技术溢出与承接国技术创新 [J]. 中国社会科学 (9)：108-125，206-207.

王克岭，等，2013. 全球价值链治理模式演进的影响因素研究 [J]. 产业经济研究 (4)：14-20，58.

项松林，赵曙东，2013. 融资异质性对企业出口的影响：信贷投资与抵押贷款的比较研究 [J]. 国际贸易问题 (11)：145-154.

阎大颖，2013. 中国企业对外直接投资的区位选择及其决定因素 [J]. 国际贸易问题（7）：128-135.

杨珍增，2013. 跨国公司在华垂直 FDI 的决策机制研究：基于金融发展与契约环境的视角 [J]. 经济经纬（1）：38-44.

战明华，王晓君，应诚炜，2013. 利率控制、银行信贷配给行为变异与上市公司的融资约束 [J]. 经济学（季刊），12（4）：1255-1276.

周世民，王书飞，陈勇兵，2013. 出口能缓解民营企业融资约束吗?：基于匹配的倍差法之经验分析 [J]. 南开经济研究（3）：95-109.

邓可斌，曾海舰，2014. 中国企业的融资约束：特征现象与成因检验 [J]. 经济研究，49（2）：47-60，140.

苟琴，黄益平，2014. 我国信贷配给决定因素分析：来自企业层面的证据 [J]. 金融研究（8）：1-17.

胡金焱，张博，2014. 社会网络、民间融资与家庭创业：基于中国城乡差异的实证分析 [J]. 金融研究（10）：148-163.

鲁桐，党印，2014. 公司治理与技术创新：分行业比较 [J]. 经济研究，49（6）：115-128.

罗长远，李姝醒，2014. 出口是否有助于缓解企业的融资约束?：基于世界银行中国企业调查数据的实证研究 [J]. 金融研究（9）：1-17.

刘维林，李兰冰，刘玉海，2014. 全球价值链嵌入对中国出口技术复杂度的影响 [J]. 中国工业经济（6）：83-95.

马光荣，刘明，杨恩艳，2014. 银行授信、信贷紧缩与企业研发 [J]. 金融研究（7）：76-93.

盛丹，王永进，2014. "企业间关系"是否会缓解企业的融资约束 [J]. 世界经济，37（10）：104-122.

王晓晨，2014. 契约执行效率与企业生产组织模式选择 [D]. 厦门：厦门大学.

谢军，黄志忠，2014. 宏观货币政策和区域金融发展程度对企业投资及其融资约束的影响 [J]. 金融研究（11）：64-78.

杨珍增，2014. 知识产权保护、国际生产分割与全球价值链分工 [J]. 南开经济研究（5）：130-153.

喻坤，李治国，张晓蓉，等. 2014. 企业投资效率之谜：融资约束假说与货币政策冲击 [J]. 经济研究，49（5）：106-120.

张瑾，陈青，陈俊聪，2014. 垂直专业化、知识产权保护与我国制造业技

术创新 [J]. 现代财经（天津财经大学学报），34（11）：105-113.

程大中，2015. 中国参与全球价值链分工的程度及演变趋势：基于跨国投入—产出分析 [J]. 经济研究，50（9）：4-16，99.

陈启斐，王晶晶，岳中刚，2015. 研发外包是否会抑制我国制造业自主创新能力？[J]. 数量经济技术经济研究，32（2）：53-69.

杜威剑，李梦洁，2015. 对外直接投资会提高企业出口产品质量吗：基于倾向得分匹配的变权估计 [J]. 国际贸易问题（8）：112-122.

冯志坚，2015. 外商直接投资、垂直专业化与企业研发投入：基于中国工业企业数据库的实证检验 [J]. 山西财经大学学报，37（8）：52-62.

蒋为，2015. 环境规制是否影响了中国制造业企业研发创新？：基于微观数据的实证研究 [J]. 财经研究，41（2）：76-87.

蒋为，陈轩瑾，2015. 外包是否影响了中国制造业企业的研发创新：基于微观数据的实证研究 [J]. 国际贸易问题（5）：92-102.

李静，2015. 初始人力资本匹配、垂直专业化与产业全球价值链跃迁 [J]. 世界经济研究（1）：65-73.

李钧，黄琴琴，2015. 国际服务外包促进承接方区域技术创新了吗?：基于中国 22 个示范城市的实证分析 [J]. 江西社会科学，35（6）：41-48.

李平，姜丽，2015. 贸易自由化、中间品进口与中国技术创新：1998—2012 年省级面板数据的实证研究 [J]. 国际贸易问题（7）：3-11，96.

刘琳，2015. 中国参与全球价值链的测度与分析：基于附加值贸易的考察 [J]. 世界经济研究（6）：71-83，128.

刘琳，蓝天，2015. 东道国金融发展与跨国公司生产组织方式选择 [J]. 现代管理科学（6）：118-120.

吕铁，王海成，2015. 劳动力市场管制对企业技术创新的影响：基于世界银行中国企业调查数据的分析 [J]. 中国人口科学（4）：32-46，127.

刘维林，2015. 中国式出口的价值创造之谜：基于全球价值链的解析 [J]. 世界经济，38（3）：3-28.

刘景章，陈震，2015. FDI 与内资企业研发投入：基于 PSM 估计的实证研究 [J]. 商业研究（7）：37-42.

吕越，罗伟，刘斌，2015. 异质性企业与全球价值链嵌入：基于效率和融资的视角 [J]. 世界经济，38（8）：29-55.

马风涛，2015. 中国制造业全球价值链长度和上游度的测算及其影响因素分析：基于世界投入产出表的研究 [J]. 世界经济研究 (8)：3-10, 127.

茆锐, 2015. 产业集聚和企业的融资约束 [J]. 管理世界 (2)：58-71.

邵帅, 辛晴, 2015. 出口对我国企业融资约束影响的异质性分析 [J]. 南方经济 (12)：10-25.

王直, 魏尚进, 祝坤福, 2015. 总贸易核算法：官方贸易统计与全球价值链的度量 [J]. 中国社会科学 (9)：108-127.

席艳乐, 贺莉芳, 2015. 嵌入全球价值链是企业提高生产率的更好选择吗：基于倾向评分匹配的实证研究 [J]. 国际贸易问题 (12)：39-50.

徐娜, 齐欣, 2015. 中国企业全球价值链嵌入的路径选择：基于数量化理论Ⅱ类模型的经验分析 [J]. 经济问题探索 (5)：22-27.

阳佳余, 徐敏, 2015. 融资多样性与中国企业出口持续模式的选择 [J]. 世界经济, 38 (4)：50-76.

杨光, 孙浦阳, 陈惟, 2015. 融资约束：汇率变化与资本品进口 [J]. 江苏社会科学 (6)：43-49.

晏艳阳, 乔嗣佳, 苑莹, 2015. 高管薪酬激励效果：基于投资—现金流敏感度的分析 [J]. 中国工业经济 (6)：122-134.

张雨微, 赵景峰, 刘航, 2015. 生产分割下的国际价值转移及对中国新型开放战略的启示 [J]. 马克思主义研究 (11)：68-74, 109.

陈国强, 罗楚亮, 2016. 劳动生产率与工资决定的性别差距：来自我国工业企业数据的经验研究 [J]. 经济学动态 (8)：38-52.

符大海, 张莹, 2016. 企业融资能力与外资溢出效应：基于中国企业的检验证据 [J]. 投资研究, 35 (7)：18-30.

韩中, 2016. 全球价值链视角下中国总出口的增加值分解 [J]. 数量经济技术经济研究, 33 (9)：129-144.

胡昭玲, 李红阳, 2016. 嵌入全球价值链与制造业企业技术创新：基于2012年世界银行调查数据的研究 [J]. 中南财经政法大学学报 (5)：127-135.

蒋冠宏, 2016. 融资约束与中国企业出口方式选择 [J]. 财贸经济 (5)：106-118.

李兵, 岳云嵩, 陈婷, 2016. 出口与企业自主技术创新：来自企业专利数据的经验研究 [J]. 世界经济, 39 (12)：72-94.

罗美娟, 郭平, 2016. 政策不确定性是否降低了产能利用率：基于世界银行中国企业调查数据的分析 [J]. 当代财经 (7)：90-99.

李跟强，潘文卿，2016. 国内价值链如何嵌入全球价值链：增加值的视角 [J]. 管理世界（月刊）（7）：10-22.

李静，楠玉，2016. 垂直专业化"挤出效应"与技术进步迟滞 [J]. 国际贸易问题（11）：54-64.

李红阳，王晓娆，2016. 嵌入全球价值链可以缓解民营企业的贷款难问题吗？[J]. 世界经济研究（12）：83-92，133-134.

吕朝凤，朱丹丹，2016. 中国垂直一体化生产模式的决定因素：基于金融发展和不完全契约视角的实证分析 [J]. 中国工业经济（3）：68-82.

吕越，罗伟，刘斌，2016. 融资约束与制造业的全球价值链跃升 [J]. 金融研究（6）：81-96.

慕绣如，李荣林，2016. 融资异质性与企业国际化选择：来自微观企业的证据 [J]. 当代财经（1）：63-72.

马淑琴，陈文豪，2016. 契约执行效率影响离岸外包的门限效应研究：基于中国省际面板数据的检验 [J]. 国际贸易问题（11）：42-53.

孙学敏，王杰，2016. 全球价值链嵌入的"生产率效应"：基于中国微观企业数据的实证研究 [J]. 国际贸易问题（3）：3-14.

杨平丽，张建民，2016. 对外直接投资对企业进出口贸易的影响：来自中国工业企业的证据 [J]. 亚太经济（5）：113-119.

尹伟华，2016. 中日制造业参与全球价值链分工模式及地位分析 [J]. 经济理论与经济管理（5）：100-112.

张三峰，张伟，2016. 融资约束、金融发展与企业雇佣：来自中国企业调查数据的经验证据 [J]. 金融研究（10）：111-126.

蔡晓慧，姚洋，2017. 信贷约束和外国直接投资双向因果关系研究：理论基础、经济解释和实证检验 [J]. 国际贸易问题（1）：165-176.

黄蕙萍，袁野，2017. 融资约束与地区差异视角下企业 GVCs 升级研究 [J]. 科技进步与对策，34（12）：85-91.

吕越，吕云龙，包群，2017. 融资约束与企业增加值贸易：基于全球价值链视角的微观证据 [J]. 金融研究（5）：63-80.

罗勇，曾涛，2017. 我国中间品进口商品结构对技术创新的影响 [J]. 国际贸易问题（9）：37-47.

李杰，陈超美，2017. CiteSpace：科技文本挖掘及可视化：第二版 [M]. 北京：首都经济贸易大学出版社.

刘晴, 等. 2017. 融资约束、出口模式与外贸转型升级 [J]. 经济研究, 52 (5): 75-88.

连玉君, 廖俊平, 2017. 如何检验分组回归后的组间系数差异? [J]. 郑州航空工业管理学院学报, 35 (6): 97-109.

刘维刚, 倪红福, 夏杰长, 2017. 生产分割对企业生产率的影响 [J]. 世界经济, 40 (8): 29-52.

毛蕴诗, 2017. 重构全球价值链: 中国企业升级理论与实践 [M]. 北京: 清华大学出版社.

马述忠, 张洪胜, 王笑笑, 2017. 融资约束与全球价值链地位提升: 来自中国加工贸易企业的理论与证据 [J]. 中国社会科学 (1): 83-107, 206.

沈国兵, 于欢, 2017. 中国企业参与垂直分工会促进其技术创新吗? [J]. 数量经济技术经济研究, 34 (12): 76-92.

史青, 李平, 宗庆庆, 2017. 出口中学: 基于企业研发策略互动的视角 [J]. 世界经济, 40 (6): 72-97.

邵昱琛, 熊琴, 马野青, 2017. 地区金融发展、融资约束与企业出口的国内附加值率 [J]. 国际贸易问题 (9): 154-164.

王展祥, 龚广祥, 郑婷婷, 2017. 融资约束及不确定性对非上市制造业 R&D 投资效率的影响: 基于异质性随机前沿函数的实证研究 [J]. 中央财经大学学报 (11): 27-37.

喻胜华, 刘红增, 2017. 中国出口垂直专业化的重新评估 [J]. 统计与决策 (9): 117-121.

张璇, 等, 2017. 信贷寻租、融资约束与企业创新 [J]. 经济研究, 52 (5): 161-174.

张璇, 王鑫, 刘碧, 2017. 吃喝费用、融资约束与企业出口行为: 世行中国企业调查数据的证据 [J]. 金融研究 (5): 176-190.

张杰, 郑文平, 2017. 全球价值链下中国本土企业的创新效应 [J]. 经济研究, 52 (3): 151-165.

邹宗森, 冯等田, 2017. 出口融资约束: 自选择效应还是溢价效应 [J]. 山西财经大学学报, 39 (9): 16-32.

白俊, 吴汉利, 2018. 竞争性银行业结构与企业技术创新 [J]. 软科学, 32 (2): 84-87.

曹珂, 2018. 金融发展、融资约束与中国企业出口参与 [J]. 中国经济问题（3）：23-35.

高运胜，郑乐凯，惠丽霞，2018. 融资约束与制造业 GVC 地位提升 [J]. 统计研究，35（8）：11-22.

郭宏毅，2018. 环境规制对制造业产业集聚影响的实证分析 [J]. 统计与决策，34（10）：139-142.

胡君，郭平，2018. 外包选择如何影响中国企业自主创新 [J]. 产经评论，9（6）：79-91.

刘睿仉，2018. 中国出口贸易全球价值链分解分析 [J]. 统计与决策（9）：124-129.

刘似臣，张诗琪，2018. 中美制造业出口国内增加值比较研究：基于扩展的 KWW 方法 [J]. 经济问题（6）：117-123.

吕朝凤，黄梅波，2018. 金融发展能够影响 FDI 的区位选择吗？[J]. 金融研究（8）：137-154.

吕越，高媛，田展源，2018. 全球价值链嵌入可以缓解企业的融资约束吗？[J]. 产业经济研究（1）：1-14，38.

吕越，陈帅，盛斌，2018. 嵌入全球价值链会导致中国制造的"低端锁定"吗？[J]. 管理世界，34（8）：11-29.

李锴，齐绍洲，2018. 贸易开放、自选择与中国区域碳排放绩效差距：基于倾向得分匹配模型的"反事实"分析 [J]. 财贸研究，29（1）：50-65，110.

李建强，赵西亮，2018. 中国制造还具有劳动力成本优势吗 [J]. 经济统计（1）：24-33.

李宏，鲁晏辰，魏程秋，2018. 金融发展与制造业全球价值链分布研究 [J]. 北京工商大学学报（社会科学版），33（3）：92-104.

孙早，韩颖，2018. 外商直接投资、地区差异与自主创新能力提升 [J]. 经济与管理研究，39（11）：92-106.

温湖炜，2018. 非正规部门竞争与企业创新行为关系研究：来自制造业部门的实证 [J]. 科技进步与对策，35（6）：99-105.

吴陈锐，2018. 企业间合作研发与技术创新绩效：基于世界银行 2012 年中国企业调查数据的实证分析 [J]. 中南财经政法大学学报（2）：51-60，159.

王文成，2018. 全球价值链嵌入对我国企业创新的影响 [J]. 改革（6）：150-158.

武力超，刘莉莉，2018. 信贷约束对企业中间品进口的影响研究：基于世界银行微观企业调研数据的实证考察 [J]. 经济学动态 (3)：63-79.

杨晶晶，应姣姣，周定根，2018. 出口能否缓解异质性企业的融资约束：基于中国工业企业的经验研究 [J]. 财贸研究，29 (2)：64-75.

张馨月，武力超，2018. 贸易信贷对企业技术创新的影响研究 [J]. 国际贸易问题 (8)：149-162.

张时坤，2018. 融资约束、金融市场化与企业出口行为 [J]. 管理世界，34 (12)：175-176.

贾高清，2019. 金融服务实体经济效率分析：基于动态异质性随机前沿模型 [J]. 工业技术经济，38 (6)：28-37.

盛斌，景光正，2019. 金融结构、契约环境与全球价值链地位 [J]. 世界经济，42 (4)：29-52.

史恩义，李珍，岳泽亮，2019. 信贷声誉、融资约束与企业出口 [J]. 国际经贸探索，35 (6)：67-88.

吴先明，张玉梅，2019. 国有企业的海外并购是否创造了价值：基于 PSM 和 DID 方法的实证检验 [J]. 世界经济研究 (5)：80-91，106，135-136.

王涛，袁牧歌，2019. 流动性约束与企业出口行为：基于 Heckman 两阶段模型的实证研究 [J]. 国际商务 (对外经济贸易大学学报) (3)：15-31.

姚庐清，高静，2019. 融资流动性、生产效率与企业出口增长的空间溢出：基于 260 个城市的空间杜宾模型经验分析 [J]. 重庆社会科学 (6)：55-69.

COASE R H, 1937. The Nature of the Firm [J]. Economica, 4 (16)：386-405.

BALASSA B, 1967. Trade Liberalization among Industrial Countries [M]. New York：McGraw-Hill.

FINDLAY R, 1978. An Austrian Model of International Trade and Interest Rate Equalization [J]. Journal of Political Economy, 86 (6)：989-1008.

ETHIER W J, 1982. National and International Returns to Scale in the Modern Theory of International Trade [J]. American Economic Review, 72 (3)：389-405.

KOGUT B, 1985. Designing Global Strategies：Compara-tive and Competitive Value-added Chains [J]. Sloan Management Review, 26 (4)：15.

ROSENBAUM P R, RUBIN D B, 1985. Constructing a Control Group Using Multivariate Matched Sampling Methods That Incorporate the Propensity Score [J]. The

American Statistician, 39 (1): 33-38.

GROSSMAN S J, HART O D, 1986. The Costs and Benefits of Ownership: A Theory of Vertical and Lateral Integration [J]. Journal of Political Economy, 94 (4): 691-719.

FAZZARI S M, HUBBARD R G, PETERSEN B C, 1988. Financing Constraints and Corporate Investment [J]. Brookings Papers on Economic Activity (1): 141-206.

DEVEREUX M, SCHIANTARELLI F, 1990. Investment, financial factors and cash flow: Evidence from UK panel data [M]. Chicago: University of Chicago Press.

HART O D, MOORE J, 1990. Property Right sand the Nature of the Firm [J]. Journal of Political Economy, 98 (6): 1119-1158.

HOSHI T, KASHYAP A, SCHARFSTEIN D, 1991. Corporate structure, liquidity, and investment: Evidence from Japanese industrial groups [J]. The Quarterly Journal of Economics, 106 (1): 33-60.

WHITED T M, 1992. Debt, liquidity constraints, and corporate investment: Evidence from panel data [J]. The Journal of Finance, 47 (4): 1425-1460.

DAVIES S W, MORRIS C, 1995. A new index of vertical integration: Some estimates for UK manufacturing [J]. International Journal of Industrial Organization, 13(2): 151-177.

GILCHRIST S, HIMMELBERG C P, 1995. Evidence on the role of cash flow for investment [J]. Journal of monetary Economics, 36 (3): 541-572.

FEENSTRA R C, HANSON G H, 1996a. Globalisation, Out sourcing and Wage In equality [J]. American Economic Review, 86 (2): 240-245.

FEENSTRA R C, HANSON G H, 1996b. Foreign Investment, Outsourcing, and Relative Wages [C] //Essays in Honor of Jagdisch Bhagwati. NBER working paper: 89-127.

ARNDT S W, 1997. Globalization and the Open Economy [J]. North American Journal of Economics and Finance, 8 (1): 71-79.

HECKMAN J J, ICHIMURA H, TODD P E, 1997. Matching As an Econometric Evaluation Estimator: Evidence from Evaluating a Job Training Programme [J]. The Review of Economic Studies, 64 (4): 605-654.

ARNDT S W, 1998. Super-specialization and the Gains from Trade [J]. Contemporary Economic Policy, 16 (4): 480-485.

FEENSTRA R C, 1998. Integration of Trade and Disintegration of Production in the Global Economy [J]. Journal of Economic Perspectives, 12 (4): 31-50.

HECKMAN J J, ICHIMURA H, TODD P, 1998. Matching as an econometric evaluation estimator [J]. There view of economic studies, 65 (2): 261-294.

RAJAN R, ZINGALE L, 1998. Financial Dependence and Growth [J]. America Economic Review, 88: 559-586.

CLEARYS, 1999. The relationship between firm investment and financial status [J]. The Journal of Finance, 54 (2): 673-692.

FEENSTRA R C, HANSON G H, 1999. The Impact of Out sourcing and High-technology Capital on Wages: Estimates for the United States [J]. Quarterly Journal of Economics, 114 (3): 907-940.

GEREFFI G, 1999. International Trade and Industrial Up-grading in the Apparel Commodity Chain [J]. Journal of International Economics, 48 (1): 37-70.

GÖRG H, 2000. Fragmentation and Trade: US inward Processing Trade in the EU [J]. Review of World Economics, 136 (3): 403-422.

MCLAREN J, 2000. Globalization and Vertical Structure [J]. American Economic Review, 90 (5): 1239-1254.

DEARDORFF A V, 2001. Fragmentation in simple trade models [J]. North American Journal of Economics and Finance, 12 (2): 121-137.

EGGER H, EGGER P, 2001. Cross-border Sourcing and Outward Processing in EU Manufacturing [J]. North American Journal of Economics and Finance, 12 (3): 243-256.

GLASS A J, SAGGI K, 2001. Innovation and Wage Effects of International Outsourcing [J]. European Economic Review, 45 (1): 67-86.

HUMMELS D, ISHII J, YI K M, 2001. The Nature and Growth of Vertical Specialization in World Trade [J]. Journal of International Economics, 54 (1): 75-96.

KUMAR N, 2001. Indian Software Industry Development: International and National Perspective [J]. Economics and Political Weekly, 36 (45): 4278-4290.

NG F, YEATS A J, 2001. Production Sharing in East Asia: Who Does What for Whom, and Why? [M]. Boston: Kluwer Academic Publishers.

PACK H, SAGGI K, 2001. Vertical Technology Transfer via International Outsourcing [J]. Journal of Development Economics, 65 (2): 389-415.

RUBIN D B, 2001. Using propensity scores to help design observational studies: application to the tobacco litigation [J]. Health Services and Outcomes Research Methodology, 2 (3-4): 169-188.

YEATS A J, 2001. Just How Big is Global Production Sharing? [M]. Oxford: Oxford University Press.

BOROOAH V K, 2002. Logit and Probit: Ordered and multinomial models [M]. Newcastle: Sage.

CAMPA J M, SHAVER J M, 2002. Exporting and Capital Investment: On the strategic Behavior of Exporters [J]. IESE Business School Discussion Paper: 469.

GLOBERMAN S, SHAPIRO D, 2002. Global foreign direct investment flows: The role of governance infrastructure [J]. World development, 30 (11): 1899-1919.

GROSSMAN G M, HELPMAN E, 2002. Integration versus Out sourcing in Industry Equilibrium [J]. Quarterly Journal of Economics, 117 (1): 85-120.

JOHNSON S, MCMILLAN J, WOODRUFF C, 2002. Property rights and finance [J]. American Economic Review, 92 (5): 1335-1356.

KELLER W, 2002. Trade and the Transmission of Technology [J]. Journal of Economic Growth, 7 (1): 5-24.

ANTRàS P, 2003. "Firms, Contracts, and Trade Structure." [J]. Quarterly Journal of Economics, 118 (4): 375-418.

CABRAL L, MATA J, 2003. On the evolution of the firm sized intribution: Facts and theory [J]. American economic review, 93 (4): 1075-1090.

EGGER H, EGGER P, 2003. On Market Concentration and International Outsourcing [J]. Applied Economics Quarterly, 49 (1): 49-64.

HARRISON A E, MCMILLAN M S, 2003. Does direct foreign investment affect domestic credit constraints? [J]. Journal of international economics, 61 (1): 73-100.

HUANG Y, 2003. Selling China: Foreign direct investment during the reform era [M]. Cambridge: Cambridge University Press.

LAEVEN L, 2003. Does financial liberalization reduce financing constraints? [J]. Financial Management: 5-34.

LOVE I, 2003. Financial development and financing constraints: International evidence from the structural investment model [J]. The Review of Financial Studies, 16 (3): 765-791.

MELITZ M J, 2003. The impact of trade on intra-industry reallocations and aggregate industry productivity [J]. econometrica, 71 (6): 1695-1725.

VORA A, 2003. Impact of Foreign Direct Investment on developing country credit markets [D]. Chicago: University of Chicago.

YI K M, 2003. Can Vertical Specialization Explain the Growth of World Trade? [J]. Journal of Political Economy, 111 (1): 52-102.

ANTRàS P, HELPMAN E, 2004. Global Sourcing [J]. Journal of Political Economy, 112 (3): 552-580.

DESAI M A, FOLEY C F, HINES J R, 2004. A Multinational Perspective on Capital Structure Choice and Internal Capital Markets [J]. Journal of Finance, 59 (6): 2451-2487.

GIRMA S, GÖRG H, 2004. Out sourcing, Foreign Ownership, and Productivity: Evidence from UK Establishment-level Data [J]. Review of International Economics, 12 (5): 814-832.

GROSSMAN G M, HELPMAN E, 2004. Managerial Incentives and the International Organization of Production [J]. Journal of International Economics, 63 (2): 237-262.

LEMOINE F, ÜNAL - KESENCI D, 2004. Assembly Trade and Technology Transfer: the Case of China [J]. World Development, 32 (5): 829-850.

ATHUKORALA P, 2005. Product Fragmentation and Trade Patterns in East Asia [J]. Asian Economic Papers, 4 (3): 1-27.

ANTRàS P, 2005. Incomplete Contracts and the Product Cycle [J]. American Economic Review, 95 (4): 1054-1073.

AGUIAR M, GOPINATH G, 2005. "Fire-Sale Foreign Direct Investment and Liquidity Crises" [J]. Review of Economics and Statistics, 87 (3): 439-452.

AMIGHINI A, 2005. China in the International Fragmentation of Production: Evidence from the ICT Industry [J]. European Journal of Comparative Economics, 2 (2): 203-219.

ALLEN F, QIAN J, QIAN M, 2005. Law, finance, and economic growth in

China [J]. Journal of financial economics, 77 (1): 57-116.

BECK T, DEMIRGüç - KUNT A, MAKSIMOVIC V, 2005. Financial and legal constraints to growth: does firm size matter? [J]. The Journal of Finance, 60 (1): 137-177.

BROWN C, LINDEN G, MACHER J T, 2005. Offshoring in the semiconductor industry: A historical perspective with comment and discussion [C] //In Brookings Trade Forum. Brookings Institution Press: 279-333.

CULL R, XU LC, 2005. Institutions, ownership, and finance: the determinants of profit reinvestment among Chinese firms [J]. Journal of Financial Economics, 77 (1): 117-146.

CAMERON A C, TRIVEDI P K, 2005. Microeconomics: Method sand Applications [M]. Cambridge: Cambridge University Press.

CHANGS J, PARK S, 2005. Types of firms generating network externalities and MNCs´ co - location decisions [J]. Strategic Management Journal, 26 (7): 595 -615.

DINÇ I S, 2005. Politicians and banks: Political influences on government - owned banks in emerging markets [J]. Journal of financial economics, 77 (2): 453-479.

GEISHECKER I, GÖRG H, 2005. Do Unskilled Workers always Lose from Fragmentation? [J]. North American Journal of Economics and Finance, 16 (1): 81-92.

GLASS A J, SAGGI K, 2005. Exporting versus Direct Investment under Local Sourcing [J]. Review of World Economics, 141 (4): 627-647.

GEREFFI G, HUMPHREY J, STURGEON T, 2005. The governance of global value chains [J]. Review of International Political Economy, 12 (1): 78-104.

GROSSMAN G M, HELPMAN E, 2005. Out sourcing in a Global Economy [J]. Review of Economic Studies, 72 (1): 135-159.

HELG R, TAJOLI L, 2005. Patterns of International Fragmentation of Production and the Relative Demand for Labor [J]. North American Journal of Economics and Finance, 16 (2): 233-254.

KHWAJA A I, MIAN A, 2005. Do lenders favor politically connected firms? Rent provision in an emerging financial market [J]. The Quarterly Journal of Economics, 120 (4): 1371-1411.

FEENSTRA R C, HANSON G H, 2005. Ownership and Control in Out sourcing to China: Estimating the Property-Rights Theory of the Firm [J]. Quarterly Journal of Economics, 120 (2): 729-762.

PONTE S, GIBBON P, 2005. Quality Standards, Conventions and the Governance of Global Value Chains [J]. Economy and Society, 34 (1): 1-31.

SWENSON D L, 2005. Overseas Assembly and Country Sourcing Choices [J]. Journal of International Economics, 66 (1): 107-130.

SVALERYD H, VLACHOS J, 2005. Financial markets, the pattern of industrial specialization and comparative advantage: Evidence from OECD countries [J]. European Economic Review, 49 (1): 113-144.

CLARK D, 2006. Country and Industry-level Determinants of Vertical Specialization-based Trade [J]. International Economic Journal, 20 (2): 211-225.

FACCIO M, 2006. Politically connected firms [J]. American economic review, 96 (1): 369-386.

GROSSMAN G M, HELPMAN E, SZEIDL A, 2006. Optimal Integration Strategies for the Multinational Firm [J]. Journal of International Economics, 70 (1): 216-238.

ACEMOGLU D, ANTRàS P, HELPMAN E, 2007. Contracts and technology adoption [J]. American Economic Review, 97 (3): 916-943.

BALDONE S, SDOGATI F, TAJOLI L, 2007. On Some Effects of International Fragmentation of Production on Comparative Advantages, Trade Flows and the Income of Countries [J]. World Economy, 30 (11): 1726-1769.

FISMAN R, SVENSSON J, 2007. Are corruption and taxation really harmful to growth? Firm level evidence [J]. Journal of development economics, 83 (1): 63-75.

GREENAWAY D, KNELLER R, 2007. Firm heterogeneity, exporting and foreign direct investment [J]. The Economic Journal, 117 (517): F134-F161.

LEVCHENKO A A, 2007. Institutional Quality and International Trade [J]. Review of Economic Studies, 74 (3): 791-819.

MOLNAR M, PAIN N, TAGLIONI D, 2007. The Internationalisation of Production, International Outsourcing and Employment in the OECD [Z]. OECD Economics Department Working Papers: 561.

NUNN N, 2007. Relationship-Specificity, Incomplete Contracts and the Pattern of Trade [J]. Quarterly Journal of Economics, 122 (2): 569-600.

PETROULAS P, 2007. The effect of the euro on foreign direct investment. European Economic Review, 51 (6): 1468-1491.

BRIDGES S, GUARIGLIA A, 2008. Financial constraints, global engagement, and firm survival in the United Kingdom: Evidence from micro data [J]. Scottish Journal of Political Economy, 55 (4): 444-464.

DESAI M A, FOLEY C F, FORBES K, 2008. "Financial Constraints and Growth: Multinational and Local Firm Responses to Currency Depreciations" [J]. Review of Financial Studies, 21 (6): 2857-2888.

FIFAREK B J, VELOSO F M, DAVIDSON C I, 2008. Offshoring technology innovation: A case study of rare-earth technology [J]. Journal of Operations Management, 26 (2): 222-238.

GROSSMAN G A, ROSSI-HANSBERG E, 2008. Trading Tasks: A Simple Theory of Offshoring [J]. American Economic Review, 98 (5): 1978-1997.

GUARIGLIA A, PONCET S, 2008. Could financial distortions be no impediment to economic growth afterall? Evidence from China [J]. Journal of Comparative Economics, 36 (4): 633-657.

MUSSO P, SCHIAVO S, 2008. The impact of financial constraints on firm survival and growth [J]. Journal of Evolutionary Economics, 18 (2): 135-149.

MARJIT S, MUKHERJEE A, 2008. International outsourcing and R&D: Long-run implications for consumers [J]. Review of International Economics, 16 (5): 1010-1022.

ACEMOGLU D, JOHNSON S, MITTON T, 2009. Determinants of vertical integration: financial development and contracting costs [J]. The Journal of Finance, 64 (3): 1251-1290.

BECK T, DEMIRGüç-KUNT A, HONOHAN P, 2009. Access to financial services: Measurement, impact, and policies [J]. The World Bank Research Observer, 24 (1): 119-145.

DU J, LU Y, TAO Z, 2009. Bi-sourcing in the global economy [J]. Journal of International Economics, 77 (2): 215-222.

FIRTH M, et al., 2009. In side the black box: Bank credit allocation in

China's private sector [J]. Journal of Banking & Finance, 33 (6): 1144-1155.

HERICOURT J, PONCET S, 2009. FDI and Credit Constraints: Firm Level Evidence in China [J]. Economic systems, 33 (1): 1-21.

NAGHAVI A, OTTAVIANO G, 2009. Offshoring and product innovation [J]. Economic Theory, 38 (3): 517-532.

WANG Z, POWERS W M, WEI S J, 2009. Value Chains in East Asian Production Networks—An International Input-Output Model Based Analysis [Z]. U. S. International Trade Commission, Office of Economics Working Paper.

ACEMOGLU D, GRIFFITH R, AGHION P, 2010. Vertical integration and technology: theory and evidence [J]. Journal of the european economic Association, 8 (5): 989-1033.

AYYAGARI M, DEMIRGüç-KUNT A, MAKSIMOVIC V, 2010. Formal versus informal finance: Evidence from China [J]. The Review of Financial Studies, 23 (8): 3048-3097.

BELLONE F, MUSSO P, NESTA L, 2010. Financial Constraints and Firm Export Behavior [J]. The World Economy, 33 (3): 347-373.

GOLDBERG P K, et al., 2010. Imported Intermediate Inputs and Domestic Product Growth: Evidence from India [J]. Quarterly Journal of Economics, 125 (4): 1727-1767.

HIJZEN A, INUI T, TODO Y, 2010. Does offshoring pay? firm-level evidence from japan [J]. Economic Inpuiry, 48 (8): 880-895.

LU J, LU Y, TAO Z, 2010. Exporting behavior of foreign affiliates: Theory and evidence [J]. Journal of International Economics, 81 (2): 197-205.

MASSINI S, PERM-AJCHARIYAWONG N, LEWIN A Y, 2010. Role of Corporate-Wide Offshoring Strategy on Offshoring Drivers, Risks and Performance [J]. Industry and Innovation, 17 (4): 337-371.

MANOLE V, SPATAREANU M, 2010. Exporting, Capital Investment and Financial Contraints [J]. Review of World Economics, 146 (1): 23-37.

PONCE T S, STEINGRESS W, VANDENBUSSCHE H, 2010. Financial constraints in China: firm-level evidence [J]. China Economic Review, 21 (3): 411-422.

DAUDIN G, RIFFLART C, SCHWEISGUTH D, 2011. Who produces for whom in the world economy? [J]. Canadian Journal of Economics/Revue canadience d´économique, 44 (4): 1403–1437.

GÖRG H, HANLEY A, 2011. Services outsourcing and innovation: An empirical investigation [J]. Economic Inquiry, 49 (2): 321–333.

HARDY J, SASS M, FIFEKOVA M P, 2011. Impacts of horizontal and vertical foreign investment in business services: the experience of Hungary, Slovakia and the Czech Republic [J]. European Urban and Regional Studies, 18 (4): 427–443.

MINETTI R, ZHU S C, 2011. Credit constraints and firm export: Microeconomic evidence from Italy [J]. Journal of International Economics, 83 (2): 109–125.

NIETO M, RODRÍGUEZ A, 2011. Offshoring of R&D: Looking abroad to improve innovation performance [J]. Journal of International Business Studies, 42 (3): 345–361.

NIAZI M, HUSSAIN A, 2011. Agent – based computing from multi – agent systems to agent–based models: a visual survey [J]. Scientometrics, 89 (2): 479 –499.

ALFARO L, CHEN M X, 2012. Surviving the Global Financial Crisis: Foreign Ownership and Establishment Performance [J]. American Economic Journal: Economic Policy, 4 (3): 30–55.

BRANT L, VAN B J, ZHANG Y, 2012. Creative accounting or creative destruction? Firm–level productivity growth in Chinese manufacturing [J]. Journal of development economics, 97 (2): 339–351.

DU J, LU Y, TAO Z, 2012. Contracting institutions and vertical integration: Evidence from China's manufacturing firms [J]. Journal of Comparative Economics, 40 (1): 89–107.

FERNANDES A P, TANG H, 2012. Determinants of vertical integration in export processing: Theory and evidence from China [J]. Journal of Development Economics, 99 (2): 396–414.

GROVER G A, 2012. Vertical FDI versus outsourcing: The role of host country human capital [J]. The Journal of International Trade & Economic Development, 21 (4): 471–492.

JOHNSON R C, NOGUERA G, 2012. Accounting for intermediates:

Production sharing and trade in value added [J]. Journal of International Economics, 86 (2): 0-236.

MIHALACHE O R, et al., 2012. Offshoring and firm innovation: The moderating role of top management team attributes [J]. Strategic Management Journal, 33 (13): 1480-1498.

MACCHIAVELLO R, 2012. Financial development and vertical integration: theory and evidence [J]. Journal of the European Economic Association, 10 (2): 255-289.

PAGANO M, PICA G, 2012. Finance and employment [J]. Economic Policy, 27 (69): 5-55.

SEKER M, 2012. Importing, Exporting, and Innovation in Developing Countries [J]. Review of International Economics, 20 (2): 299-314.

ANTRàS P, CHOR D, 2013. Organizing the Global Value Chain [J]. Econometrica, 81 (6): 2127-2204.

BERTRAND O, MOL M J, 2013. The antecedents and innovation effects of domestic and offshore R&D outsourcing: The contingent impact of cognitive distance and absorptive capacity [J]. Strategic Management Journal, 34 (6): 751-760.

CHONG T T L, LU L, ONGENA S, 2013. Does banking competition alleviate or worsen credit constraints faced by small-and medium-sized enterprises? Evidence from China [J]. Journal of Banking & Finance, 37 (9): 3412-3424.

GRAY J V, et al., 2013. The Reshoring Phenomenon: What Supply Chain Academics Ought to know and Should Do [J]. Journal of Supply Chain Management, 49 (2): 27-33.

MANOVA K, YU Z, 2013. Firms and credit constraints along the global value chain: processing trade in China [J]. NBER Working Paper Series: 18561.

MANOVA K, 2013. Credit Constraints, Hetero geneous Firms, and International Trade [J]. Review of Economic Studies, 80 (2): 711-744.

NUNN N, TREFLER D, 2013. Incomplete contracts and the boundaries of the multinational firm [J]. Journal of Economic Behavior & Organization, 94: 330 -344.

SUN Y F, et al., 2013. Subcontracting and Supplier Innovativeness in a Developing Economy: Evidence from China's Information and Communication Technology Industry [J]. Regional Studies, 47 (10): 1766-1784.

WANG Z, WEIS J, ZHU K, 2013. Quantifying International Production Sharing at the Bilateral and Sector Levels [Z]. NBER Working Paper: 19677.

BALDWIN J R, YAN B, 2014. Global Value Chains and the Productivity of Canadian Manufacturing Firms [M]. Economic Analysis Division: Statistics Canada.

GEREFFI G, 2014. Global value chains in a post-Washington Consensus world [J]. Review of International Political Economy, 21 (1): 9-37.

KOOPMAN R, WANG Z, WEI S J, 2014. Tracing Value-Added and Double Counting in Gross Exports [J]. American Economic Review, 104 (2): 459-494.

PAVLíNEK P, ŽížALOVá P, 2014. Linkages and spillovers in global production networks: firm-level analysis of the Czech automotive industry [J]. Journal of Economic Geography, 16 (2): 331-363.

ANTRàS P, FOLEY C F, 2015. Poultry in motion: a study of international trade finance practices [J]. Journal of Political Economy, 123 (4): 853-901.

CANIATO F, et al., 2015. Location drivers, governance model and performance in service offshoring [J]. International Journal of Production Economics, 163: 189-199.

KARPATY P, TINGVALL P G, 2015. Offshoring and Home Country R&D [J]. World Economy, 38 (4): 655-676.

LAFFINEUR C, 2015. The jobs at risk from globalization: the French case [J]. Review of World Economics, 151 (3): 477-531.

LOVE I, MARTÍNEZ-PERÍA S M, 2015. How bank competition affects firms' access to finance [J]. The World Bank Economic Review, 29 (3): 413-448.

MANOVA K, WEI S J, ZHANG Z, 2015. Firm exports and multinational activity under credit constraints [J]. Review of Economics and Statistics, 97 (3): 574-588.

MORGAN S L, WINSHIP C, 2015. Counter factuals and causal inference [M]. Cambridge: Cambridge University Press.

ARAUJO L, MION G, ORNELAS E, 2016. Institutions and export dynamics [J]. Journal of International Economics, 98: 2-20.

CHANEY T, 2016. Liquidity constrained exporters [J]. Journal of Economic Dynamic sand Control, 72: 141-154.

GEREFFI G, LEE J, 2016. Economic and Social Upgrading in Global Value

Chains and Industrial Clusters: Why Governance Matters [J]. J Bus Ethics, 133 (1): 25-38.

HUANG Y, et al., 2016. A fire sale without fire: An explanation of labor-intensive FDI in China [J]. Journal of Comparative Economics, 44 (4): 884-901.

PAVLíNEK P, 2016. Whose success? The state - foreign capital nexus and the development of the automotive industry in Slovakia [J]. European Urban and Regional Studies, 23 (4): 571-593.

PANANOND P, 2016. From servant to master: Power repositioning of emerging-market companies in global value chains [J]. Asian Business & Management, 15 (4): 292-316.

RODRíGUEZ A, NIETO M J, 2016. Does R&D offshoring lead to SME growth? Different governance modes and the mediating role of innovation [J]. Strategic Management Journal, 37 (8): 1734-1753.

SONG J, ZHANG H, DONG W L, 2016. A review of emerging trends in global PPP research: analysis and visualization [J]. Scientometrics, 107 (3): 1111-1147.

SCHMID S, GROSCHE P, MAYRHOFER U, 2016. Configuration and coordination of international marketing activities [J]. International Business Review, 25 (2): 535-547.

ACHABOU M A, DEKHILI S, HAMDOUN M, 2017. Environmental upgrading of developing country firms in global value chains [J]. Business Strategy and the Environment, 26 (2): 224-238.

ALBERTONI F, et al., 2017. The reshoring of business services: Reaction to failure or persistent strategy? [J]. Journal of World Business, 52 (3): 417-430.

ERASMUS K, GÖRG H, 2017. Vertical integration and supplier finance [J]. Canadian Journal of Economics, 50 (1): 273-305.

FAYYAZ A, LUND-THOMSEN P, LINDGREEN A, 2017. Industrial clusters and CSR in developing countries: The role of international donor funding [J]. Journal of Business Ethics, 146 (3): 619-637.

GOERG H, KERSTING E, 2017. Vertical integration and supplier finance [J]. Canadian Journal of Economics/Revue canadienne d'économique, 50 (1): 273-305.

STEINBERG P J, PROCHER VD, URBIG D, 2017. Too much or too little of R&D offshoring: The impact of captive offshoring and contract offshoring on innovation performance [J]. Research Policy, 46 (10): 1810-1823.

TANAKA A, 2017. Foreign direct investment and temporary workers in Japan [J]. Journal of Asian Economics, 48: 87-99.

ZHU S, PICKLES J, HE C, 2017. Global and Local Governance, and Industrial and Geographical Dynamics: A Tale of Two Clusters [M]. Berlin, Heidelberg: Springer.

ALFORD M, PHILLIPS N, 2018. The political economy of state governance in global production networks: change, crisis and contestation in the South African fruit sector [J]. Review of International Political Economy, 25 (1): 98-121.

ENDERWICK P, 2018. The scope of corporate social responsibility in networked multinational enterprises [J]. International Business Review, 27 (2): 410-417.

HE S, KHAN Z, SHENKAR O, 2018. Subsidiary capability upgrading under emerging market acquirers [J]. Journal of World Business, 53 (2): 248-262.

LAMPON J F, CABANELAS P, DELGADO-GUZMAN J A, 2018. Keys in the Evolution of Mexico within the Global Value Chain in the Automobile Components Industry: The Case of Bajio [J]. El trimestre económico, 85 (339): 483-513.

MONTALBANO P, NENCI S, PIETROBELLI C, 2018. Opening and linking up: firms, GVCs, and productivity in Latin America [J]. Small Business Economics, 50 (4): 917-935.

STENTOFT J, et al., 2018. Performance outcomes of offshoring, backshoring and staying at home manufacturing [J]. International Journal of Production Economics, 199: 199-208.